我们一起解决问题

青少年
在线深度学习的
影响因素及
提升策略研究

徐兆佳 张和平 尹 霞 刘 婷◎著

人民邮电出版社
北 京

图书在版编目（CIP）数据

青少年在线深度学习的影响因素及提升策略研究 / 徐兆佳等著. -- 北京：人民邮电出版社，2023.11（2024.1重印）
ISBN 978-7-115-63128-2

Ⅰ. ①青… Ⅱ. ①徐… Ⅲ. ①青少年－网络教育－研究 Ⅳ. ①G434

中国国家版本馆CIP数据核字(2023)第205259号

内 容 提 要

在线教学是近几年为保障教学进度而开展的全球范围内的社会试验。就在线教学的学习效果而言，相关研究及实践所显示出的问题不容乐观，除了学习效果较差之外，有的学者甚至担心在线学习环境正在成为滋生"浅层学习"的温床。

本书通过分析现阶段国内外在线学习和深度学习的相关文献，从学习者的家庭环境、个人特征、学习行为和教学行为四个方面来构建学生在线深度学习的分析框架，并基于该分析框架，借助问卷调查数据，分析各个因素与在线深度学习之间的关系，进而揭示出近三年全国范围内大规模在线学习的学习效果到底如何，在线学习环境是否能够有效地促进深度学习，如何促进深度学习，以及怎样才能获得较好的深度学习的效果。

本书适合中小学及大学教育管理部门的研究人员及决策者、中小学及大学教师和班主任辅导员，以及各类师范专业教师及学生阅读参考。

◆ 著　　徐兆佳　张和平　尹　霞　刘　婷
责任编辑　杨佳凝
责任印制　彭志环

◆ 人民邮电出版社出版发行　　北京市丰台区成寿寺路 11 号
邮编 100164　电子邮件 315@ptpress.com.cn
网址 https://www.ptpress.com.cn
涿州市般润文化传播有限公司印刷

◆ 开本：787×1092　1/16
印张：16　　　　　　　　　　　　2023 年 11 月第 1 版
字数：300 千字　　　　　　　　　2024 年 1 月河北第 2 次印刷

定　价：69.80 元

读者服务热线：（010）81055656　印装质量热线：（010）81055316
反盗版热线：（010）81055315
广告经营许可证：京东市监广登字20170147号

数字化时代的学习

很多年前，在线学习于国人已耳熟能详，但真正大面积落实到具体实践中却又是近三年的事。众所周知，近三年来，由于新冠肺炎疫情，全国大中小学生"被迫"在线学习，而我们也终于"被养成"了在线学习的习惯。

但在线学习到底如何学？在线学习中的深度学习如何发生？它与哪些因素有关？这些因素如何相互作用，形成某种机制？搞清楚这些，有利于数字化时代的学习。

徐兆佳、张和平等几位老师很敏锐地关注到了这一现实问题。有一次，他们讨论说，要对大中小学生进行一次大规模的抽样调查，尝试着去探究一下。

因为平时大家天花乱坠地讨论的研究议题很多，所以我也就听听，并没有在意。

没想到一年以后，他们跟我说，调查很早就开始了，现在根据这个调查，一本专著即将出版，能否请我写个序，为此我着实惊讶了好一阵。

一方面，惊讶于他们做研究的效率。我们学院没有研究生，也就没有研究助理，什么事都要自己来，正因为如此，一些有灵感的研究问题常常被搁置，繁重的教学任务和其他事务性工作常常压得人喘不过气来，稍一歇息，要么忘了灵感催生的问题，要么心有余而力不足了。而他们这个团队认定了一个问题后，硬是逼着自己做研究。我理解其中的艰辛与不易。

另一方面，惊讶于为什么找我写序。我既非名人，也非人们理解中的"学术权威"。我写这个序并不会为这本书增色，倒是这本书为我增色不少，默默无闻之辈竟然也平生第一回为一本研究专著作了序。看完全稿后，确实有些想法要表达，算作是一位读者的读后感，权当作序。

首先，本书的研究再次确证了在线学习只是一种学习方式的改变，而非本质的转向。研究证实，在线深度学习与线下深度学习有着异曲同工之妙，印证了学习的发生与方式本身关系不大，而与学习者内在的驱动力等主体性因素有重要关联。影响学习的因素一直是研究者探讨的焦点议题，新西兰两位研究者约翰·哈蒂（John Hattie）、德布·马斯特（Deb Masters）在《可见的学习在行动》一书中，对古今研究者对学习的影响研究进行了概括和综述，最终的结论是学习的影响因素太过复杂，无法穷尽，但关键的因素有二：教师和学习者本身。对于在线学习的研究结论，本书并没有发现新的影响点，这从另一方面证实了深度学习的本质不会因为数字时代而发生根本性的转变。

那么这是否证明本研究无意义呢？不，恰恰相反。在大众都将数字化学习奉为圭臬的时代，这个研究无疑成为清醒剂，促人反思和反省：数字化学习也是一种学习，依然需要回归到学习的本质去看待，而不能走向极端，陷入狂热之道。正如许多被访者在开放问题的回答中所宣示的：他们更喜欢线下面对面地交流和学习。

其次，相较数据分析，调研文本的内容对未来的在线学习更具有启发价值。数据分析给予了在线深度学习一种确证，那么文本分析似乎又在强调一种常识：线下面对面的学习依然是学生更喜欢的方式。因为线下可以有更多的互动，可以即时反馈，可以监督。当然，这又透露出另一个方面的问题：是不是学生在自律、自觉以后，在线学习就对线下学习取而代之了呢？这倒是团队可以捕捉和探究的议题。

数字化学习扑面而来，要面对许多新的议题，比如，如何防止学习作弊，如何将知识的学习转化为实践智慧，如何保护在线教育知识产权，等等。这些议题可能更新、更具有挑战性，年轻的团队不妨尝试继续挑战下去。

祝愿团队成员们有更多的、持续的研究成果。

刘永存教授

2023 年 7 月于武汉

目 录

第一章

绪论

第一节 研究背景及问题

中华人民共和国教育部发布的《教育信息化2.0行动计划》（教技〔2018〕6号）明确提出，要发挥教育信息化"突破时空限制、快速复制传播、呈现手段丰富"的独特优势，"办好网络教育，积极推进'互联网＋教育'的发展，将教育信息化作为教育系统性变革的内生变量，支撑引领教育现代化发展，构建泛在学习环境、实现全民终身学习，提高教育质量，促进教育公平"。但同时也认识到当前教育信息化还存在"数字教育资源开发与服务能力不强，信息化学习环境建设与应用水平不高，师生信息素养有待提高，教师信息技术应用能力基本具备但信息化教学创新能力尚显不足，信息技术与学科教学深度融合不够"等问题。国务院发布《中国教育现代化2035》，提出要"加快信息化时代教育变革，创新教育服务业态，建立数字教育资源共建共享机制；利用现代技术加快推动人才培养模式改革，实现规模化教育与个性化培养的有机结合"。

由美国新媒体联盟和美国高校教育信息化协会学习促进会协作完成《新媒体联盟地平线报告：2016高等教育版》及《新媒体联盟地平线报告：2017高等教育版》。这两个报告包含来自五大洲几十个国家的数十位不同角色的专家所选择的最有可能影响今后五年技术规划和决策制定的主要趋势、关键挑战和重要技术。这两个报告在谈到未来关键趋势时，均重点提到了高等教育未来将"转向深度学习方法"。

深度学习的重要性已经毋庸置疑了，尤其是在信息技术与教育全面融合的背景下，探讨技术与深度学习的结合变得至关重要。那么哪些因素会影响在线深度学习？采取何种教育措施和教学策略可以有效促进学生的在线深度学习？这正是本研究力图探讨的问题。

第二节 概念界定及内涵辨析

深度学习（Deep Learning，DL）作为一个概念术语，在很多领域被广泛运用，不同领域的"深度学习"往往具有不同的学科运用场景和概念内涵，尤其在人工智能领域和教育领域，深度学习的含义明显不同。人工智能领域的深度学习主要研究"机器"如何更好地学习，而教育领域的深度学习主要研究"人"如何更好地学习。

（一）人工智能领域的"深度学习"

人工智能的一个重要分支是机器学习。机器学习就是通过算法和模型，让机器从大量历史数据（训练样本）中学习规律，从而对新的样本进行智能识别或对未来做出预测。机器学习已经产生很多实际应用。谷歌的 Brain 项目曾用一个拥有 16000 个 CPU 内核的并行计算平台训练一种被称为"深度神经网络"（Deep Neural Networks，DNN）的机器学习模型，用于语音和图像识别，取得了很大的成功。微软曾在天津展示了一个全自动同声传译系统，演讲者在用英语演讲时，后台计算机自动完成语音识别、翻译和中文语音合成，效果非常流畅。这个系统的后台支撑关键技术是 DNN 和 DL。

机器学习的技术发展轨迹可分为"浅层学习"和"深度学习"两大阶段。相对于"浅层学习"阶段，机器学习的"深度学习"阶段通过构建更复杂、更强大的机器深度学习模型，运用海量的大数据作为训练样本，让机器从中学习更有用的特征，深刻挖掘海量大数据中所蕴藏的丰富信息，提升特征分类的准确性，对未来的未知事件做出更精准的预测。在机器的深度学习中，深度模型是手段，特征学习是过程，预测能力是目的。

（二）教育领域的"深度学习"

教育领域的"深度学习"，很多文献认为国外最早可以追溯到 20 世纪 50 年代费伦斯·墨顿（Ference Marton）和罗杰·萨尔乔（Roger Saljo）开展的有关学习过程的实验研究。在这项研究中，40 名大一学生被随机分为两组，用某本书中的三个不完整章节（每章节约两三千字）作为学习资料。参与实验的学生事先都不知道自己要从资料中学什么，但被告知每读完一个章节就需要回答一些跟学习资料有关的问题。在读两个章节后，每组学生会收到针对不同类型问题的要求。一个组被要求回忆这两个章节中的一些细节和事实，另一个组被要求对这两个章节中的事实和观点有全面深刻的理解。在读完第三个章节后，两个组都会被问到两种类型的问题。最后对被试回答问题的表现进行分析和比较，并且使用一个半结构化的访谈来收集被试在学习过程中的心理和行为变化资料。

费伦斯·墨顿和罗杰·萨尔乔（1976）联名发表了上述研究成果——《学习的本质区别：结果和过程》，根据学习者获取和加工信息的方式将学习者分为深度水平加工者和浅层水平加工者，首次提出并阐述了深度学习和浅层学习（Surface Learning）这两个概念。在这项研究中，除了发现深度学习和浅层学习的区别，费伦斯·墨顿和罗杰·萨尔乔还发现学习者会根据外部学习要求调适自己的学习模式和学习策略。这意味着学习评价方式会影响学生在深度学习和浅层学习之间的选择。

国内较早介绍深度学习的文献是何玲和黎加厚（2005）发表的《促进学生深度学习》一文。该文短小精悍，以简练、清晰的文笔系统介绍了深度学习的研究源起、概念及内涵。深度学习与布鲁姆教育目标分类的联系，促进了深度学习的教学策略，还比较了深度学习和浅层学习的特点和异同。

（三）教育领域"深度学习"的定义及特征

威廉（William）和弗洛拉·休利特（Flora Hewlett）将深度学习界定为：深度学习是学生在急遽变化的世界里获得成功所需的知识与技能。学生通过批判性思考、问题解决、相互协作、有效沟通、自主学习来掌握学习内容，以及为学会如何学习（如自我导向的学习）做好准备。为了让学生始终保持学习动机，他们需要明白课程内容与真实世界的联系，需要了解新知识与新技能将产生什么影响。

美国国家研究理事会的"深度学习界定委员会"总结到，深度学习是"个体发展认知素养、人际素养和内向素养，逐步将某一情境中所学的知识运用到新情境中（即迁移）的过程"。诺曼·韦伯（Norman Webb）修正了布鲁姆的教育目标分类学，将知识的深度（DOK）标准分为下面四个层次，其中 DOK3 和 DOK4 代表深度学习（Herman & Linn，2013）。

（1）DOK1：对事实、术语、概念或过程的回忆——基本的理解。

（2）DOK2：涉及一些心理加工的概念或方法的应用。

（3）DOK3：需要抽象思维、推理或更复杂的推断的应用。

（4）DOK4：需要跨情境综合分析的拓展分析和研究，以及非常规性应用。

贝蒂等人（Beattie et al., 1997）研究认为，深度学习是指学生为理解和应用知识而主动学习，主要表现为对知识进行深度加工和批判性理解，强调与其他知识和经验之间的联系。何玲和黎加厚（2005）在分析布鲁姆的教育目标分类后认为，深度学习是指在理解学习的基础上，批判性地学习新知识，并将知识融入原有认知结构；在知识之间建立联系，并能迁移应用到新的问题情境中去，进而做出决策或解决问题。常立娜（2018）运用文献分析和内容分析方法，对 2012 年至 2017 年的深度学习文献进行分析，她概括了多个研究者的观点，认为深度学习是学习者基于理解性学习的目标，采用批判、反思、整合、应用等方式对知识进行同化和深度加工的学习活动。尽管这些定义和描述有一定的不同，但核心要点一致。表 1-1 显示的是深度学习与浅层学习的不同特点。正如学者保罗·拉姆斯登（Paul Ramsden）所言："浅层学习是没有质量的数量，深度学习却是质量加数量。"

表 1-1　深度学习与浅层学习的不同特点

深度学习	浅层学习
强调理解基础上的有意义的记忆	机械记忆，死记硬背
掌握普遍的方式和内在原理	记忆知识和例行的解题过程
在新知识和原有知识之间建立联系，掌握复杂概念、深层知识等非结构化知识	零散的、孤立的、当下所学的知识，且都是概念、原理等结构化的浅层知识
关注解决问题所需的核心论点和概念，列出证据，归纳结论	关注解决问题所需的公式和外在线索，难以理解新的思想
逐步加深理解，有逻辑地解释，慎重地讨论，批判性地思考，自我反思	学习过程中很少反思自己的学习目的和策略
能区分论据与论证，事实与推理	不能从示例中辨别原理
能把所学的知识迁移并应用到实践中	不能灵活运用所学的知识
高阶思维	低阶思维
主动学习，学习是因为自身需求，对学习的内容充满兴趣和积极性，主动参与到学习中，能积极与同学及教师进行互动和交流	被动学习，学习是因为外在要求，因学习而感到压力和烦恼
能把事物的各个部分联系起来，作为一个整体来看	孤立地看待事物的各个部分

传统讲授式课堂教学究竟是深度学习还是浅层学习，抑或多大程度上涉及深度学习呢？索耶（Sawyer）在他的著作中比较了深度学习和传统讲授式课堂教学的特征。表 1-2 显示的深度学习与讲授式课堂教学的不同特征。

表 1-2　深度学习与讲授式课堂教学的特征比较

知识的深度学习（认知科学视角）	讲授式课堂教学（教授主义视角）
学习者能够把新的观念与概念同既有的知识与先行经验连接起来	学习者把教材当作同自己的既有知识无关的存在来处理
学习者能够把自己的知识相互关联起来，形成系统	学习者把教科书知识当作彼此无关的碎片化知识来处理
学习者能够探讨构成学习之基础原则	学习者仅仅是记忆知识，按照既定步骤实施而已，不能理解其缘由
学习者能够评价新的观念，并将这些想法同结论联系起来	学习者对不同于教科书知识的新观念感到难以理解
学习者通过对话理解知识的建构过程，能够批判性地检查论据的逻辑性	学习者把来自全知全能的权威传递的事实性知识与步骤性知识当作静态知识来处理
学习者能够反思自身的理解与学习过程	学习者只能单纯地死记硬背，不会反思自己的学习目的与学习方法

（四）深度学习与高阶思维能力

高阶思维能力（Higher Order Thinking Skills）是依据布鲁姆教育目标分类提出的描述思维层次的概念。安德森（Anderson，2008）修正了布鲁姆最初提出的六个认知过程，形成"记忆、理解、应用、分析、评价、创造"新的六个认知层次。基于此，恩尼斯（Ennis，1985）等学者将高阶思维能力定义为涵盖"理解、应用、分析、评价和创造"五个认知层面的思维能力，这五个认知层次又包含 17 项更为具体的思维技能。杨翊和赵婷婷（2018）认为批判性思维、分析性思维、逻辑推理能力、反省思维、问题解决能力等的构成核心都是分析、评价及创造这些层面复杂度较高的认知过程，差异在于这些认知过程的组合不同。因此，高阶思维能力是这些复杂思维及能力的总称及上位概念。

如何培养高阶思维能力？高阶思维能力是可以通过教学和练习得到提高的。恩尼斯（Ennis，1989）总结了高阶思维能力教学的三种模式：过程模式（专门开设课程直接教授思维技能）、内容模式（在学科教学中顺其自然地锻炼学科思维能力）、融合模式（将思维技能训练与学科课程教学相融合）。这些教学模式在教育中均有实践，但效果如何，缺乏清晰的证据，而且过程模式和内容模式都有失偏颇。因此科斯塔（Costa，2002）提出，最有效的训练途径可能是将高阶思维技能的特定训练步骤融入学科课程的教学流程中，在教学设计时充分融入高阶思维技能的训练要求，从而使学生在特定学科背景和知识情境中练习思维技能。

（五）深度学习与布鲁姆教育目标分类

布鲁姆在《教育目标分类学第一分册：认知领域》一书中，将教育目标分为六类：知识（Knowledge）、理解（Comprehension）、应用（Application）、分析（Analysis）、综合（Synthesis）、评价（Evaluation）。"理解"注重掌握材料的含义和意义；"应用"注重回忆适当的抽象概念或原理，并把它们运用于特定的情境；"分析"注重把材料分解成各个组成部分，并弄清各个部分之间的构成方式和相互关系"。

安德森等人发展了布鲁姆的教育目标分类框架，用"认知过程"和"知识类别"两个维度来描述教育目标（见表1-3）。认知过程维度包括六大类：记忆、理解、应用、分析、评价、创造；知识维度包括四大类：事实性知识、概念性知识、程序性知识和元认知知识。认知过程的六个类别在认知的复杂程度上依次递增，知识维度的四个类别在抽象程度上依次递增（从具体到抽象）。

表 1-3　安德森和布鲁姆教育目标分类

知识类别 ＼ 认知过程	记忆	理解	应用	分析	评价	创造
事实性知识						
概念性知识						
程序性知识						
元认知知识						

在认知过程层面，记忆是指从长时记忆中提取相关的知识，包括"识别、回忆"两个认知过程。理解是指从口头、书面和图像等交流形式的教学信息中建构意义，包括"解释、举例、分类、总结、推断、比较、说明"七个认知过程。应用是指在给定的情景中执行或使用某一程序，包括"执行、实施"两个认知过程。分析是将材料分解，并确定各部分之间的相互关系以及各部分与总体结构之间的关系，包括"区别、组织、归因"三个认知过程。评价是指基于准则或标准做出判断，包括"检查、评论"两个具体认知过程。创造是将要素组成新颖的、内在一致的整体，或者生成原创性的产品，包括"产生、计划、生成"三个认知过程。

在知识类别层面，事实性知识是指学生通晓一门学科或解决其中的问题所必须了解的基本要素，通常包括术语知识（如技术词汇、音乐符号）、关于具体细节和要素的知识（如重要的自然资源、可靠的信息源）。概念性知识是指在一个更大的体系内共同产生作用的基本要素之间的关系，通常包括分类和类别的知识（如地质时期、企业产权形式）、原理和通则的知识（如勾股定理、供求规律）、理论模型和结构的知识（如进化论、美国国会的组织构架）。程序性知识是指做某事的方法、探究的方法以及使用技能、算法、技术和方法的准则，通常包括具体学科的技能和算法的知识（如绘画技能、整数除法的算法）、具体学科的技术和方法的知识（如访谈技巧、科学方法）、确定何时使用适当程序的准则知识（如何时运用牛顿第二定律、判断使用某一方法估算企业成本是否可行的准则）。元认知知识是指关于一般认知的知识以及关于自我认知的意识和知识，通常包括策略性知识（如使用启发法性的知识、利用概述获得教材的结构）、关于认知任务和知识（包括适当的情境性知识和条件性知识，如知道某一教师实施的测验类型，知道不同任务的认知要求）、关于自我的知识（如知道对文章进行评论是自己的长处，而写作是自己的短处，知道自己的知识水平）。

第三节　分析框架及研究思路

（一）分析框架

　　深度学习是一种复杂的活动，文献表明深度学习的影响因素涉及个体的认知和行为、教学与学习的环境、师生及学生之间的人际互动等多个方面。就在线深度学习而言，其影响因素还会涉及家庭环境。章璇等人（2020）基于班杜拉的三元交互模型来构建"个体认知、行为、环境"深度学习影响因素解释框架。本研究借鉴章璇等人的思路，从学习者的家庭环境、个人特征、学习行为和教学行为四个方面来构建学生在线深度学习的分析框架（如图 1-1 所示），其中家庭环境方面包括家庭所在地区、家庭学习设备、家庭网络速度、父母受教育程度、父母教育期望、父母情感支持；个人特征方面包括性别、人格、学习动机、归因、自我效能、学习主动性、学习行为偏好、自主学习能力；学习行为包括网络学习经历、自我调节、元认知、学习活动、学习投入、学习互动、学习情绪、学习氛围；教学行为包括学段、班级成绩排名、教师入镜、教师情感投入、教师期望、教师教学策略、教师反馈、学业负担。本研究将基于该分析框架，借助调查数据，分析图中各个因素与在线深度学习之间的关系。

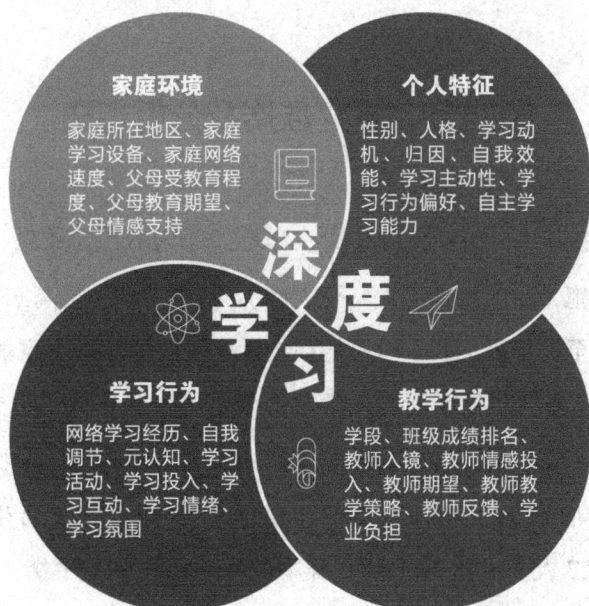

家庭环境
家庭所在地区、家庭学习设备、家庭网络速度、父母受教育程度、父母教育期望、父母情感支持

个人特征
性别、人格、学习动机、归因、自我效能、学习主动性、学习行为偏好、自主学习能力

学习行为
网络学习经历、自我调节、元认知、学习活动、学习投入、学习互动、学习情绪、学习氛围

教学行为
学段、班级成绩排名、教师入镜、教师情感投入、教师期望、教师教学策略、教师反馈、学业负担

图 1-1　在线深度学习影响因素的分析框架

（二）研究思路

（1）研究对象。本研究拟对"青少年"群体的在线深度学习进行研究。一般意义上，青少年被定义为年龄在 13～19 岁的人，主要涵盖的是初中和高中阶段的学生。在本研究中，我们使用了一个更为宽泛的定义，将"青少年"界定为"青年"和"少年儿童"的综合群体，年龄为 9～23 岁，涵盖小学阶段（三年级至六年级）、初中阶段（初一至初三）、高中阶段（高一至高三）、大学阶段（大一至大四）的在校学生。

（2）研究思路。在 2020—2022 年疫情防控期间，大、中、小学学校因为不能复学，普遍都在开展在线教育教学。本研究借此机会，针对青少年群体的在线学习状况，围绕深度学习设计问卷，对小学（三年级至六年级）、初中（初一至初三）、高中（高一至高三）、大学（大一至大四）共四个学段的在校学生进行调查，回收调查数据，开展统计分析和量化研究，分析青少年群体在线深度学习的影响因素，探讨提升在线深度学习的教育教学策略及相应的政策建议。

（3）研究计划。项目团队计划在 2020 年 3 月至 4 月完成前期的文献研究和理论分析框架的研究和论证；5 月完成问卷调查和数据回收；6 月完成对调查数据的清理完善和初步分析；7 月完成对研究报告的撰写、研讨和完善。

第四节　研究数据及分析方法

本研究的数据来自"2020—2022 年青少年在线学习状况调查"，该调查由本项目团队于 2020 年 5 月实施，面向大学（大一至大四）、高中（高一至高三）、初中（初一至初三）、小学（三年级至六年级）四个学段的在校学生发放的网络在线学习调查问卷。调查问卷的内容主要涉及疫情防控期间在线学习的学生的家庭环境、个人特征、学习行为，以及教师的教学行为。问卷的具体内容详见附件 1：青少年在线学习状况调查问卷。

本次调查共回收有效问卷 10028 份。在问卷填答者中，男生有 4801 人（占比 47.9%），女生有 5227 人（占比 52.1%），样本的性别结构基本平衡，与当前学校的性别分布实际情况相符。按学段来看，小学阶段的样本有 4854 人（占 48.4%），初中阶段的样本有 2826 人（占 28.2%），高中阶段的样本有 1294 人（占 12.9%），大学阶段的样本有 1054 人（占 10.5%），回收的样本大多集中在义务教育学段（小学和初中）。回收样本中变量的具体分布特征详见附件 2：调查数据中的样本及变量描述。

本研究使用的分析方法主要是统计分析中的单变量描述分析、相关分析、方差分析、回归分析。描述分析主要用于分析各个变量的样本分布特征。相关分析和方差分析主要用于双变量分析，探讨各个因素与在线深度学习之间的关系。回归分析则用于控制所有其他相关因素，探讨各个因素与在线深度学习之间的净影响效应。针对调查问卷中的开放题，本研究采用文本分析方法，提炼文本资料中的主题关键词，通过定性分析得出结论。

第二章

文献研究

第一节　国内外研究现状

（一）相关研究概况

如上一章所述，国外最早对教育领域的深度学习进行研究的是 20 世纪 50 年代费伦斯·墨顿和罗杰·萨尔乔，他们开展了有关学习过程的实验研究。费伦斯·墨顿和罗杰·萨尔乔（1976）联名发表了研究成果——《学习的本质区别：结果和过程》，他们根据学习者获取和加工信息的方式将学习者分为深度水平加工者和浅层水平加工者，首次提出并阐述了深度学习和浅层学习这两个概念。他们认为深度学习的典型特征是对学习内容的深度理解，将新旧知识以及经验进行连接，而浅层学习只是简单的信息重复，不加任何分析。恩特威斯尔和麦库恩（Entwistle & Mccune, 2004）将深度学习的内涵从信息加工扩展为复杂认知和元认知的过程，他们认为深度学习不仅涉及知识之间的联系、模式／原则探求、证据采用和逻辑论证，还包括学习者反思的过程；而浅层学习仅仅应对学习任务，将知识视为不相关的信息碎片，死记硬背，无法实现有效学习。比格斯（1987）认为深度学习强调的是学生与教学环境（如教学目标、教学策略、教学评价等）的交互，据此建立了"预设—过程—产出"（Presage—Process—Product）的 3P 模型。在这个模型中，深度学习是指学生对学习内容兴趣浓厚，主动寻求对知识的深刻理解，能有效将新知识与旧知识或过往经验联系起来；相反，浅层学习是指学生对知识简单记忆，不能有效将新知识纳入自己的认知结构，学生表现得对学习内容兴趣索然。

沈霞娟等人（2019）对 2008 年至 2018 年近十年来发表在 Web of Science、Springer、ScienceDirect、ERIC、Elsevier、Wiley 等外文数据库中关于教育领域深度学习的研究论文进行内容分析。结果表明，近十年来国外这方面的研究主题涉及深度学习的学习方式、学习策略、学习过程、学习评价、学习资源和学习动机。其中，学习策略、学习方式和学习评价是最受关注的三大研究主题。这说明国外研究者更多关注深度学习的微观层面和实践可操作性，相对而言，在深度学习的发生过程、动机激发等方面研究不足，只涉及很少量的文献。从研究对象来看，以大学生群体为主，对中小学学生的关注不足。从研究结果来看，深度学习的有效性充分得到实证证据的支持，突出体现在学业成绩提升、更好的知识理解与保持、更加愉悦的情感体验、更好的高阶思维及能力发展。

国内较早介绍深度学习的文献是何玲和黎加厚（2005）发表的《促进学生深度学习》一文，它系统介绍了深度学习的研究源起、概念定义及内涵、深度学习与布鲁姆教育目标分类的联系、促进深度学习的教学策略，还比较了深度学习和浅层学习的特点和异同。刘万海和靳莳雷（2020）利用 CiteSpace 软件对 2010 年至 2019 年十年间公开发表并收录在中国知网（CNKI）的研究文献（含期刊论文、学位论文、会议论文）进行统计，发现十年间围绕深度学习的研究在数量上呈现明显增长的趋势，尤其是 2015—2019 年，研究文献的数量相对于过去五年呈急剧增长的趋势。这说明近年来深度学习的话题受到越来越多的关注，俨然已经成为研究的热点。通过对关键词进行分析发现，"核心素养""翻转课堂""教学策略""深度教学""有效教学""高阶思维"等关键词出现的频次较高，可见大多数深度学习的研究都是在教学背景下展开讨论的，这与我国近年来推进基础教育改革是分不开的。这一点从研究机构合作网络分析结果可以看出，江苏省的两所高中学校在 2016—2018 年的论文发表量均在 20 篇左右。

（二）定义、内涵及特征

很多研究者基于不同的角度和理解对深度学习的概念定义、内涵特征进行界定和概括。贝蒂等人（Beattie et al., 1997）研究认为，深度学习是指学生为理解和应用知识而主动学习，主要表现为对知识进行深度加工和批判性理解，强调与其他知识和经验之间的联系。何玲和黎加厚（2005）在分析布鲁姆的教育目标分类后认为，深度学习是指在理解学习的基础上，批判性地学习新知识，并将知识融入原有的认知结构；在知识之间建立联系，并能迁移应用到新的问题情境中去，进而做出决策或解决问题。常立娜（2018）运用文献分析和内容分析方法，对 2012—2017 年的深度学习文献进行内容分析，她概括了多个研究者的观点，认为深度学习是学习者基于理解性学习的目标，采用批判、反思、整合、应用等方式对知识进行同化和深度加工的学习活动。

关于深度学习的基本特征，何玲和黎加厚（2005）总结了深度学习的三大特点：理解与批判、联系与建构、迁移与应用。张浩和吴秀娟（2012）认为深度学习有五大特征：

注重批判性思维、强调知识之间的关联和整合、强调对知识的反思和建构、强调对知识的迁移运用、注重培养问题解决能力。安富海（2014）将深度学习的特征归为四类：注重知识学习的批判理解、强调知识之间的联系和有机整合、注重对学习过程的反思和建构、重视知识的迁移运用和情境化问题的解决。常立娜（2018）认为深度学习是相对于浅层学习而言的，在学习目标、学习性质、学习态度、学习过程、学习结果等方面存在显著不同，概括起来有四大特征：强调理解性学习、培养学生高阶认知能力、强调情感和行为的高投入、在真实情境中基于问题的学习。

（三）测评方法及工具

对知识和能力的表征和测量是教育测量的难题，而深度学习强调对知识的深度理解和迁移应用，实际上要把它客观的测量出来更具有挑战性。目前测量深度学习的方法包括自我报告量表、编码标准、条件化测量、眼动追踪。通常用得比较多的测量工具是比格斯的学习过程量表（SPQ）及其修订版（R-SPQ-2F），拉姆斯登和恩特威斯尔（Ramsden & Entwistle）的学习方法量表（ASI）、量表修正版（ASI）、学习动机策略量表（MSLQ）、自主发展问卷（SDQ）等。印第安纳大学的学生学习性投入问卷（NSSE）以及后来清华大学汉化的学习型投入问卷（NSSE-China）中都包含深度学习的子量表，也常被研究者采用。国外也有研究者利用眼球跟踪来观测学生在解决复杂问题时持续注视的时间和次数，了解学生的认知过程，进而对深度学习进行评价。

比格斯的 SPQ 量表分为三个维度：方法（包括深度方法、浅层方法和成就）、动机、策略。恩特威斯尔的 ASI 量表分为四个维度：意义取向（深度）、复制取向（浅层）、成就取向、风格与态度。综合多个常用的传统量表来看，对深度学习的测量一般都包含深度方法、浅层方法和策略三个维度。

（四）主要影响因素

深度学习是一种复杂的活动，其影响因素涉及个体的认知和行为、教与学的环境、人际互动等多个方面。有研究者（章璇等，2020）基于班杜拉的三元交互模型来构建"个体认知、行为、环境"深度学习影响因素解释框架。杨丽娜等人（2012）基于社会建构主义理论、群体动力理论、计划行为理论与技术接受模型理论，从行为、认知、制度和技术四个维度构建虚拟学习社区有效学习影响因素模型，并通过实证方法检验这些因素对有效学习的影响强度和影响差异。杨珍和王爱玲（2016）综合相关研究结果，总结了影响学生有效学习的内部因素主要包括学生的学习动机、学习准备、学习兴趣、学习能力和智力，外部因素主要包括朋辈群体、学习环境以及教师的素质修养、专业知识、教学方法、教学能力、教学态度。

李利等人（2019）以苏州大学"中国特色文化英语"课程的13个班级共440名大学生为研究样本，发现有效教学、互动与反馈、自主学习、认知投入、情感体验对深度学习有显著的正向影响。赵宗金等人（2013）基于 NSSE-China 问卷的数据对大学生深度学习的影响因素进行研究，发现不同年级、性别和学科的大学生在深度学习水平上存在显著差异。在个人层面，家庭所在地区、学校所在地区、父母学历、家庭藏书量、是否是学生干部等都是显著影响深度学习的因素；在学习性投入方面，学业挑战度、主动合作学习水平对深度学习的影响最为显著。吴亚婕（2017）梳理与总结了在线深度学习的影响因素，认为影响学习者在线深度学习的因素主要包括三类：自我调节、动机、深度学习方法、投入等内在心理因素；生生交互、师生交互、学生与内容交互等外在行为因素；环境因素。李志河等人（2018）对大学生翻转课堂的研究发现，沟通交流、知识加工水平以及反思评价水平是影响深度学习的重要因素。钱薇旭等人（2018）对中学生群体的研究发现，信息活动策略对深度学习有显著的正向影响；信息活动经验对深度学习没有显著的正向影响，需要以信息活动策略为中介才能对深度学习产生积极影响，并且信息活动策略在信息活动经验和深度学习之间存在完全中介作用；年龄、年级对深度学习没有显著影响，但父母的学历对深度学习有显著影响。

（五）实践策略

国内外学者围绕深度学习开展了大量的试验和实践，出现了不少著名的实践项目和教学设计框架思路。例如，学者们在欧盟"促进大学现代化"议程中提到了高等教育的项目开发，认为基于项目的课程学习（Project-Based Learning，PBL）能促进学生主动学习和自主学习。在 PBL 模式中，核心概念和问题驱动着学生针对明确的目标展开调研，形成有意义的知识建构。澳大利亚皇家墨尔本理工大学工程学院采用 PBL 模式促使学生开展深度学习，有力促进了学生创造力、问题解决能力的培养，并借此获得向行业学习、了解最新技术、参与团队合作、解决重大工程问题的校企合作机会。一些教育宣传组织，如"未来工作"（Jobs for the Future，JFF）也敦促政府鼓励对深度学习的理解和使用，JFF 发起了学生深度学习的系列研究，形成成果并以决策者能够采纳的方式呈现出来。"下一代学习项目"投入数百万美元，资助艾伯林基督大学等七所院校发展高等教育领域的深度学习创新，设计出增强移动、基于探究式学习的深度学习模式。在成功应用这些模式的大学里，学生深度学习的表现明显增强，81% 的学生掌握了主题内容，91% 的学生在课程中展现了自己的学习力。

埃里克·詹森和利安·尼克尔森（Eric Jensen & LeAnn Nickelsen）提出了一个叫"DELC"（Deeper Learning Cycle）的深度学习路线，包括设计学习目标和学习内容、对学习者进行预评估、营造积极的学习文化、预备和激活先期知识、获取新知识、深度加工知识、评价学生的学习。这个教学框架围绕教学目标，充分调动学生的认知和非认知层面的各种因素，投入新知识的学习和加工，实现教学目标。国内学者王永花（2013）基于这个思路，建立了基于深度学习的混合式在线学习框架，通过对大学二年级学生的课程试验，证实了在该框架支持的移动学习环境下，学习者将会提高技能、了解新知识、增强社交技巧和获得团队合作技能等。而更多地研究者将深度学习作为一种教学理解和教学设计模式，与其他教学模式进行结合，体现深度学习本质（朱文辉，2019）；或者以学科为基础，分析深度学习教学设计的基本要素，剖析深度学习教学设计的实践模式，在学科教学中展示深度学习的教学设计程序与方法，如小学数学中的深度学习、小学语文中的深度学习等（马云鹏，2917；李广，2017）。钱薇旭等人（2018）在中学生深度学习中提出了"IE-IS-DL"模型，即以信息活动经验（IE）为起点，以信息活动策略（IS）为中介变量，以深度学习（DL）为教学目标，来开展深度学习。

第二节　在线学习文献数据研究现状

（一）研究数据及分析方法

本章使用 CiteSpace 和 VOSviewer 可视化分析软件，以中国知网（CNKI）作为数据采集的来源，对该刊 2014—2023 年的载文进行文献数据计量可视化分析和知识图谱研究。目的是探讨 10 年来，我国在线学习研究领域的核心学者及合作情况，主要研究机构及合作现状，对文献的关键词进行共现、频次、中介中心性、聚类等方法的知识图谱分析，得出近年来期刊刊载文献所研究的热点问题、重点区域和研究趋势。把握在线学习的研究热点和趋势，综合分析国内外学者的研究特征，以对我国在线学习模式的发展提出有益借鉴，以期为相关领域今后的发展和相关学者的研究提供参考。

1. 研究数据

本研究的中文数据来自CNKI，以"在线学习"或"网络学习"为篇名在学术期刊中进行高级精确匹配，期刊来源类别限定为北大核心及中文社会科学引文索引（CSSCI），文献分类设置为教育理论与教育管理（2532）、高等教育（364）、成人教育与特殊教育（172）、中等教育（133）、职业教育（89）、初等教育（28），时间范围为2014—2023年，勾选同义词扩展，共检索到文献2830篇。除去书评、书摘等非专业论文后，将检索结果以RefWorks格式导出并进行转化，共有可用文献2778篇。

2. 分析工具

CiteSpace是一款在科学计量学、数据可视化背景下逐渐发展起来的通过可视化手段来呈现科学知识的结构、规律和分布情况的软件。该软件是近些年来在国际范围内信息分析领域最具特色和影响力的可视化分析软件。VOSviewer可视化软件能够绘制作者、引文、关键词等共现图谱，该软件在聚类技术、节点密度等方面有独特的优势。两种软件结合使用能更加精准地分析研究对象的特性。

为了直观呈现在线学习的研究概况、热点话题及总体研究趋势，本研究选取文献计量与分析工具CiteSpace软件进行可视化分析。软件版本为CiteSpaceV，时间段为2014年1月至2023年6月，时间切片设置为1年，采用Pathfinder算法，取每年被引频率前10%的文献进行分析，以兼顾数据网络的清晰度及数据的代表性、准确性。

（二）刊载数量分析

通过对2014—2023年国内在线学习研究发文量（CNKI收录）的统计，可以整体把握近十年在线学习相关研究的理论发展水平及程度。年载文量如图2-1所示。

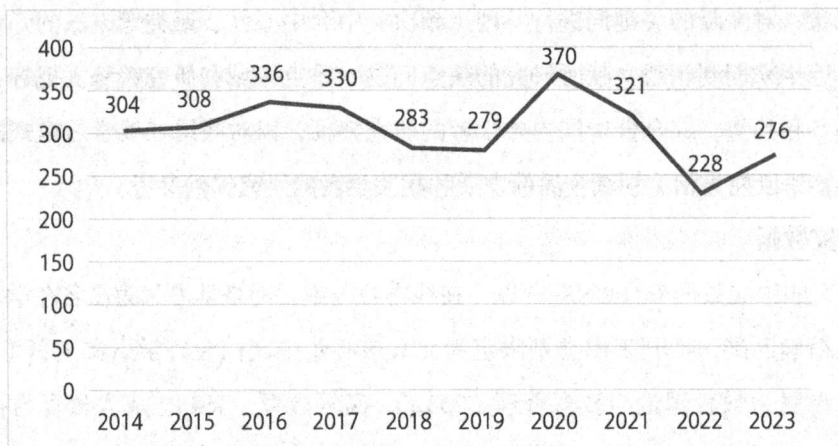

图 2-1　2014—2023 年"在线学习"及"网络学习"年刊载论文数量图

　　从图 2-1 显示的结果来看，2014—2023 年在线学习研究整体呈现上升趋势。2023 年预测可发表论文 276 篇，已发 124 篇，说明在线学习研究逐渐受到国内学者的广泛关注。从文献数量来看，近十年在线学习的研究可以分为三个阶段。第一阶段为 2014—2018 年，2012 年，中华人民共和国教育部提出实施"中国数字教育 2020 行动计划"。同年，慕课（MOOC）风靡全球，学者们对在线学习的关注达到高峰。此后，中国大学MOOC、网易公开课、智慧树平台等一众面向中小学及大学的在线课堂开始建设，学者们对相关领域的技术和实施进行了大量的研究。第二阶段为 2018—2019 年，发文数量缓慢增长，但总体数量偏少。2018—2019 年，中华人民共和国教育部提出了"金课"和一流本科课程建设，有力推动了线上课程的开发及应用。学者们对于在线学习的研究逐渐系统化，多集中于 MOOC、国家开放大学等研究方向，发文量趋于平缓。第三阶段为2020 年以后，发文数量呈爆发性增长。2020 年年初新冠肺炎疫情暴发以来，全国范围内，无论高校还是中小学都进行在线课堂的学习，因此在线学习逐渐从应急性应用转为常态化的学习方式，进一步促进了在线学习相关研究的发展。中华人民共和国教育部发出"停课不停学"的号召，印发《教育信息化中长期发展规划（2021—2035 年）》《教育信息化"十四五"规划》，在线学习再次受到学界及政府的广泛关注，预计有关在线学习文献的质量会有显著提升，发文量也将呈现波动上升趋势。

　　按学科分布，主要涉及教育理论与教育管理、计算机软件及计算机应用、高等教育、中等教育、外国语言文字、初等教育、职业教育、成人教育等学科，如图 2-2 所示。

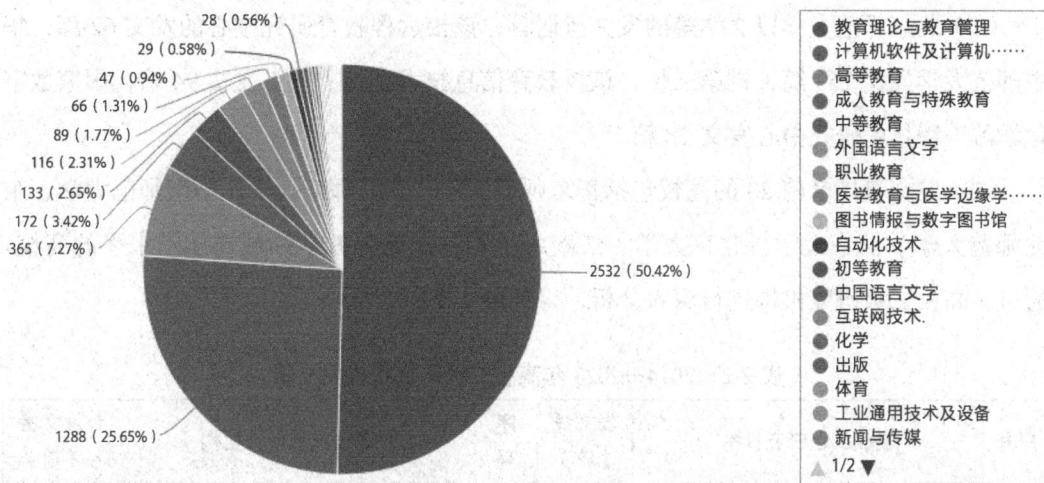

图 2-2 2014—2023 年"在线学习"及"网络学习"刊载论文学科分布图

（三）主要研究机构及合作分析

1. 主要研究机构

对投入在线学习研究的发文机构进行综合统计分析，排名前 20 的发文机构如表 2-1 所示。

表 2-1 2014—2023 年在线学习研究主要发文机构（前 20 名）

序号	机构	频次	序号	机构	频次
1	北京师范大学	227	11	国家开放大学	47
2	华中师范大学	163	12	江苏师范大学	47
3	华东师范大学	115	13	西南大学	44
4	华南师范大学	81	14	南京师范大学	40
5	东北师范大学	77	15	首都师范大学	36
6	西北师范大学	67	16	河南师范大学	35
7	陕西师范大学	61	17	河南大学	35
8	清华大学	56	18	汕头市广播电视大学	35
9	北京大学	55	19	北京开放大学	27
10	江南大学	51	20	浙江工业大学	27

通过对发文机构进行更深入的分析，结果显示：这个领域的科研力量主要分布在以师范类高校为代表的教育研究机构。

（1）北京师范大学以 227 篇的发文量居首，该校远程教育研究中心的发文 62 篇；华中师范大学发文 163 篇，排第二位，该校教育信息技术学院（系）发文 94 篇，国家数字化学习工程技术研究中心发文 28 篇。

（2）发文量排名前 20 的高校包括华东师范大学、东北师范大学、华南师范大学、东北师范大学、清华大学、北京大学、江南大学等一批高等教学领域高学术水平的高校。通过对高校二级研究机构进行深入分析，得到表 2-2。

表 2-2 2014—2023 年高校二级研究机构发文量

序号	高校二级研究机构	发文量（篇）	序号	高校二级研究机构	发文量（篇）
1	北京师范大学远程教育研究中心	62	11	南京师范大学教育科学学院	30
2	华南师范大学教育信息技术学院	59	12	华中师范大学国家数字化学习工程技术研究中心	28
3	华中师范大学教育信息技术学院	58	13	江苏师范大学智慧教育学院	28
4	北京师范大学教育学部	53	14	江南大学教育信息化研究中心	24
5	西北师范大学教育技术学院	44	15	北京大学教育学院	23
6	陕西师范大学教育学院	43	16	东北师范大学信息科学与技术学院	22
7	华东师范大学教育信息技术学系	36	17	西南大学教育学部	21
8	汕头广播电视大学 / 汕头开放大学	33	18	东北师范大学教育学院	20
9	清华大学教育研究院	30	19	北京师范大学教育学部教育技术学院	19
10	北京师范大学教育技术学院	30	20	北京师范大学未来教育精尖创新中心	18

这些代表我国高等教育研究最高学术水平的机构，在期刊上发表了大量高质量的论文，占据了二级研究机构发文量前 20 名的一半，展现出了全国在线教育学术理论研究的权威性和指导性。

整体而言，该领域研究力量相对分散，研究机构间的合作交流还有提升的空间。

2. 研究机构合作

将研究机构划分为多个合作关系网络，并反映出各个合作网络中高中心性机构的合作情况（见图 2-3）。

图 2-3 研究机构合作共现图（CiteSpace）

机构合作群一：包括北京师范大学远程教育研究中心、华南师范大学教育信息技术学院、华中师范大学国家数字化学习工程技术研究中心、北京师范大学教育技术学院、江南大学教育信息化研究中心等众多高校。北京师范大学远程教育研究中心作为权重最高的教育技术学研究单位，广泛地与全国远程教育与教育技术研究机构开展学术合作。

机构合作群二：包括北京师范大学教育学部、西南大学教育学部、西北师范大学教育技术学院、北京师范大学未来教育高精尖创新中心等多所高校。北京师范大学教育学部作为全国重要的教育学术研究单位，其合作关系网络遍布全国各类高校和教育研究机构。

机构合作群三：包括清华大学教育研究院、陕西师范大学教育学院、华东师范大学教育信息技术学系、北京大学教育学院、江苏师范大学智慧教育学院等多所高校。这几所高校的教育研究机构的合作较为密切。

机构合作群四：华中师范大学人工智能教学部及前身华中师范大学教育信息技术学院，该校作为华中地区的重要教育研究机构，发文量较大，但少有和国内其他高校的合作。

如表 2-2 及图 2-3 所示，我国在线学习的文献多来源于师范大学的教育技术学院，且模型探索、软件及平台的构建应用等技术类研究较多。这表明线上学习的研究多局限于技术层面，缺少对学习者学习成效、社会性发展和心理健康发展等教育学、社会学和心理学层面的关注。

3. 研究机构分布

对发文机构的地理位置进行数据挖掘处理，得到发文机构的地理热点图。

十年来，在线教育的发文机构，以上海、南京为中心点呈放射性展开，主要集中在江苏、上海、浙江的高校和教研机构，成为华东地区在线学习教育研究最为重要的论文刊载体；同时，覆盖全国各大知名高校和教研机构是期刊稿件的主要来源，以北京、武汉、西安、成都、广东地区最为集中，全国主要省市呈均匀分布态势。

（四）核心作者及合作分析

对发文署名量在 8 篇以上的作者进行综合统计，得出排名前 32 位的核心作者，如表 2-3 所示。

表 2-3　2014—2023 年核心发文学者（前 32 名）

排名	作者	署名量	排名	作者	署名量
1	肖俊洪	42	17	祝智庭	10
2	陈丽	38	18	余胜泉	10
3	赵蔚	31	19	吴砥	10
4	郑勤华	24	20	穆肃	10
5	刘清堂	20	21	王帆	10
6	赵呈领	19	22	马志强	10
7	王炜	18	23	李爽	9
8	李海峰	18	24	兰国帅	9
9	姜强	17	25	梁云真	9
10	武法提	15	26	李彤彤	8
11	张文兰	15	27	郭绍青	8
12	张思	14	28	黄琰	8
13	王志军	13	29	杨现民	8
14	蒋志辉	13	30	刘斌	8
15	吴南中	13	31	顾小清	8
16	傅钢善	12	32	沈书生	8

同时，中国知网（CNKI）对所选取的数据按发文量进行了排名，如图 2-4 所示。

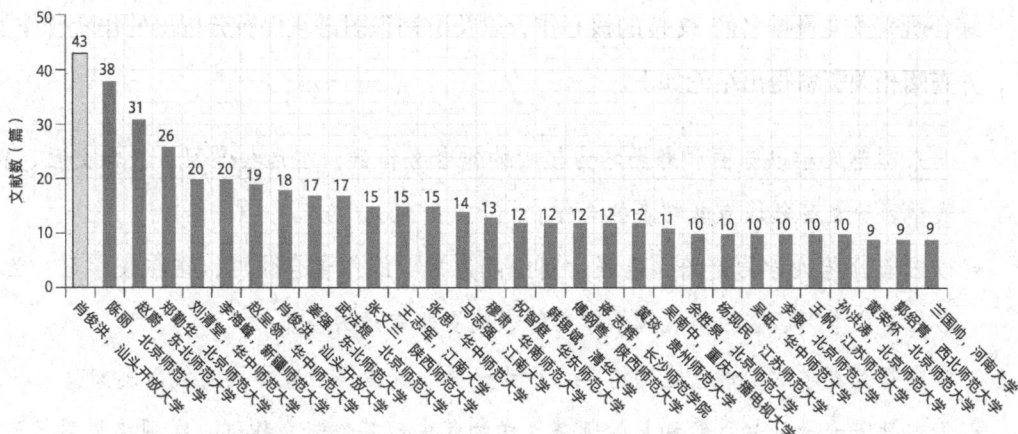

图 2-4　2014—2023 年核心发文学者（CNKI 数据）

其中，汕头开放大学的肖俊洪与爱尔兰都柏林城市大学国家数字学习研究院的马克·布朗等欧美大学教授，联合撰写了关于远程教育的论文 43 篇。北京师范大学的陈丽在 cMOOCs[①]、远程学习、教学交互、在线学习评测等方面发文 38 篇。东北师范大学的赵蔚在在线学习行为、在线自主学习、在线自我调节学习等方面发文 31 篇。北京师范大学的郑勤华在在线学习行为等方面联合发文 26 篇。华中师范大学的刘清堂在网络学习行为分析、评价等方面发文 20 篇。

同时运用 CiteSpace 软件将 10 年来有合作关系的发文作者制作出共现图（见图 2-5）。

图 2-5　2014—2023 年核心发文学者共现图（CiteSpace）

---

① cMOOCs 代表基于联通主义的慕课。

综合研究发文量排名前 32 位的核心作者以及由知识图谱软件所分析出的作者合作关系，并查阅相关资料得出结论如下。

- 北京师范大学以陈丽和郑勤华为核心的作者合作群，在远程学习、教学交互、在线学习评测等领域有非常多的合作。
- 以东北师范大学的赵蔚、姜强、刘红霞为核心的作者合作群，在在线学习行为、在线自主学习、在线自我调节学习等领域有非常多的合作。
- 华中师范大学的刘清堂在网络学习行为分析、评价等研究方向有较多发文。
- 华中师范大学的赵呈领和长沙师范大学的蒋志辉等作者合作群，在网络学习行为、学习适应性、学习评价等领域有非常多的合作。但是上述两位华中师范大学的作者之间少有合作。

可以看出，我国有关在线学习的文献发文作者，合作情况多为学校内部教授与其硕士生、博士生共同发文，但是学校之间的作者联合研究以及发文的情况较少。也就是说，虽然总体论文的发文量较大，但少有和国内其他高校研究人员进行合作的情况。

（五）基于关键词共现的研究热点分析

对在线学习领域 10 年来所刊载的文献进行关键词频次分析，列出频次排名前 20 的关键词（见表 2-4）。

表 2-4　2014—2023 年"在线学习"载文排名前 20 的高频关键词

排名	关键词	频次	排名	关键词	频次
1	在线学习	431	11	在线课程	65
2	MOOC	159	12	远程教育	60
3	在线教育	141	13	自主学习	59
4	在线教学	134	14	混合学习	58
5	学习分析	122	15	深度学习	57
6	网络学习空间	111	16	大数据	52
7	慕课	85	17	教学模式	52
8	翻转课堂	82	18	混合式教学	52
9	网络学习	73	19	教育信息化	51
10	影响因素	68	20	学习投入	47

关键词是一篇论文的核心概括，通过分析关键词，可以对文章主题进行窥探，进而得到某领域的研究热点。本研究利用 CiteSpace 绘制关键词知识图谱，在 NodeTypes 选框中选择 Keyword，取每年引用量最高的 100 个关键词进行分析，最终得到的关键词共现图谱共有 631 个节点、3312 条连线。运用 CiteSpace 软件绘制关键词共现图（见图 2-6）。

图 2-6　在线学习领域关键词时序共现图（CiteSpace）

10 年来所刊载文献的研究对象覆盖了高等教育、中等教育、基础义务教育中学生和教师在内的教育对象的所有层次。在线学习领域包括慕课、在线教学、学习分析、网络学习空间、反转课堂、远程教育、自主学习、混合学习、深度学习、教学模式探讨、社会网络分析、学习行为分析在内的各个层次。众多高质量的文献对在线学习领域的各类问题进行了深入的探讨。众多专家学者也为在线教育领域出现的问题和困境提出了自己的对策。

CiteSpace 软件中使用中介中心性指标来发现和衡量文献的重要性。具有高中介中心性的文献通常是相关领域的关键枢纽。使用 CiteSpace 软件对关键词进行中介中心性分析，得出高中介中心性排名的关键词为在线交互、深度学习、学习绩效、人工智能、教育信息化、学习行为、高等教育、学习体验、学习资源、多维特征、混合式学习、在线讨论、学习模式、学习共同体、协作学习、主动学习等，这些关键词的中介中心性都高于 0.2。

---

① SPOC 是小规模限制性在线课程（Small Private Online Course）的英文首字母缩写。

我们将高频次和高中介中心性的关键词进行排序，得到表 2-5。

表 2-5　2014—2023 年"在线学习"载文排名前 20 的高权重关键词

序号	关键词	频次	中介中心性	权重
1	在线学习	431	0.12	275.5
2	MOOC	85	0.44	262.5
3	在线交互	9	0.48	244.5
4	教育信息化	51	0.39	220.5
5	教育	21	0.41	215.5
6	在线教育	141	0.28	210.5
7	深度学习	57	0.33	193.5
8	学习分析	122	0.21	166
9	人工智能	41	0.29	165.5
10	教育信息化	51	0.27	160.5
11	人工智能	41	0.28	160.5
12	学习绩效	8	0.31	159
13	学习行为	40	0.26	150
14	学习行为	40	0.25	145
15	高等教育	26	0.26	143
16	混合式学习	34	0.24	137
17	学习体验	24	0.25	137
18	学习资源	23	0.25	136.5
19	学习者	28	0.24	134
20	翻转课堂	82	0.18	131

这些高权重关键词和高频次关键词共同反映了 10 年来我国教育理论学术领域的研究重点。

（六）基于突现关键词的研究趋势分析

运用 CiteSpace 软件进行突发性检测，并通过二次分析得到表 2-6。该表按突发起始时间列出了 10 年来出现的突发性关键词及其持续时间。

表 2-6 2014—2023 年"在线学习"载文突现关键词排序（时间）

序号	关键词	开始时间	结束时间	2014—2023 年
1	MOOC	2014	2016	
2	网络环境	2014	2016	
3	开放教育	2014	2016	
4	泛在学习	2014	2016	
5	移动学习	2014	2017	
6	开放大学	2014	2016	
7	知识共享	2014	2016	
8	微课	2014	2017	
9	SPOC	2015	2017	
10	"互联网+"	2016	2019	
11	学习评价	2016	2018	
12	大数据	2016	2018	
13	教师培训	2016	2019	
14	网络学习环境	2017	2019	
15	在线开放课程	2017	2019	
16	结构方程模型	2017	2020	
17	混合式教学	2018	2021	
18	深度学习	2019	2023	
19	人工智能	2019	2023	
20	学习体验	2019	2021	
21	网络学习共同体	2019	2021	
22	在线教学	2020	2023	
23	教育公平	2020	2023	

对上述数据进行分析，发现各类研究关注度的减弱或增强，并探索研究趋势。

2014—2017 年：MOOC 的翻转课堂教学研究，成为这几年来在线教育教学模式改革的研究热点。同时，学者们对网络教学环境、教师网络教学、学生网络学习、网络平台建设、网络资源共享技术以及移动学习、泛在学习等领域进行了研究。

2017—2019 年：学者们在网络学习空间、网络学习环境、在线开放课程等在线学习的软硬件领域进行了深入的研讨。同时，随着在线学习环境和资源的逐渐完善以及在线学习工作的逐年开展，学者们开始关注具体的学习分析、学习评价、自适应学习、内容分析等深层次的教学效果以及教学改进等问题。大量的学者开始进行问卷调查来获得教学反馈，并通过结构方程模型等统计学手段对这些问卷进行深入分析。

2020—2023 年：随着新冠肺炎疫情的暴发，各类各级别的教学被迫转到线上进行，学者们对在线学习的研究也发生了改变。其中，学习体验、学习绩效、学习满意度等问题的研究开始增加，反映出学者们近几年更深入地关注在线教学的最终效果以及学生的体验感。这也引出了学者们对学生深度学习、教学交互、教育公平等一系列问题的研究。其中，发表在《中国电化教育》期刊上的中南大学公共管理学院的曾明星等作者撰写的文章《从 MOOC 到 SPOC：一种深度学习模式建构》，其被引次数排名第二（756 次），点击下载量也排名第二（22131 次）。

（七）基于关键词聚类的研究现状分析

为了更深入地分析我国在线学习领域的学术研究现状，我们对关键词进行聚类分析（见图 2-7 及图 2-8）。

图 2-7　在线学习领域关键词聚类图（CiteSpace）

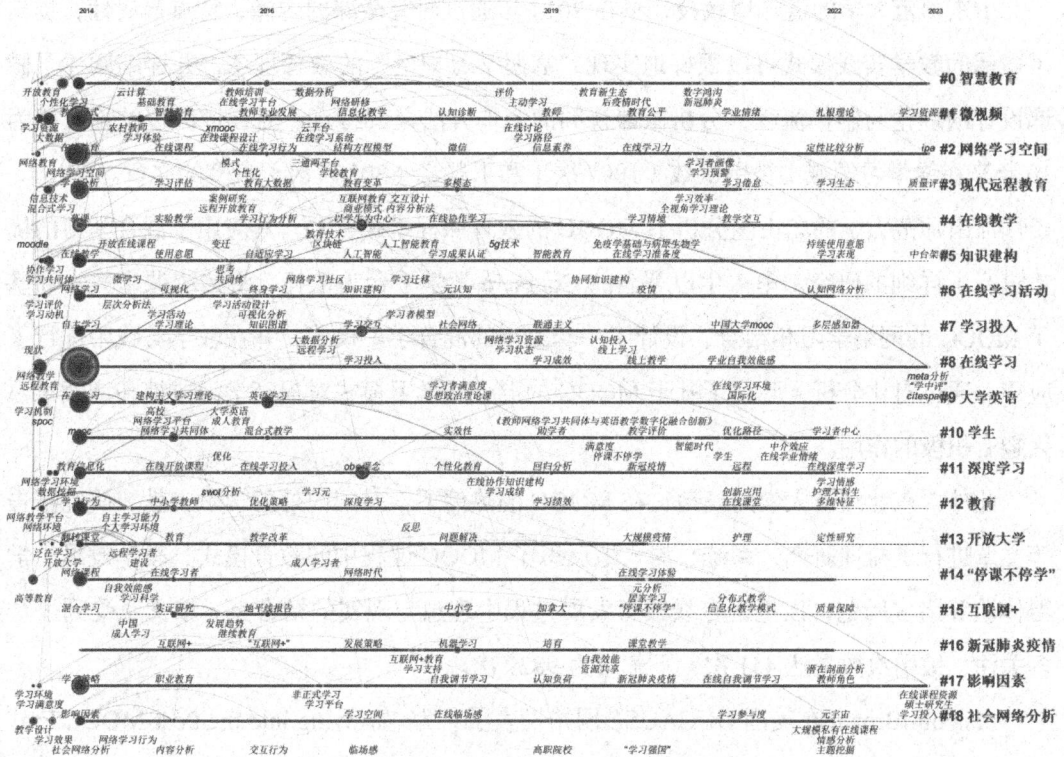

图 2-8　在线学习领域关键词聚类时空图（CiteSpace）

图 2-7 和图 2-8 为关于"在线学习"领域关键词聚类图谱，有智慧教育、微视频、网络学习空间、现代远程教育、在线教学、知识构建、在线学习活动、学习投入、在线学习、大学英语、学生、深度学习、教育、开放大学、听课不停学、互联网＋、新冠肺炎疫情、影响因素和社会网络分析 19 个聚类。其中，数字越小，表示该聚类所包含的关键词越多。为了保证图谱清晰，本研究仅选取除了与"网络学习""在线学习"等主题词相关类别之外的具有代表性的前 10 个聚类。

通过对文章内容、高频词汇、高中介中心性词汇、关键词聚类及对各个聚类的相关分析，以及对共现性较小的聚类进行合并，并结合热点关键词的影响因素，将研究领域概括为五大聚类。

1. 在线学习平台及资源聚类

MOOC 于 2012 年首次在美国获得广泛推广后，2013 年进入国内。国内学者关注的主要是在线学习平台的搭建和资源的建设。2015 年，MOOC 教学模式研究成为热点。众多研究者从线上线下相结合的交互式学习模式、学生的适应性等多角度探索在线学习行为，其中主要是对各种在线平台的作用进行探究。

山东师范大学的孟祥增教授，早在 2014 年通过研究微课的内涵、特点等属性，提出了微课的教学实践模式可以很好地实现"掌握学习理论"的教育理念，并详细阐述了微课设计的理论与制作流程，分析微课视频的制作方法及其特点。孟祥增教授的论文成为10 年来在线学习领域中被引次数（1007 次）和下载量（30567 次）最多的文章。

河南师范大学的牟占生分析了 MOOC 的教育课程模式，并对其应用于混合学习的优势进行了详细的研究。牟占生以著名的 Coursera 教学平台为依托，将传统课堂教学和基于 MOOC 的网络学习相结合，设计了一套完整的混合学习模式，并在教学实践中进行了应用。通过对比分析，验证了基于 MOOC 的混合式学习模式对提高学习成绩和增强学习兴趣有积极的作用。

此外，东北师范大学的高地，在 MOOC 的热潮下，对国内外的学术文献、研究报告等文章进行了梳理研究，系统、深入地反思了 MOOC 课程中的教育模式、教学效果、学习体验等诸多问题，以把握在线教育发展过程中理想与现实的结合点。该文章受到了众多关注，被引次数高达 451 次，下载量为 9829 次。

MalcolmBrown 在美国 DUCAUSE 网站发表了名为 "Moving into the Post-MOOC Era" 的博文，认为以下几种迹象表明"后 MOOC"时期已经来临。

第一，教学法的新变革。教学方式 / 学习方式正在由 xMOOC 的完全自主在线学习向混合学习、翻转课堂、协作学习转变，比如斯坦福大学提出"分布式翻转"的想法，即在共同参与 MOOC 的课程中形成多个翻转课堂。

第二，MOOC 课程平台服务出现新变化。美国三大主流 MOOC 平台与 BlackBoard、Moodle、Sa-kai 相比，其功能显得比较简单，因此 MOOC 平台具有进一步调整的空间，比如，Coursera 正试图建立一个可以公平交易课程内容的平台，各组织可以创建、使用或者购买课程资源，Coursera 扮演内容代理、顾问、主持人的角色。

第三，学分认证和学分互认出现新动向。部分 Coursera 合作院校已开始考虑授予学分，并着手学分互认工作。随着在线学习从 MOOC 进入 SPOC 时代，学者们开始深度研讨新的教学模式和教学手段。浙江大学的李红梅、陆国栋在归纳了在线教育教与学的四种模式后，构建了基于"教学环境——教学响应"视角的 CH-SPOC 教学模式，详细分析了该教学模式的特点；并以近两年浙江大学已开展的教学探索为例，展示这种教学模式的实践应用；最后提出后 MOOC 时期学校教学变革的思考。中南大学的曾明星等人构建了由 SPOC 反转课堂、DELC 深度学习路线、SPOC 对深度学习的支持所构成的深度学习模式，将 SPOC 技术平台、教学内容、学习方式、评价手段等融入教学过程中变革教学结构，注重学习情境、交互与反思的设计。学生经历学习准备、知识构建、迁移应用与创造、评价与批判四个循环与递进的阶段，提升学生对问题的理解深度、问题解决能力与高阶思维能力，大力提升教学质量。

2. 在线学习投入聚类

提高学生投入度是提升学生学业成绩、减少学生对学习的厌倦、降低辍学率的一种有效方式。

南宁师范大学的冯思怡等学者，专门对在线学习的投入进行了详细的分析，认为在线学习与传统课堂相比，虽然学习环境和学习投入方式发生了变化，但从本质上来看都是学生在学习过程中的投入。与该研究联系紧密的关键词有：学习环境、影响因素、行为投入、学习投入。

华南师范大学的尹睿等学者将学习投入的维度归类为行为投入、认知投入、情感投入和社会交互投入四个维度。他们在广东省对多所学校的学生进行问卷调查和实证研究，通过结构方程模型分析集中维度和要素之间的路径关系和相互效应。他们发现社会教育投入对在线学习投入的影响最高，其次是认知投入和情感投入，而行为投入的影响最低。最终，他们提出必须重视社会交互投入的辐射效应，加强在线课程学习的群体动力机制的构建，重视社会交互投入的辐射效应，加强在线课程学习的群体动力机制的构建，因为只有当学习者在情感上认同在线学习的意义和价值时，他们才会愿意投入并努力学习。

而同为华南师范大学的刘繁华等学者通过对在线学习不同维度的分析，构建了在线学习投入分析模型，以中国大学 MOOC 中教育传播这门课的学生为基础进行实证研究，探讨在线学习投入与学习绩效之间的关系。研究结果显示，学习投入中的认知投入、情感投入和社交投入与学习绩效呈现明显的正相关关系。根据研究结果，刘繁华等学者认为，在线学习普遍存在浅层的认知投入；积极的情感投入能有效提升学习效果；社交投入可以很好地促进学习者的深层次学习交互。

关于在线学习投入的影响因素研究，吉林财经大学的贾非等学者认为，现阶段对于如何激发学生对在线学习的投入并提升学习成绩的研究，运用智慧树平台的学习数据，将网络环境、资源环境、互动环境等整合到模型中，实证分析了学习模式和混合比例对学生投入度的影响，发现学习模式和混合比例对学生投入度的影响程度取决于资源环境、网络环境和互动环境三个条件因素。贾非等学者提出，混合学习和在线学习具有不同的适用条件，只有在不同的学习环境下灵活采用不同的学习模式，才能获得更好的学习效果。混合学习中见面课时比例的增加对学生的投入度具有促进作用，但是学习模式和混合比例对学生投入度的影响还将取决于网络环境、资源环境和互动环境。

西北师范大学的周媛通过混合学习活动设计开展实证研究，得出在线混合学习活动中促进学习者学习投入的策略：必要的作业设置和测验能增加学习者的阅读实践及次数；教师面授引导对提高学习者学习自主性非常重要；循序渐进的反馈、控制学习者的认知负荷、激发学生的情感投入。

冯思怡从现有的文献中发现，学者对于在线学习投入的影响因素的研究主要围绕着外在因素、内在因素两个方面展开。影响学习者学习投入的外在因素包括感知教师支持、在线学习平台体验；内在因素包括在线学习态度、在线学习的自我效能感。大量研究结果表明，在线学习环境下学生对学习的投入与学业成绩、自我效能感、教师支持等呈现正向作用。对于在线学习投入的相关影响因素，教学实践者应善于调节影响因素中的积极作用与消极作用，保持积极的状态，以提高学习投入水平。

3. 在线学习效果与评价聚类

在线教育普及化及教育信息化的大背景下，随着混合式教学实践的深度发展，在线学习的质量问题逐渐引起了研究者的高度重视，在线教学的质量评价也将不断走向智能化、规范化和体系化。同时随着新冠肺炎疫情的暴发，全国各级学校纷纷开展线上教学，但学习者"无法深度学习""低参与度""高注册率""高辍课率""低完成率"已成为在线教学面临的重大问题，如何提高学习效果也成为线上教学的研究热点。

山东师范大学李逢庆认为，混合教学质量评价应根据不同的课程特点设计不同的评价手段和方法，应当考虑到不同的学习平台、工具手段以及学生特点和班级规模等不同因素开展评价活动。李逢庆提出了一套基于混合式教学流程的多元化评价方法和主体相结合的质量评价体系，能够真实、客观地反映学生的学习行为、态度和结果之间的相关性。

李晓文通过建立学生学习满意度模型，对学生满意度评价及影响因子进行实证分析，为教师指定更加契合学生需求特征的混合式学习实施方案提供针对性的建议，进而提高混合式教学模式在教育领域应用的针对性和情境性。

华中师范大学的上超望等学者，通过分析大数据支持下的在线学习评价，对大数据背景下在线学习过程性评价的特征进行了总结，认为大数据支持下的在线学习评价有助于降低在线学习评价的成本，有利于提高在线学习评价的质量，有效提高在线学习评价的效率，并探讨了在线学习中过程性评价的内容，设计了基于在线学习过程性活动记录、数据处理与存储、数据融合、过程性数据分析和在线学习过程性评价五大模块的大数据支持下的在线学习过程性评价系统模型，并给出了该系统的工作流程。

4. 在线学习行为聚类

虽然对线下学习行为的研究已经取得了丰富的成果，但在线学习和线下学习有显著的差异性。线下学习是教与学在同一个时间和空间中发生的，在线学习改变了这种时空的同步性，必然给在线学习行为带来很大的改变。通过对学习者在线学习行为进行分析，研究学习者的个体学习特征，有助于从学习者在线学习行为的角度，发现有效的在线学习行为和改善在线学习行为的影响因素，从而采取合适的措施，提升在线学习效果。

华东师范大学的胡艺龄、顾小清等从数据挖掘领域的应用、学习行为及分析、网络行为及分析这三个因素对在线学习行为可能的应用方向进行综合研究，探讨学习者在线学习行为的建模机制，建立了数据、机制、结果三层次模型，并从网络挖掘的角度对学习数据进行模式分类与解析，以帮助教师对不同的模式类别采取不同的策略。

张进良等学者挖掘学生学习行为数据，针对具体情境采取合理的学习行为优化措施，提升了学习效果，强化了学习互动。利用机器学习技术和大数据分析方法研究学生在线学习行为，有助于改善在线学习质量。

分析在线学习行为对学习绩效的作用，通过学习行为对学习绩效进行预测，是在线学习行为研究的一个重要内容，通过学习投入、学习行为分析等对学生的学习绩效进行预测，从而改进在线学习行为模式，制定在线学习绩效评价体系，使在线学习评价更加全面、合理，有助于促进学习行为的改善。

北京师范大学的宗阳、陈丽等学者总结了在线学习领域逻辑回归研究的流程，并从在线学习过程构建了学习行为的各项指标，并应用逻辑回归对学习数据进行分析，针对学习者在线学习行为对学习成绩的影响进行了探讨。

5. 疫情中的学习行为聚类

近几年由于疫情，全国范围内的学生进入了"停课不停学"的状态。我国现有各级各类学校51.88万所、在校学生总共2.76亿人，教育系统在疫情防控期间面向全国亿万学生开展的在线教育是历史上从未有过的创举，在全球也属于首次。在线学习的相关研究得到了进一步深化，研究成果也更加丰富。

黄荣怀等学者在总结疫情防控期间的实践经验时发现，教师在开展在线教学时需要进行合理的组织和设计：一是要夯实部际和区域间的协调机制，加强网络带宽和基础设施部署，启动教育专网设计与论证；二是要汇聚社会资源和工具，发挥国家大平台和互联网教育企业的协同作用；三是要组织教学指导委员会和专家，为中小学开展在线教育提供指导和支持服务；四是要开展"互联网＋教育"与人工智能教育应用社会实验研究，科学指导和开展在线教育实践；五是要宣传在线教育典型应用案例和经验，发挥示范引领作用。依托我国教育信息化发展的良好基础，互联网教育可以减少疫情对学校教育教学产生的不利影响。

在疫情的极端环境下，为了探究在线学习发生的基本条件及如何更好地组织在线教育，从而保证学习真实发生。北京师范大学的余胜泉教授团队研究提出了基于活动的在线学习组织模型，通过学习活动将在线学习形态回归至社会性和自主性的本态，重构教与学的关系，发挥教师的主导作用，落实学生学习的主体地位，整合学习资源与学习活动，构建社会性互动的在线学习社区，通过学情分析确保活动落实，使得在传统教育中学习的组织性得以在网络学习环境下重构，以解决在线学习环境中缺乏交互、学生自主学习能力低的问题，以帮助师生更好地应对疫情极端环境下的教学困境。

河南大学教育科学学院的梁林海等学者，通过深入分析得出疫情环境下引发的在线教学问题和困境的主要原因是，学生的自我管理和自主学习能力难以适应居家学习的需求；教师的教学观念和方式难以适应在线教学；已有的教育资源不均衡问题引发了在线教学中新的信息化不均衡的问题。在学习科学已有研究的基础上，构建了在线学习环境下的"学习——教学——评估"一体化中小学在线教学应用体系。

由此可见，经过几年的疫情，在线学习逐渐成为一种新常态，在线学习模式成为众多研究者的重点关注对象。

（八）基于文献被引与共被引的分析

文献被引是在学术评价中被用来测量文献学术影响力的重要指标。被引频次的高低反映了学术成果被学术界重视的程度，以及在学术交流和科学发展中所产生的作用和影响力，也间接地反映出该文献的学术水平和价值。

1. 基于文献共被引的知识基础

文本数据挖掘的知识体系认为，某个研究领域的知识基础是由这些文章的共被引文献（参考文献）集合所组成的，并可被概念化成一个从研究热点到知识基础的映射。使用 VOSviewer 软件对文献共被引进行分析，结果如图 2-9 所示。

图 2-9 文献共被引图（VOSviewer）

被引率排名前 30 的共被引文献如表 2-7 所示。

表 2-7 "在线学习"和"网络学习"领域 2013—2024 年高共被引文献（前 30 名）

名次	姓名/机构	年份	刊物/会议/通知	频次
1	杨现民	2016	中国电化教育	125
2	祝智庭	2013	中国电化教育	131
3	张子石	2015	中国电化教育	68
4	李玉斌	2015	电化教育研究	74
5	吴忠良	2014	中国电化教育	78
6	贺斌	2013	开放教育研究	57
7	祝智庭	2013	中国电化教育	59
8	谢幼如	2016	中国电化教育	47
9	毕家娟	2014	中国电化教育	48
10	祝智庭	2015	中国电化教育	42
11	梁云真	2016	中国电化教育	41
12	黄利华	2014	中国电化教育	36
13	中华人民共和国教育部	2016	刘延东副总理参加的第二次全国教育信息化工作会议	30
14	唐烨伟	2015	中国电化教育	36
15	武峰	2016	中国电化教育	24
16	朱珂	2017	中国电化教育	32

（续表）

名次	姓名/机构	年份	刊物/会议/通知	频次
17	Moore M.	1989	*American Journal of Distance Education*	26
18	梁为	2014	中国电化教育	24
19	张思	2017	中国电化教育	52
20	陈丽	2004	中国远程教育	41
21	钟绍春	2014	中国教育信息化	36
22	荣泰生	2017	AMOS与研究方法	41
23	廖轶	2016	中国电化教育	30
24	杨玉宝	2016	中国电化教育	24
25	吴明隆	2010	结构方程模型——AMOS的操作与应用	57
26	李彤彤	2016	现代远程教育研究	32
27	毛刚	2016	现代远程教育研究	27
28	李彤彤	2016	电化教育研究	26
29	张世明	2014	华东师范大学学报（自然科学版）	24
30	中华人民共和国教育部	2016	中华人民共和国教育部关于印发《教育信息化"十三五"规划》的通知	27

由图2-9和表2-7可见，高共被引排名前20的文献均为国内外知名著作和文集。其中，江苏师范大学杨现民于2016年发表的论文《网络学习空间的发展：内涵、阶段与建议》位列榜首，其后是华东师范大学祝智庭于2013年发表的论文《创客教育：信息技术使能的创新教育实践场》和岭南师范学院张子石于2015年发表的论文《网络学习空间平台的规划与设计——以未来教育空间站为例》分别位居第二和第三。同时，我国众多学者的著作，如荣泰生的《AMOS与研究方法》、吴明隆的《结构方程模型——AMOS的操作与应用》这些高被引的著作共同构建了"在线学习"和"网络学习"领域的知识基础。

2. 期刊共被引分析

被引率排名前40的共被引期刊如表2-8所示。

表2-8 "在线学习"和"网络学习"领域2013—2024年高共被引期刊（前40名）

排名	期刊名称	被引次数	排名	期刊名称	被引次数
1	电化教育研究	372	21	*Educational Technology & Society*	34
2	中国电化教育	344	22	*Journal of Educational Psychology*	32

（续表）

排名	期刊名称	被引次数	排名	期刊名称	被引次数
3	开放教育研究	257	23	*Educational Psycho-Logist*	31
4	中国远程教育	218	24	*Journal of Computer Assisted Learning*	30
5	远程教育杂志	205	25	心理科学	28
6	现代教育技术	197	26	*Journal of Educational Technology & Society*	27
7	现代远程教育研究	166	27	*Instructional Science*	27
8	*Computers & Education*	164	28	*Contemporary Educational Psychology*	26
9	现代远距离教育	106	29	*International Review of Research in Open and Distributed Learning*	24
10	*Computers in Human Behavior*	92	30	*MIS Quarterly*	24
11	*Internet and Higher Education*	75	31	*Learning and Instruction*	24
12	教育研究	73	32	*Journal of Asynchronous Learning Networks*	23
13	*British Journal of Educational Technology*	63	33	心理发展与教育	23
14	*American Journal of Distance Education*	59	34	中国教育学刊	23
15	中国教育信息化	46	35	*Educational Psychology Review*	23
16	*Journal of Educational Computing Research*	45	36	全球教育展望	23
17	*Review of Educational Research*	44	37	清华大学教育研究	22
18	*Distance Education*	39	38	心理学报	22
19	*Educational Technology Research and Development*	39	39	华东师范大学学报（教育科学版）	21
20	*Interactive Learning Environments*	34	40	课程·教材·教法	20

　　表 2-8 展现了"在线学习"和"网络学习"十年来所有刊载文章的共被引文献（参考文献）所在期刊的被引量情况，也在一定程度上体现了"在线学习"发文的学术水平。由图表可见：《电化教育研究》所刊载的文章被引量（372 次）是最高的；其次，《中国电化教育》上所刊载的文章被引 344 次，排名第二；《开放教育研究》《中国远程教育》《远程教育杂志》《现代教育技术》《现代远程教育研究》等一大批我国教育技术领域的顶级刊物里的文章，成为作者发文时的重要理论和数据依据；*Computers & Education,*

Computers in Human Behavior, Internet and Higher Education, British Journal of Educational Technology, American Journal of Distance Education 等国际顶级的教育学和教育技术学研究期刊，也是作者发文的重要参考依据。

3. 作者共被引分析

被引率排名前 30 的共被引作者如表 2-9 所示。

表 2-9 "在线学习"和"网络学习"领域 2013—2024 年高共被引作者（前 30 名）

排名	作者	被引次数	排名	作者	被引次数
1	祝智庭	512	26	李彤彤	133
2	陈丽	434	27	赵呈领	101
3	中华人民共和国教育部	412	28	王竹立	204
4	杨现民	373	29	Siemens G.	110
5	何克抗	362	30	尹睿	123
6	王志军	223	31	胡勇	96
7	黄荣怀	202	32	魏顺平	132
8	余胜泉	321	33	兰国帅	57
9	王陆	241	34	郭炯	108
10	谢幼如	169	35	张建伟	174
11	Garrison D. R.	144	36	Anderson T.	72
12	张立新	157	37	李运福	54
13	武法提	209	38	Bandura A.	86
14	郭绍青	183	39	胡小勇	122
15	李玉斌	183	40	顾小清	100
16	Shea P.	101	41	梁云真	63
17	钟志贤	202	42	钟绍春	60
18	张思	136	43	衷克定	81
19	张子石	80	44	丁兴富	93
20	李爽	150	45	钟启泉	115
21	唐烨伟	82	46	杨宗凯	62
22	吴明隆	138	47	高洁	80
23	吴忠良	78	48	穆肃	58
24	贺斌	98	49	王迎	52
25	郑勤华	106	50	Mayer R. E.	42

表 2-9 展现了"在线学习"和"网络学习"领域 10 年来所有刊载文章的共被引文献（参考文献）作者的被引量情况。由此可见，北京师范大学的陈丽、何克抗、黄荣怀、余胜泉、武法提，华东师范大学的祝智庭、吴忠良，江苏师范大学的杨现民，东北师范大学的唐烨伟，华南师范大学的谢幼如，西北师范大学的郭绍青等诸多全国范围内教育研究的著名学者的高水平文章是众多学者在论文撰写时重点参考和引用的标准。其中，祝智庭、陈丽、杨现民、郑勤华等著名学者同时也是"在线学习"和"网络学习"领域中发文量排名靠前的专家。

4. 文献高被引分析

高被引频次论文是一段时期内被引用频次较多的学术论文，其受到的关注度较高，学术影响力较大，分析研究高被引频次论文有助于了解该研究领域的研究内容，揭示某一时期的研究热点，掌握该研究领域的发展趋势。表 2-10 为"在线学习"和"网络学习"领域 2014—2023 年被引量排名前 50 的文章。

表 2-10 "在线学习"和"网络学习"领域 2013—2024 年高被引量文章（前 50 名）

序号	篇名	作者	发文期刊	发表时间	被引次数	下载次数
1	微课设计与制作的理论与实践	孟祥增、刘瑞梅、王广新	远程教育杂志	2014	1007	30572
2	从 MOOC 到 SPOC：一种深度学习模式建构	曾明星、李桂平、周清平、覃遵跃、徐洪智	中国电化教育	2015	756	22136
3	SPOC 混合学习模式设计研究	陈然、杨成	中国远程教育	2015	635	11369
4	国外高校虚拟仿真实验教学现状与发展	王卫国、胡今鸿、刘宏	实验室研究与探索	2015	529	10491
5	混合式教学质量评价体系的构建与实践	李逢庆、韩晓玲	中国电化教育	2017	492	14613
6	基于大数据的个性化自适应在线学习分析模型及实现	姜强、赵蔚、王朋娇、王丽萍	中国电化教育	2015	482	21438
7	基于网络学习空间的翻转课堂教学模式初探	吴忠良、赵磊	中国电化教育	2014	476	10384
8	MOOC：特征与学习机制	王永固、张庆	教育研究	2014	468	15153
9	"互联网 +"时代的混合式学习：学习理论与教法学基础	冯晓英、孙雨薇、曹洁婷	中国远程教育	2019	461	11858
10	"后 MOOC"时期的在线学习新样式	祝智庭、刘名卓	开放教育研究	2014	458	8821

（续表）

序号	篇名	作者	发文期刊	发表时间	被引次数	下载次数
11	MOOC 热的冷思考——国际上对 MOOCs 课程教学六大问题的审思	高地	远程教育杂志	2014	451	9828
12	基于 MOOC 的混合式学习模式探究——以 Coursera 平台为例	牟占生、董博杰	现代教育技术	2014	417	8392
13	中国在线教育发展现状、趋势及经验借鉴	管佳、李奇涛	中国电化教育	2014	400	22969
14	网络环境下基于课程重构理念的项目式学习设计与实践研究	张文兰、张思琦、林君芬、吴琼、陈淑兰	电化教育研究	2016	389	11548
15	微课勿重走"课内整合"老路——对微课应用的再思考	王竹立	远程教育杂志	2014	372	11499
16	基于云课堂的混合式教学模式设计——以华师云课堂为例	王鹢、杨倬	中国电化教育	2017	358	8657
17	构筑"人工智能＋教育"的生态系统	吴永和、刘博文、马晓玲	远程教育杂志	2017	345	22343
18	MOOC 热背后的冷思考	汪基德、冯莹莹、汪滢	教育研究	2014	337	11320
19	区块链技术在教育领域的应用模式与现实挑战	杨现民、李新、吴焕庆、赵可云	现代远程教育研究	2017	336	13240
20	深度学习：网络时代学习方式的变革	何克抗	教育研究	2018	295	11416
21	基于网络学习空间的小学数学智慧课堂教学策略研究	唐烨伟、樊雅琴、庞敬文、钟绍春、王伟	中国电化教育	2015	288	11589
22	"后 MOOC"时期基于泛雅 SPOC 平台的混合教学模式探索	尹合栋	现代教育技术	2015	280	6250
23	混合式学习探究	杜世纯、傅泽田	中国高教研究	2016	260	4526
24	后 MOOC 时期高等学校教学新模式探索	李红美、陆国栋、张剑平	高等工程教育研究	2014	260	9842
25	网络学习空间的发展：内涵、阶段与建议	杨现民、赵鑫硕、刘雅馨、潘青青、陈世超	中国电化教育	2016	253	5958
26	在线学习行为投入分析框架与测量指标研究——基于 LMS 数据的学习分析	李爽、王增贤、喻忱、宗阳	开放教育研究	2016	246	7876

（续表）

序号	篇名	作者	发文期刊	发表时间	被引次数	下载次数
27	从虚拟现实到元宇宙：在线教育的新方向	刘革平、王星、高楠、胡翰林	现代远程教育研究	2021	238	24954
28	"互联网+"时代基于OBE理念的在线开放课程资源结构模型研究	柏晶、谢幼如、李伟、吴利红	中国电化教育	2017	226	9195
29	论"互联网+"给我国教育带来的机遇与挑战	胡乐乐	现代教育技术	2015	224	11567
30	国内高校混合式教学现状调查与分析	郑静	黑龙江高教研究	2018	221	6072
31	新建构主义教学法初探	王竹立	现代教育技术	2014	212	4776
32	智慧教育：人工智能时代的教育变革	曹培杰	教育研究	2018	210	11264
33	超大规模互联网教育组织的核心要素研究——在线教育有效支撑"停课不停学"案例分析	黄荣怀、张慕华、沈阳、田阳、曾海军	电化教育研究	2020	209	8063
34	虚拟现实在教育中的应用：优势与挑战	丁楠、汪亚珉	现代教育技术	2017	201	7090
35	"人工智能+"时代的个性化学习理论重思与开解	牟智佳	远程教育杂志	2017	201	8302
36	新媒体联盟《地平线报告》(2016高等教育版)解读与启示	金慧、刘迪、高玲慧、宋蕾	远程教育杂志	2016	201	4767
37	基于慕课的翻转课堂教学模式研究——以大学英语后续课程为例	章木林、孙小军	现代教育技术	2015	201	5947
38	在线学习行为分析建模及挖掘	胡艺龄、顾小清、赵春	开放教育研究	2014	201	9094
39	教师支持对在线学习者学习投入的影响研究	刘斌、张文兰、刘君玲	电化教育研究	2017	200	7756
40	大学英语SPOC翻转课堂：一种有效学习模式建构	王娜、陈娟文、张丹丹	外语电化教学	2016	190	5973
41	在线课程学习体验：内涵、发展及影响因素	刘斌、张文兰、江毓君	中国电化教育	2016	187	6381
42	论"慕课"本质、内涵与价值	刘和海、张舒予、朱丽兰	现代教育技术	2014	183	6819
43	网络学习空间中学习者学习投入的研究——网络学习行为的大数据分析	张思、刘清堂、雷诗捷、王亚如	中国电化教育	2017	171	7476

（续表）

序号	篇名	作者	发文期刊	发表时间	被引次数	下载次数
44	滞后序列分析法在学习行为分析中的应用	杨现民、王怀波、李冀红	中国电化教育	2016	169	6882
45	协作学习理论与实践——在线教育质量的根本保证	琳达·哈拉西姆、肖俊洪	中国远程教育	2015	167	5672
46	高校线上教学改革转向及应对策略	薛成龙、郭瀛霞	华东师范大学学报（教育科学版）	2020	162	6388
47	在线学业情绪对学习投入的影响——社会认知理论的视角	高洁	开放教育研究	2016	162	7562
48	国际远程教育教学交互理论研究脉络及新进展	王志军、陈丽	开放教育研究	2015	162	5672
49	我国在线教育现状考察与发展趋向研究——基于网易公开课等16个在线教育平台的分析	杨晓宏、周效章	电化教育研究	2017	160	8534
50	基于大数据学习分析的在线学习绩效预警因素及干预对策的实证研究	赵慧琼、姜强、赵蔚、李勇帆、赵艳	电化教育研究	2017	159	6580

统计结果显示，全国范围内教育体系的研究人员在MOOC、混合式教学、微课设计与制作、深度学习、在线学习行为、在线学习分析方面的关注度较高。在排名前50的被引文献中，《中国电化教育》杂志发表了12篇，《现代教育技术》杂志发表了7篇，《远程教育》杂志发表了6篇，《开放教育研究》杂志和《电化教育研究》杂志各发表了5篇，这些都是教育技术领域的顶级期刊。有关大规模在线课堂MOOC和反转课堂的文章持续性关注时间最长，因此也是关注度最高的；同时研究慕课、微课和翻转课堂的两篇文章在短时间内创造了排名前三的被引率，表明该领域也是近几年在线教育改革方面研究的热点。

（九）研究总结

本研究以10年来"在线学习"和"网络学习"领域刊载的文献为研究对象，结合计量可视化与科学知识图谱研究的统计分析得出如下结论。

1.北京师范大学是在本刊发文最多的单位。同时，华东师范大学、东北师范大学、华南师范大学、清华大学、北京大学、江南大学等一批在线学习领域高学术水平的高校和机构也是重要的发文单位。

2. 汕头开放大学的肖俊洪，北京师范大学的陈丽、郑勤华，华中师范大学的刘清堂、赵呈领，东北师范大学的赵蔚、姜强、刘红霞等发文量较多。广大学者学术研究能力强，论文质量高，呈现百家争鸣的良好态势。

3. 我国在线学术领域的研究重点为：慕课、在线教学、学习分析、网络学习空间、反转课堂、远程教育、自主学习、混合学习、深度学习、教学模式探讨、社会网络分析、学习行为分析。研究热点为：深度学习、教育公平。

近几年有关在线学习的研究呈上升趋势，大致可以分成三个阶段：2017年前为萌芽期，2017—2019年缓慢增长，2020年因为疫情的原因呈暴发性增长。有关在线学习研究的核心力量大部分来自国内重点师范院校的学者和专家。这些研究机构和学者之间的协作交流有待加强。

第三节　深度学习文献数据研究现状

（一）研究数据及分析方法

本章使用 CiteSpace 和 VOSviewer 可视化分析软件，以中国知网（CNKI）作为数据采集的来源，对该刊 2014—2023 年来的载文进行文献数据计量可视化分析和知识图谱研究，以探讨 10 年来我国在深度学习研究领域的核心学者及合作情况、主要研究机构及合作现状，对文献的关键词进行共现、频次、中介中心性、聚类等方法的知识图谱分析，进而得出近年来期刊刊载文献所研究的热点问题、重点区域和研究趋势。

1. 研究数据

本研究的数据来自 CNKI，以"深度学习"为篇名在学术期刊中进行高级、精确匹配，期刊来源类别限定为北大核心中文社会科学引文索引（CSSCI），文献分类设置为中等教育（939）、教育理论与教育管理（860）、高等教育（255）、初等教育（136）、职业教育（30）、成人教育与特殊教育（5），时间范围为 2014—2023 年，勾选同义词扩展，共检索到文献 2091 篇。除去书评书摘等非专业论文后，将检索结果以 RefWorks 格式导出并进行转化，共有可用文献 1959 篇。

2. 分析工具

CiteSpace 是一款在科学计量学、数据可视化背景下逐渐发展起来的通过可视化手段来呈现科学知识的结构、规律和分布情况的软件。该软件是近些年来在国际范围内信息分析领域最具特色和影响力的可视化分析软件。VOSviewer 可视化软件能够绘制作者、引文、关键词等共现图谱，该软件在聚类技术、节点密度等方面有独特的优势。两种软件结合能更加精准地分析研究对象的特性。

为了直观呈现深度学习的研究概况、热点话题及总体研究趋势，本研究选取文献计量与分析工具 CiteSpace 软件进行可视化分析。软件版本为 CiteSpaceV（2014—2023），时间段为 2014 年 1 月至 2023 年 6 月，时间切片设置为 1 年，采用 Pathfinder 算法，取每年被引频率前 10% 的文献进行分析（topN%=10%），以兼顾数据网络的清晰度及数据的代表性、准确性。

（二）刊载数量分析

通过对 2014—2023 年国内深度学习研究发文量（CNKI 收录）的统计，可以整体把握近十年深度学习相关研究的理论发展水平及程度。年载文量如图 2-10 所示。

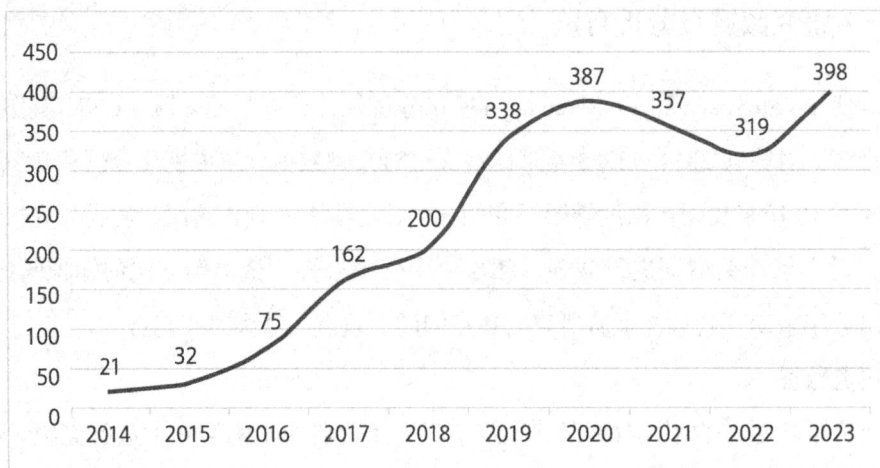

图 2-10　2014—2023 年"深度学习"领域年刊载论文数量图

从图 2-10 显示的结果来看，2014—2023 年深度学习研究整体呈现快速上升趋势。2023 年，基于 CNKI 的数据预测，可发表论文 398 篇，截至 2023 年 6 月，已发表 156 篇，说明深度学习研究近几年迅速受到国内学者的广泛关注。从文献数量上来看，近十年深度学习的研究可以分为三个阶段。

第一阶段为 2014—2016 年。每年的发文量呈现出较低增长率的平稳上升趋势。虽然发文量超过 3 倍，但是整体基数较小。2014 年，中华人民共和国教育部基础教育课程教材发展中心在全国多个实验区开展"深度学习教学改进"项目研究，努力在自觉的教育实验活动中探索教学规律，促进学生核心素养的发展，使教学活动真正成为培养人的理智活动，成为能够回应时代和社会发展要求的社会实践活动。学者们对教育领域深度学习方向进行了大量理论基础、内涵和实施过程的研究，大多数停留在理论阶段。

第二阶段为 2017—2019 年。2017 年开始，发文数量快速增长。从 2016 年的 75 篇跳涨到 2017 年的 162 篇，再跳涨到 2019 年的 338 篇，这期间发文量涨幅近 5 倍。从按照实践分布的载文数据情况来看，近几年深度学习受到了极大的关注。学者们对于深度学习的研究逐渐系统化，多集中于教学模型设计、教学活动设计、教学方式改革、评价模式研究等研究方向，面向的对象也开始覆盖到中小学的各个学科以及高等教育学段的多门学科。

第三阶段为 2020—2023 年。发文数量持续保持在高位，每年都在 300 篇以上。2020年年初，全国范围内，无论高校还是中小学都进行在线课堂的学习，因此在线学习逐渐从应急性应用转为常态化学习方式，进一步促进了深度学习相关研究的发展。根据深度学习中教师和学生所暴露出来的大量问题，研究者研究的重点集中于学生的学习动机、教学情景的设置、学生学习过程研究、教师与学生之间的教学互动，教学体系知识构建、学生整体学习效果等相对具体的研究点上，预计有关"深度学习"文献的质量会有显著提升，发文量也将呈现波动上升趋势。

按学科分布，主要涉及中等教育、教育理论与教育管理、计算机软件及计算机应用、高等教育、初等教育、职业教育、外国语言文字、成人教育等学科，如图 2-11 所示。有别于其他教育理论和运用体系的研究，关于深度学习的研究，中等教育的研究量占所有发文量的 32.65%，可见专家们对中学阶段的深度学习的重视程度。

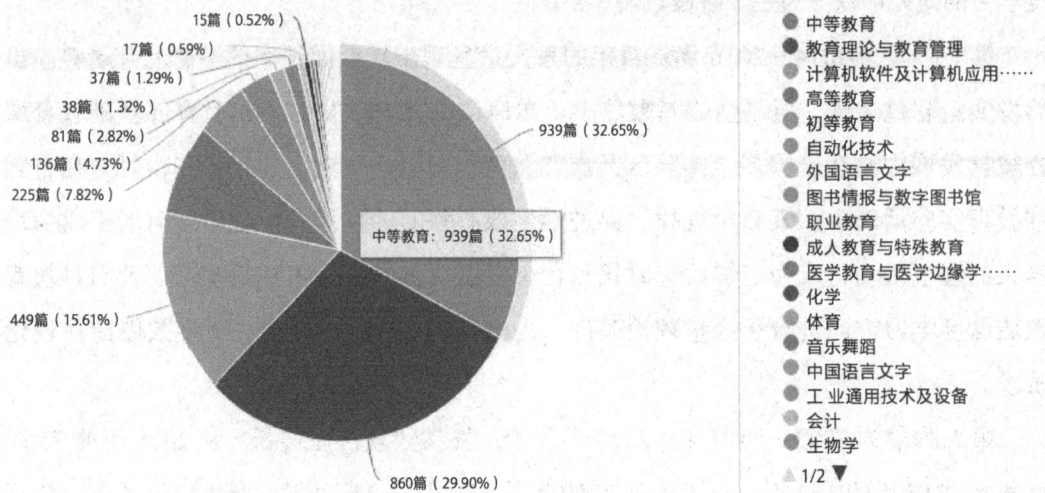

图 2-11　2014—2023 年"深度学习"刊载论文学科分布图

（三）主要研究机构及合作分析

1. 主要研究机构

对教育领域深度学习投入研究的发文机构进行综合统计分析，排名前 20 的发文机构如表 2-11 所示。

表 2-11　2014—2023 年"深度学习"刊载主要发文机构（前 20 名）

序号	机构	频次	序号	机构	频次
1	华东师范大学	101	11	西北师范大学	20
2	东北师范大学	71	12	上海师范大学	20
3	华中师范大学	66	13	南京大学	19
4	北京师范大学	63	14	山东师范大学	19
5	西南大学	55	15	江苏师范大学	18
6	陕西师范大学	30	16	浙江师范大学	18
7	首都师范大学	28	17	江南大学	17
8	南京师范大学	27	18	四川师范大学	17
9	华南师范大学	27	19	浙江大学	16
10	天津师范大学	23	20	河南师范大学	16

通过对表 2-11 中的发文机构及表 2-12 中的二级发文机构进行更深入分析可知，这个教育领域深度学习的科研力量主要分布在以师范类高校为代表的教育研究机构。

（1）华东师范大学以 101 篇的发文量位居榜首，该校的教育信息技术系发文 17 篇，开放教育学院发文 17 篇，课程与教学研究所发文 15 篇，教育学部发文 9 篇，教师教育学院发文 8 篇。

（2）东北师范大学发文 71 篇，位居第二，该校教育学部（院）发文 41 篇，是发文最多的二级机构，信息科学与技术学院发文 10 篇。

（3）发文量排名前 20 的高校包括华东师范大学、东北师范大学、华中师范大学、北京师范大学、西南大学、南京大学、江南大学、浙江大学等一批高等教学领域高学术水平的高校。通过对二级发文机构进行深入分析得到表 2-12。

表 2-12　2014—2023 年主要研究机构发文量

序号	高校二级研究机构	发文量	序号	高校二级研究机构	发文量
1	东北师范大学教育学部	27	11	浙江师范大学教师教育学院	11
2	西南大学教育学部	27	12	天津师范大学教育学部	11
3	北京师范大学教育学部	24	13	东北师范大学信息科学与技术学院	10
4	华东师范大学教育信息技术学系	17	14	浙江大学教育学院	10
5	华东师范大学开放教育学院	17	15	西南大学教师教育学院	10
6	陕西师范大学教育学院	17	16	四川师范大学教育科学学院	9
7	华中师范大学教育学院	16	17	新疆师范大学教育科学学院	9
8	华东师范大学课程与教学研究所	15	18	华东师范大学教育学部	9
9	东北师范大学教育学院	14	19	南京大学教育研究院	8
10	江苏省太仓高级中学	12	20	华东师范大学教师教育学院	8

这些师范大学的二级研究机构代表我国深度学习研究最高学术水平的机构，在高水平期刊上发表了大量高质量的论文，并占据了二级机构发文量排名前 20 名中的 13 名，展现出了全国教育领域深度教育学术理论研究的权威性和指导性。

整体而言，该领域研究力量相对集中在华东师范大学、华中师范大学、东北师范大学等少数权威机构，而江苏省太仓高级中学的发文量为 12 篇，算是发文单位中的一个亮点。整个研究机构间的合作交流还有提升的空间。

2. 研究机构合作

将发文机构划分为多个合作关系网络，并反映出各个合作网络中高中心性机构的合作情况（见图 2-12 和 2-13）。

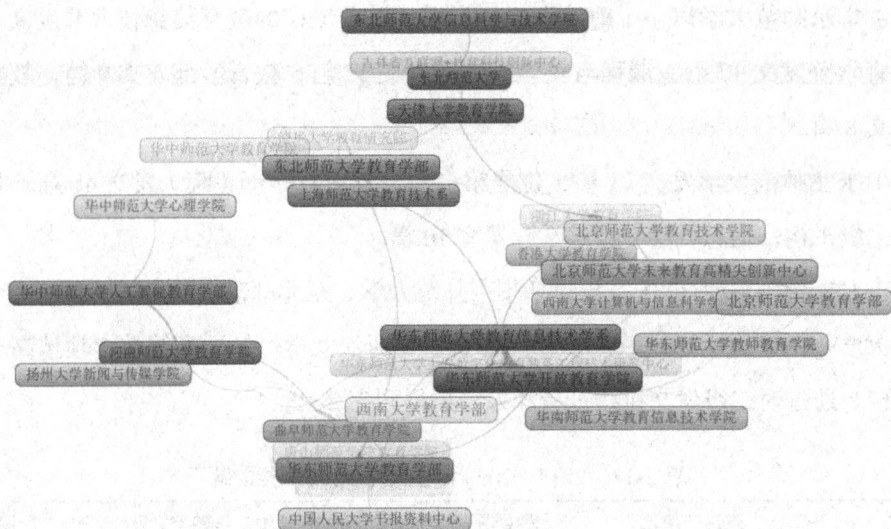

图 2-12 发文机构合作共现图（VOSviewer）

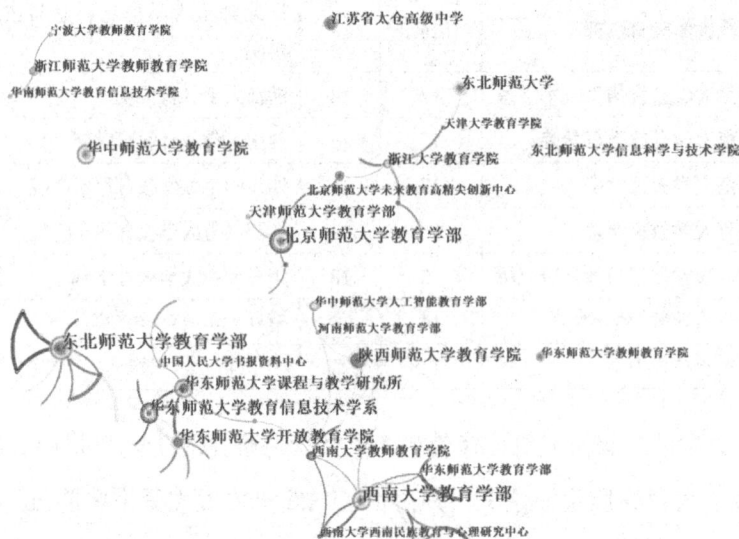

图 2-13 发文机构合作共现图（CiteSpace）

机构合作群一：包括东北师范大学教育学部、华东师范大学教育信息技术学系、华东师范大学开放教育学院、华东师范大学课程与教学研究所、西南大学教育学部（院）、华东师范大学教育学部、西南大学教师教育学院、陕西师范大学教育学院、河南师范大学教育学部等众多高校。华东师范大学和东北师范大学作为权重最高的教育技术学研究单位，广泛地与全国教育学及教育技术研究机构开展学术合作。

机构合作群二：包括北京师范大学教育学部、天津师范大学教育学部（院）、浙江大学教育学院、北京师范大学未来教育高精尖创新中学等多家大学的教育学机构。北京师范大学教育学部作为全国重要的教育学术研究单位，其合作关系网络遍布全国各类高校和教育研究机构。

机构合作群三：包括浙江师范大学教师教育学院、宁波大学教师教育学院、华南师范大学教育信息技术学院等多所高校。这几所高校的教育研究机构的合作较为密切。

机构合作群四：华中师范大学教育学院作为华中地区重要的教育研究机构，其发文量较大，但少有和国内其他高校合作。

3. 研究机构分布

对发文机构地理位置进行数据挖掘处理，得到发文机构地理热点图。

10年来，深度的发文机构，以上海为中心点呈放射性展开，主要集中在上海、浙江的高校和高水平的教研机构，成为华东地区深度学习教育研究最为重要的论文刊载体；同时，全国各大知名高校和教研机构是相关研究的主要来源，以北京、武汉、长春以及广东地区最为集中，全国主要省市呈均匀分布。

（四）核心作者及合作分析

对发文署名量在 8 篇以上的作者进行综合统计，得出排名前 32 位的核心作者，如表2-13 所示。

表 2-13　2014—2023 年核心发文学者（前 32 名）

排名	作者	署名量	排名	作者	署名量
1	赵蔚	14	17	季爱云	4
2	姜强	14	18	杨滨	4
3	胡航	14	19	董玉琦	4
4	祝智庭	13	20	曹培杰	4
5	任虎虎	9	21	沈霞娟	4
6	朱立明	7	22	张良	4
7	顾小清	7	23	刘哲雨	4
8	彭红超	6	24	程良宏	4
9	吕林海	6	25	药文静	4
10	卜彩丽	6	26	李海峰	4
11	丁奕然	6	27	余胜泉	4
12	王炜	5	28	于泽元	4

（续表）

排名	作者	署名量	排名	作者	署名量
13	李月	5	29	李敏	4
14	刘和	5	30	崔向平	4
15	张宝辉	5	31	郭华	3
16	郭元祥	4	32	武法提	3

同时，中国知网（CNKI）对 2014—2023 年核心发文学者的发文量进行排名，如图 2-14 所示。

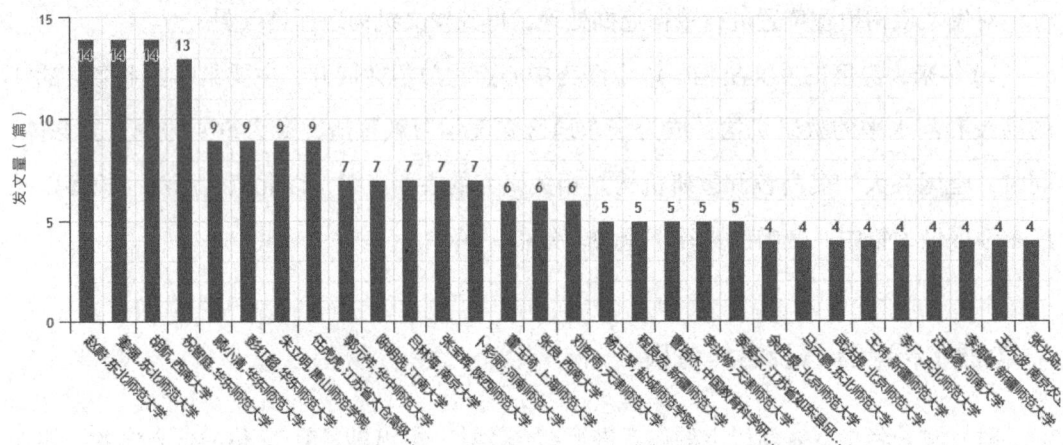

图 2-14　2014—2023 年核心发文学者的发文量（CNKI 数据）

其中，东北师范大学的赵蔚和姜强两位学者联合撰写了关于深度学习的课堂教学结构改革、架构模型、教育大数据、干预机制等方面的论文 14 篇。

东北师范大学的胡航在深度学习内容构建、资源建设、设计模型、发生过程、评价路径、研究方法、架构模型等方面发文 14 篇。

华东师范大学的祝智庭在深度学习理论基础、发展脉络、设计框架等方面联合发文 13 篇。

江苏太仓高级中学的任虎虎在高中阶段深度学习的基本特征、构建策略、课堂教学实践、教学策略等方面发文 9 篇。

华东师范大学的顾小清在深度学习活动设计、智慧教育、人工智能等方面发文 9 篇。

华中师范大学的郭元祥在深度教学、教学设计等方面发文 7 篇。

同时，学者们运用 VoSviewer 以及 CiteSpace 软件对 10 年来有合作关系的发文作者制作出合作共现图（见图 2-15 和图 2-16）。

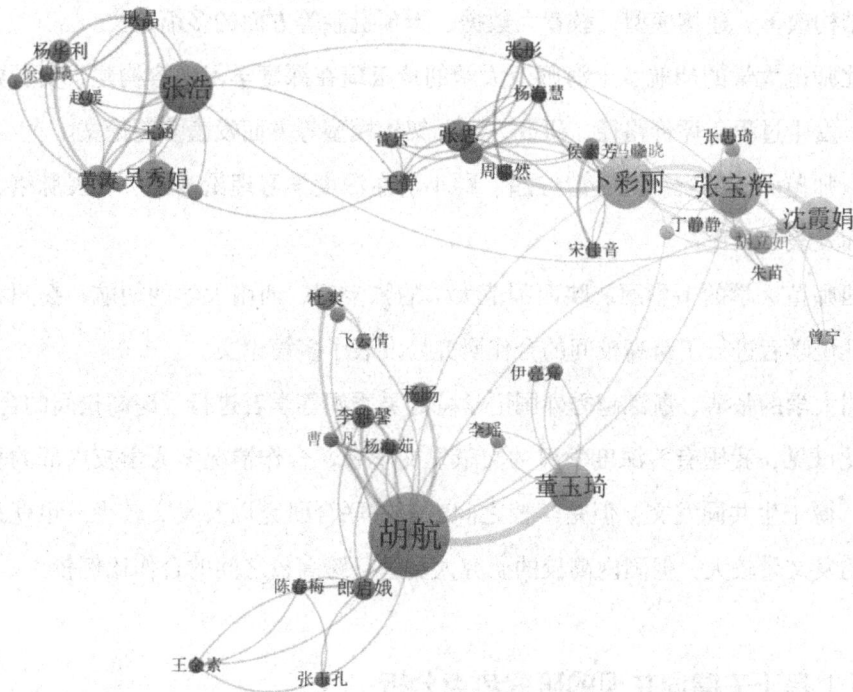

图 2-15　2014—2023 年核心发文学者合作共现图（VOSviewer）

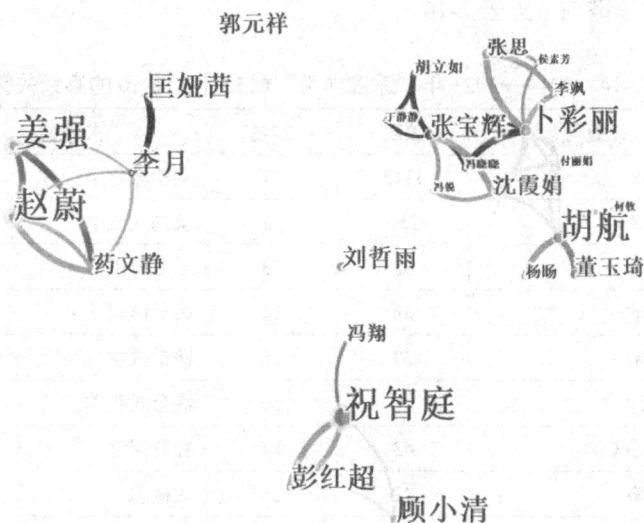

图 2-16　2014—2023 年核心发文学者合作共现图（CiteSpace）

综合研究发文量排名前 32 位的核心学者以及知识图谱软件所分析出的学者合作关系，并查阅相关资料得出如下结论。

东北师范大学的赵蔚和姜强两位学者以及其团队成员联合撰写了关于深度学习的课

堂教学结构改革、建构模型、教育大数据、干预机制等方面的多篇论文。

东北师范大学的胡航、上海师范大学的董玉琦在深度学习内容构建、资源建设、设计模型、发生过程、评价路径、研究方法、架构模型等方面发表多篇论文。

华东师范大学的祝智庭、彭红超、顾小清在深度学习理论基础、发展脉络、设计框架等方面发表多篇论文。

陕西师范大学的卜彩丽、陕西师范大学的张宝辉、西南大学的胡航、扬州大学的沈霞娟等几位学者进行了跨高校间的合作研究，发表了多篇论文。

扬州大学的张浩、浙江越秀外国语学院的吴秀娟等学者进行了跨高校间的合作研究。

由此可见，我国有关深度学习的文献发文学者，合作情况多为学校内部的教授和其硕士生、博士生共同发文，但是学校之间学者的联合研究以及发文较少。也就是说，虽然学者的发文量较大，但国内高校的研究人员进行跨高校之间的合作比例较少。

（五）基于关键词共现的研究热点分析

对深度学习领域 10 年来所刊载的文献进行关键词频次分析，CiteSpace 软件列出了频次排名前 20 的关键词（见表 2-14）。

表 2-14　2014—2023 年"深度学习"载文排名前 20 的高频关键词

排名	关键词	频次	排名	关键词	频次
1	深度学习	1113	11	实验教学	21
2	核心素养	180	12	议题式教学	20
3	人工智能	98	13	学习分析	19
4	深度教学	60	14	教学模式	18
5	翻转课堂	59	15	课堂教学	18
6	教学设计	49	16	混合式教学	18
7	学科核心素养	43	17	智慧课堂	16
8	教学策略	42	18	大概念	16
9	高阶思维	40	19	智慧教育	15
10	教学改革	28	20	个性化学习	14

同时，中国知网（CNKI）对深度学习所选取的数据进行了关键词频次排名，如图 2-17 所示。

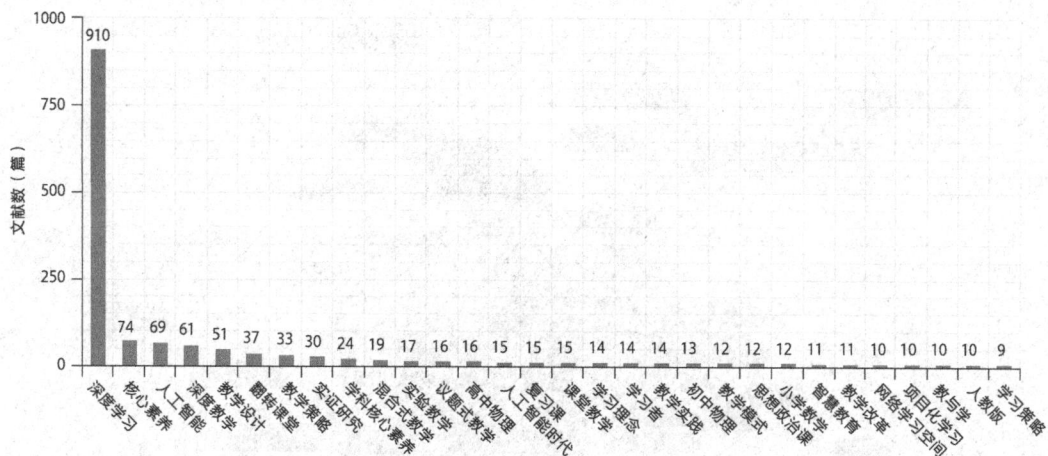

图 2-17　深度学习领域关键词排名（CNKI 数据）

关键词是一篇论文的核心概括，通过分析关键词，可以对文章主题进行窥探，进而得到某领域的研究热点。本研究利用 CiteSpace 绘制关键词知识图谱，在 NodeTypes 选框中选择 Keyword，取每年引用量关键词按 G-index 算法进行分析，变量 k 值为 25，最终得到的关键词共现图谱共有 575 个节点、1161 条连线。运用 CiteSpace 软件绘制关键词共现图（见图 2-18），同时运用 VOSviewer 软件做关键词贡献分析，得到图 2-19。

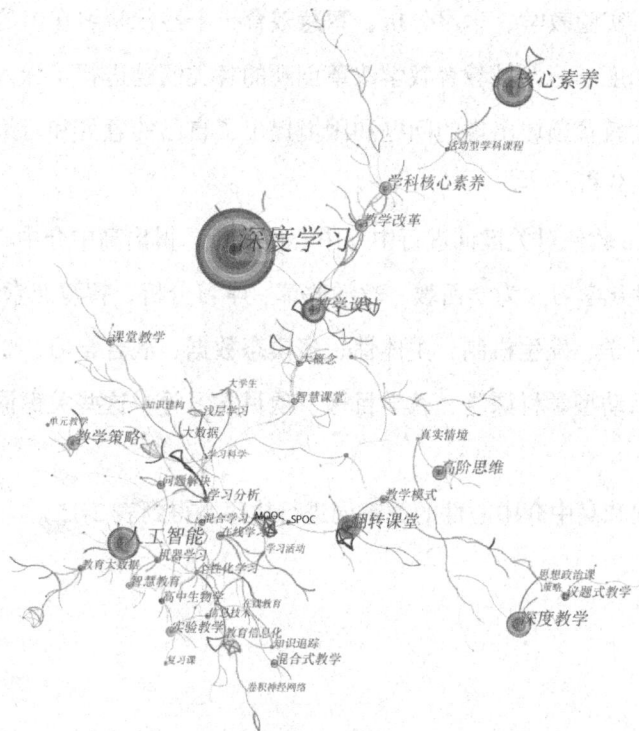

图 2-18　深度学习领域关键词共现图（CiteSpace）

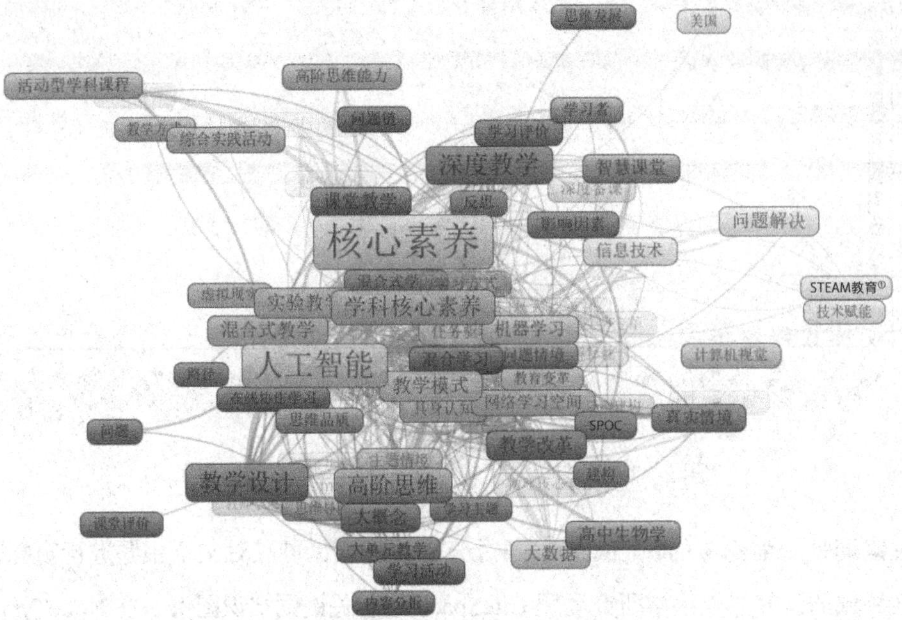

图 2-19　深度学习领域关键词共现图（VOSviewer）

如图 2-18 和图 2-19 所示，10 年来所刊载文献的研究对象覆盖了深度学习领域中包括核心素养、人工智能、深度教学、反转课堂、教学设计、教学策略、教学模式、高阶思维、教学改革、实验教学、学习分析、智慧教育、个性化学习在内的各个方面。这些高质量的文献对深度学习领域教育教学改革创新的各类问题进行了深入的探讨。众多专家、学者也为深度教育领域出现的问题和困境提出了自己的意见和对策，并通过实验及实践进行了验证和分析。

使用 CiteSpace 软件对关键词进行中介中心性分析，得出高中介中心性排名的关键词为教学设计、个性化学习、为学而教、教学改革、学习分析、智慧课堂、学科核心素养、教学方式、学习科学、发生机制、主体性、多模态数据、混合学习、学习进阶、教学模式、翻转课堂、活动型学科课堂、教学目标、项目学习等，这些关键词的中介中心性值都高于 0.2。

我们将高频次和高中介中心性的关键词进行排序，得到表 2-15。

---

①　STEAM 是科学（Science）、技术（Technology）、工程（Engineering）、艺术（Arts）、教学（Mathematics）的英文首字母编写。

表 2-15　2014—2023 年"深度学习"载文排名前 20 的高权重关键词

序号	关键词	频次	中介中心性	权重
1	深度学习	1113	0.19	651.5
2	教学设计	49	0.66	354.5
3	人工智能	98	0.37	234
4	个性化学习	14	0.36	187
5	教学改革	28	0.34	184
6	为学而教	4	0.35	177
7	学科核心素养	43	0.31	176.5
8	学习分析	19	0.32	169.5
9	智慧课堂	16	0.32	168
10	教学方式	4	0.31	157
11	学习科学	9	0.29	149.5
12	核心素养	180	0.11	145
13	发生机制	6	0.27	138
14	主体性	3	0.27	136.5
15	多模态数据	2	0.27	136
16	教学模式	18	0.19	126
17	ADDIE[①]	2	0.25	126
18	混合学习	13	0.23	121.5
19	翻转课堂	59	0.17	114.5
20	学习进阶	6	0.21	108

这些高权重关键词和高频次关键词共同反映了 10 年来我国深度学习理论学术领域的研究重点。

（六）基于突现关键词的研究趋势分析

运用 CiteSpace 软件的突发性检测，并通过二次分析，得到表 2-16。该表按突发起始时间列出了 10 年来出现的突发性关键词及其持续时间。

---

① ADDIE 是指一套有系统的开展教学的方法，包括分析（Analysis）、设计（Design）、开发（Development）、实施（Implementation）、评价（Evaluation）五个阶段。

表 2-16　2014—2023 年"深度学习"载文突现关键词排序（时间）

序号	关键词	开始时间	结束时间	2014—2023 年
1	翻转课堂	2014	2018	
2	学习分析	2015	2018	
3	地平线报告	2015	2017	
4	MOOC	2015	2017	
5	实证研究	2015	2017	
6	教育信息化	2016	2018	
7	新兴技术	2016	2017	
8	高等教育	2016	2017	
9	浅层学习	2016	2017	
10	SPOC	2017	2018	
11	信息技术	2017	2018	
12	教育大数据	2017	2019	
13	教师培训	2017	2018	
14	混合学习	2017	2018	
15	网络学习空间	2018	2019	
16	活动型学科课程	2018	2020	
17	高阶思维能力	2019	2020	
18	知识追踪	2021	2023	
19	大概念	2021	2023	
20	单元教学	2021	2023	
21	议题式教学	2021	2023	
22	道德与法治	2021	2023	
23	主体情境	2021	2023	

通过分析上述数据，可以发现对各类研究的关注度的减弱或增强，并探索研究趋势。

2014—2016 年，随着地平线报告的持续出版，深度学习的概念被反复提及，MOOC 翻转课堂的教学研究，成为这几年在线教育教学模式改革的研究热点。同时，学者们对学习分析、教育信息化改革、新兴技术等领域进行了研究，认识到现阶段教育教学过程中出现的浅层学习的问题，并不断进行探索。学者们对教育领域深度学习方向进行了大量理论基础、内涵和实施过程的研究，但大多数学者还停留在理论阶段。

2017—2019 年，随着 MOOC 教学体系的完善，学者们在大量的 MOOC 教学实践中发现了 MOOC 与传统教学的弊端，并提出 SPOC 平台下深度教学实现的可能性。学者们对在 SPOC 进行深度教学的领域进行了深入的研讨。同时，随着深度学习环境和资源的逐渐完善以及深度学习工作的逐年开展，学者们对深度学习的研究逐渐系统化，多集中于教学模型设计、教学活动设计、教学方式改革、评价模式研究等研究方向，面向的对象也开始覆盖到中小学的各个学科以及高等教育学段的多门学科中。其中，教师培训、网络学习空间、活动型学科课程等一些实践性操作成了研究热点。

2020—2023 年，各类各级别的教学被迫转到线上进行，学者们对深度学习的研究也发生了改变。其中，高阶思维能力、知识追踪、议题式教学、主体情境等具体问题的研究开始增加，道德与法治的相关研究也开始增加。这反映出学者们在近几年更深入地关注深度学习中具体的操作和策略。

（七）基于关键词聚类的研究现状分析

为了更深入地分析我国深度学习领域的学术研究现状，利用 CiteSpace 软件对关键词进行二次聚类分析（见图 2-20 及图 2-21）。

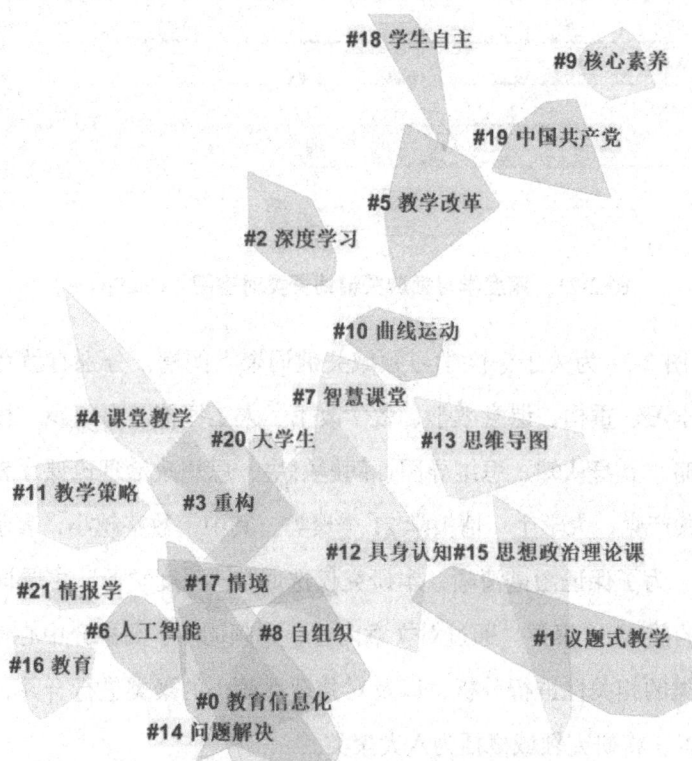

图 2-20　深度学习领域关键词聚类图（CiteSpace）

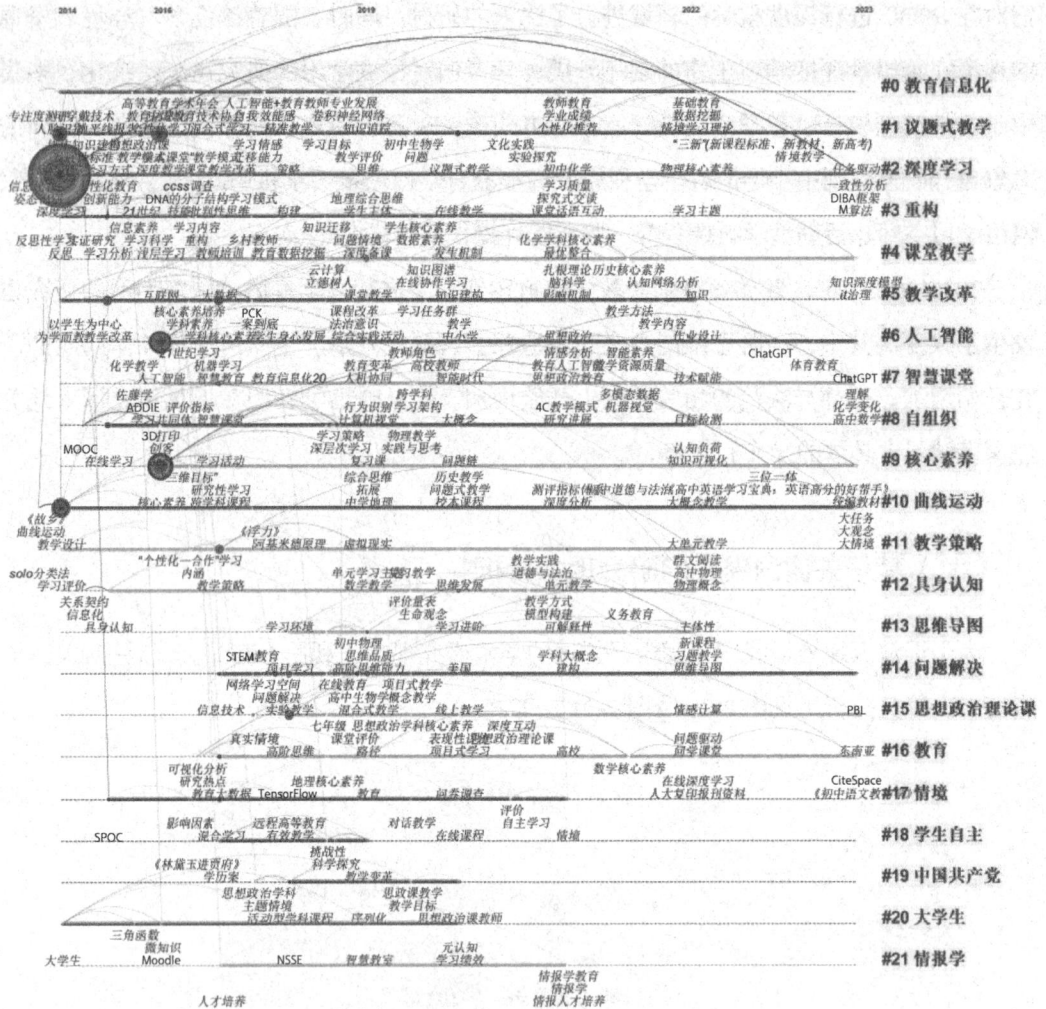

图 2-21　深度学习领域关键词聚类时空图（CiteSpace）

图 2-20 和图 2-21 为关于深度学习领域关键词聚类图谱，分别有教育信息化、议题式教学、深度学习、重构、课堂教学、教学改革、人工智能、自组织、核心素养、曲线运动、教学策略、具身认知、思维导图、问题解决、思想政治理论课、教育、情景、学生自主、中国共产党、大学生、情报学 21 个聚类。其中，数字越小，表示该聚类所包含的关键词越多。为了保证图谱清晰，本研究仅选取与"深度学习"主题词相关类别之外的具有代表性的前 13 个聚类。通过对文章内容、高频词汇、高中介中心性词汇及关键词聚类及各个聚类的相关性进行分析，以及对共现性较小的聚类进行合并，并结合热点关键词的影响因素，将研究领域概括为六大聚类。

1. 深度学习理论基础聚类

深度学习在国内从 2005 年左右初步引起关注，在 2017 年左右较大规模地开展研究。深度学习的内涵、特征、理论基础等是深度学习研究的基础问题，是开展深度学习研究与教学实践的基础。目前，我国对深度学习的基础理论研究取得了一定的成果，深度学习正在逐步形成系统的基础理论研究体系。

我国最早提出深度学习的是上海师范大学的何玲、黎加厚教授，其认为深度学习是指在理解的基础上，学习者能够批判地学习新思想和事实，并将它们融入原有的认知结构中，能够在众多思想间进行联系，并能够将已有的知识迁移到新的情境中，做出决策和解决问题的学习。

北京师范大学的郭华教授认为，当今信息时代把我们以前在教学中本应有但被忽略了的思考和实践凸显出来，逼迫我们运用深度学习来开展教学。深度学习具有联想与结构、活动与体验、本质与变式、迁移与应用、价值与评价这五个特征，而这五个特征为理解教学活动提供了新的视角。郭华教授在论文中提出，基于深度学习的教学让我们重新认识学生学习的意义、重新认识教师教学的内容、重新认识教师的价值，帮助学生克服机械学习、浅层学习的弊端，使学生积极主动地学习，更使得教师、学生、教学内容获得高度的统一，使教学内容实现其价值，使教师和学生在教学中获得最大的发展，使学生能够形成有助于未来可持续发展的核心素养。该文作为深度学习理论基础类的论文，被引数量达到 2154 次，是近十年来深度学习领域被引率和下载率最高的文章。

扬州大学的张浩、吴秀娟等学者指出，深度学习是一种主动、批判性的学习方式，也是实现有意义学习的有效方式，具有注重批判理解、强调信息整合、促进知识建构、着意迁移运用、面向问题解决、提倡主动终身等特征。深度学习要求学习者注重批判学习及反思，通过加工知识信息、理解复杂概念、掌握内在含义、建构知识体系等步骤，最终促进学习目标的达成和高阶思维的发展。这几位学者从建构主义理论对深度学习的解释，情境认知理论对深度学习的影响，分布式认知理论对深度学习的指导，以及元认知理论对深度学习的调节这四个方面分析了深度学习的发生机制及促进策略，对深度学习的进一步研究具有重要的指导意义。

陕西师范大学的卜彩丽等学者通过对美国深度学习项目（SDL）从核心概念、促进深度学习的策略和途径、深度学习的效果三个维度进行分析后，提出了该项目对我国深度学习研究的启示：需要充分把握与理解深度学习的内涵和目标，加强促进深度学习的策略和途径研究，注重课堂教学层面的深度学习实践研究，强化一线教师深度学习理论培训以及国家层面在政策上给予支持等。

西藏民族大学的李新房在对《2017 地平线报告（高等教育版）》进行解读时指出，通过深度学习方法，学习者能够批判性地分析新知识与原有知识之间的联系，并进行主动的意义架构，从而获得对知识全面、深入的理解，最终完成学习迁移与创新。

2. 深度学习模式和策略聚类

深度学习的策略研究，一方面是根据深度学习的内涵特征等方面制定出如何进行深度学习的方案，把深度学习的理论付诸实践的过程；另一方面是针对现在深度学习过程中存在的问题提出改进的方法。二者融合于提高深度学习的教学策略中。

西北师范大学的安富海认为深度学习的教学策略正是在研读深度学习理论的基础上，通过批判课堂学习中存在的浅层学习问题而提出的一种引导教师调整教师理念和教学行为的建议。安富海提出，一是要确立高阶思维发展的教学目标，引导学生深度理解；二是要整合学习内容，引导学生批判、建构；三是要创设促进深度学习的真实情境，引导学生积极体验；四是要选择持续关注的评价方式，引导学生深度反思。该文作为深度学习策略类的论文，被引数量达到 1699 次。

东北师范大学的张鹏、郭恩泽等学者认为，深度学习将改变目前教学中出现的单纯注重教学形式多样而忽视教学内容及学生接受程度的现象，并指出深度学习的教学应当是促进学生从知识本位学习到知识本质学习的教学。在教授静止的学科知识以外，更要强调对学科逻辑体系与思维的把控、学科理念与素养的形成、学习思路与方法的掌握，以及学生道德品格和价值观的塑造。基于上述认知，这几位学者提出深度学习的教学应当明确学生对知识的缄默点，将课堂作为学生学习的过渡点，让课堂成为思维传递的交互点，把教学材料作为学生的感知体验点；把课堂变成实际生活的着力点。最终实现学生在秉承学科素养、掌握学习能力、持有价值追求基础上的可循环学习。

扬州大学的吴秀娟、张浩等学者从通过研究深度学习和反思性学习的概念内涵以及实现过程，分析两者之间的内在联系，探讨反思对深度学习的促进作用，实质上属于深度学习的范畴，而深度学习能促进元认知能力的发展。基于上诉理论基础，通过将反思性学习的理念纳入深度学习的一般过程模型中，构建了基于反思的深度学习过程模型，并阐述了在深度学习的导入、主体以及评价等各个阶段引入反思的方式和作用。

在具体的深度学习模式构建邻域，中南大学的曾明星、李桂平等学者认为，构建基于 SPOC 的深度学习模式，既能克服 MOOC 与传统教学的弊端，促进 MOOC 资源在实体教学落地生根，又能提高学生的创新能力、问题解决能力和批判性思维等高阶思维能力，从而大大提升教学质量。在这种学习模式下，SPOC 技术平台、教学内容、学习方式、评价手段等融入教学过程中，并反转传统教学流程，变革教学结构，注重学习情境、交互与反思，学生经历教学准备、知识构建、迁移应用与创造、评价与批判四个循环与递进的阶段，实现低阶思维能力向高阶思维能力的转变。

东北师范大学的张晓娟、吕立杰等学者在分析了深度学习的内涵、内在追求、发生机制后反思了深度学习的深度教学如何运行后，提出了在 SPOC 平台下深度教学实现的可能性。他们认为，SPOC 对深度教学的支持表现在对了解学生的前侧支持、对课程设计的资源支持、对建构学习共同体的情感支持、对创设学习情境的情境支持、对丰富课程履历的体验支持以及对评价的支持。这几位学者设计了一套 SPOC 平台下指向 U 型深度学习的深度教学模式，并对该教学模式进行了解析和实现过程分析，以期充分发挥信息技术对基础教育应有的支持作用和价值。

该领域的研究主题丰富，充分体现了学者们对深度学习模式和策略的关注。深度学习作为一种学习机制，可以融入各种形式的教学活动中，这要求有更多的一线教育工作者参与研究与实践。

3. 深度学习效果与评价聚类

自全国各级学校纷纷开展线上教学以来，学习者"无法深度学习""参与度低""注册率高、辍课率高、完成率低"已成为在线教学面临的重大问题，如何提高学习效果，使学生真正做到深度学习已成为线上教学的研究热点。

扬州大学的张浩认为，深度学习评价应当贯穿整个深度学习的活动中，这不仅是对学习者进行深度学习能力水平的评估，也是对深度学习过程及结果的评价，更是对深度学习目标的不断反思和修订。深度学习评价应当以深度学习目标为导向，运用调查、测验、统计分析等方法，对深度学习过程及结果做出价值判断，对深度学习目标进行反思和修订。张浩提出，以布鲁姆的认知目标分类法、比格斯的 SOLO 分类法、辛普森的动作技能目标分类法和克拉斯沃尔的情感目标分类法构建基于深度学习的评价体系，以解析不同领域中深度学习者可达成的预期目标。该文作为体系构建类的论文，被引数量达952 次。

天津师范大学的刘哲雨认为，知识在学习者认知机构中的状态与知识呈现时的原始状态之间的差距，可以作为深度学习的评价标准，并基于迁移理论与 SOLO 水平分类方法，改变传统的保持与迁移的深度学习评价方法，构建出一种深度学习效果的"3+2"评价模型。该模型利用新知理解来评价深度学习的基础，用内部关联迁移和外部拓展迁移来评价深度学习的程度。

东北师范大学的庞敬文等学者则是基于深度学习的视角对智慧课堂进行评价体系的设计。这几位学者分析了智慧课堂支持深度学习的应用特点，构建了信息化教学评价维度，并利用专家评判法对评价维度进行了修订和完善，设计了深度学习视角下智慧课堂的评价指标。该评价指标以深度学习和浅层学习两种学习方法作为研究维度，在浅层学习中设置识记、领会两个二级指标；在深度学习中设置运用、分析、综合、评价四个二级指标。通过教学评价指标的应用来期提高学生的学习能力，从而促进学生更好地深度学习。

宁波大学的郑东辉厘清了中小学深度学习的内涵，认为深度学习体现了认知的深度、参与的深度、结果的深度，彰显了学习中的高投入、高认知和高产出。而为了促进深度学习的"三高"表现，课堂评价应坚持三个方面的要素：一是评价合乎伦理，实现手段与目的融合；二是评价主体多元，实现自我与他者统一；三是评价融入教与学之中，实现信息转换。将这些理念转变为实际行动，可以通过以下四条相互关联的实践路径实现：将评价活动设计进教案及设计转换过程，运用多种方法收集深度学习信息及启动由教向学的转换，合情合理地反馈学习结果及实现由教向学的转换，引导学生自我评价及自我转换与建构学习信息。

4. 深度学习与深度教学聚类

华中师范大学在深度教学方面的发文和文献被引率都相对较高，具有一定的权威性。众多学者针对中小学以及大学的思想政治、英语、化学、数学等学科对促进深度教学开展研究，涉及课堂教学策略、教师角色转变、基本价值取向等多个方面。

华中师范大学的郭元祥认为，随着课堂教学改革的不断深入，切实转变学生观、知识观、教学观、质量观，通过实施深度教学，引导学生深度学习，切实提高课堂教学的发展性，应该是当前深化课堂教学改革的根本方向。郭元祥指出，深度教学不是指无限增加难度和知识量，不是对知识的表层学习，不是对知识的简单占有和机械训练，而是基于知识的内在结构，通过对知识的完整处理，引导学生从符号学习走向学科思想和意义系统的理解和掌握，是对知识的深度学习。之后郭元祥又系统分析了深度教学的来源，提出了从深度学习走向深度教学的必然性，教与学的关系是一种具有相融性的一体化关系，体现了教与学的一致性。追求发展学生的核心素养，必须克服表层教学的局限性，实施深度教学，从而引导学生深度学习。

华中师范大学的伍远岳详细阐述了深度教学的知识理论基础、对深度教学的特征进行过程分析，并对深度教学的品质进行了标准构建。

香港教育大学的张侨平在对马飞龙、萨尔约和恩特威斯尔等人关于深度学习的论述进行分析后提出，深度学习源于心理学领域对学习过程的探索与研究，是基于实验数据分析得出的结论，其意义不仅仅是引入深度学习的概念、促进研究视角的转向，更在于通过切实的证据表明改变教学促进深度学习的可行性与必要性。而改变学习方式更重要的是通过教师的教学调整来改变学生的学习体验、观念与想法。结合这些分析，张侨平提出，必须寻求学校教学系统的持续改进，加深对深度教学的认识和理解，重视对学生学习的实证研究。

5. 核心素养聚类

2014 年 3 月，中华人民共和国教育部出台《关于全面深化课程改革落实立德树人根本任务的意见》，要求"提出各学段学生发展核心素养体系"。2016 年 9 月，中华人民共和国教育部正式公布了我国学生发展核心素养总体框架，具体包括文化基础、自主发展、社会参与这三个维度。核心素养成为教育教学的研究热点。

海南师范大学初等教育学院的崔友兴认为，学生发展核心素养的培育不仅需要教育者的引导，同时也离不开学习者的学习自觉和自为，而这通常体现为深度学习。因此，核心素养的培养是深度学习的目的指向和价值所在，深度学习是形成学生核心素养的重要路径之一。崔友兴认为，深度学习注重对知识的理解、生成和构建，突出学生的主体能动性和发展性，强调学习的挑战性、体验性和迁移性，着意于情境的创设与利用。崔友兴指出，基于核心素养培育的深度学习的实现路径需要注重教学目标的顶层设计、知识内容的有序化讲授、文本的适应性改造、教学过程的体验性和生成性、教学评价的及时性和发展性，以及复合式教学情境的创设和运用。

美国波士顿学院林奇教育学院的杨玉琴认为，深度学习和核心素养之间的联系就是迁移，即运用先前所学的知识和技能支持新的学习以及在文化关联的新情境中解决问题。核心素养的属性决定了他的习得必然依赖深度学习过程，而核心素养一旦形成又会有力支持深度学习，两者是相互加强的良性互动循环关系。杨玉琴同时提出了指向核心素养的深度学习教学改革的五个策略：在教学目标上，从短期目标向远景目标转变；在内容组织上，从碎片化知识向结构化图式转变；在学习任务上，由抽象知识学习向基于问题和项目学习转变；在对话方式上，由单向权威式向多向生成式转变；在学习评价上，从"关于学习的评价"向"为了学习的评价"转变。

北京师范大学教育学部的郑葳认为，深度学习是针对当前我国中小学课堂教学中存在的形式化、浅度化、碎片化、机械训练等诸多问题，将教学改进的目标指向发展学生的核心素养，提升学生的理解能力、实践应用能力和创造性解决问题的能力。

上饶师范学院的叶冬连等学者基于知识深度模型，对促进中学课堂的深度学习进行了精心设计：围绕核心素养目标，设计思维层次不同的学习问题，创设探究、体验、表达与交流的学习活动，检测教、学、评是否一致。研究结果表明，面向发展核心素养目标、基于知识深度模型的课堂教学实践，是实现课堂从浅层学习走向深度学习的一种研究路径。促进学生的综合认知理解、知识迁移应用，有利于问题解决能力、反思能力、创新创造能力的培养，是促进学生深度学习、培养学生深度学习能力的一个行之有效的教学与评价工具。

6. 地平线报告聚类

通过连续 13 年的研究和探索，新媒体联盟地平线研究项目每年发布的《地平线报告》，目前已经成为国际社会针对新兴技术发展趋势及在教育中如何应用所开展的最持久的跟踪探究。《地平线报告》主要是预测和描述未来 5 年全球范围内会对教育产生重大影响的新兴技术，已经成为众多领域的参照系和风向标。

西藏民族大学的李新房在对历年《地平线报告（基础教育版）》进行分析时时指出，2014 年的《地平线报告》将"追求深度学习"作为近期趋势，2015 年的报告将"探索深度学习策略"作为远期趋势，2016 年的报告将"转向深度学习方法"作为远期趋势。可见，深度学习在未来的发展中占据重要的地位。

李新房同时在对《2017 地平线报告（高等教育版）》进行解读时指出，深度学习方法在 2016 年作为中期趋势被预测，2017 年又被作为远期趋势被预测。这说明，无论是基础教育还是高等教育，深度学习都是未来教育领域变革的方向之一。

2016 年，北京师范大学智慧学习研究院针对我国基础教育新兴技术应用状况，与美国新媒体联盟联合发布了第一个中国版地平线报告，即《2016 新媒体联盟中国基础教育技术展望：地平线项目区域报告》，是一个以中国教育情境为重点的地平线报告。报告认为，在中国高等教育中推动技术应用的关键趋势中，深度学习方法应当作为长期趋势进行转变。

（八）基于文献被引与共被引的分析

文献被引在学术评价中被用来测量文献学术影响力的重要指标。被引频次的高低反映了学术成果被学术界重视的程度，以及在学术交流和科学发展中所起的作用和影响力，也间接反映了该文献的学术水平和价值。

1. 基于文献共被引的知识基础

文本数据挖掘的知识体系认为，某个研究领域的知识基础是由这些文章的共被引文献（参考文献）集合所组成的，并可被概念化成一个从研究热点到知识基础的映射。使用 VOSviewer 软件进行文献共被引分析，结果如图 2-22 所示。

图 2-22　文献共被引图（VOSviewer）

通过 CiteSpace 软件对 CSSCI 数据进行分析，被引率排名前 50 的共被引文献如表 2-17 所示。

表 2-17　"深度学习"领域 2013—2024 年高共被引文献（前 50 名）

名次	姓名	篇名 / 书名	刊物 / 出版社	年份	频次
1	张浩	深度学习的内涵及认知理论基础探析	中国电化教育	2012	87
2	郭华	深度学习及其意义	课程·教材·教法	2016	73
3	何玲	促进学生深度学习	现代教学	2005	49
4	张浩	深度学习的目标与评价体系构建	中国电化教育	2014	42
5	段金菊	学习科学视域下的 E-Learning 深度学习研究	远程教育杂志	2013	39
6	安富海	促进深度学习的课堂教学策略研究	课程·教材·教法	2014	39

（续表）

名次	姓名	篇名/书名	刊物/出版社	年份	频次
7	何玲	促进学生深度学习	计算机教与学	2005	38
8	何克抗	深度学习：网络时代学习方式的变革	教育研究	2018	34
9	余凯	深度学习的昨天、今天和明天	计算机研究与发展	2013	30
10	顾小清	超越碎片化学习：语义图示与深度学习	中国电化教育	2015	28
11	吴鹏	基于深度学习情感规则的网络舆情情感识别研究	情报学报	2017	28
12	吴秀娟	基于反思的深度学习：内涵与过程	电化教育研究	2014	26
13	康淑敏	基于学科素养培育的深度学习研究	教育研究	2016	26
14	赵洪	理论术语抽取的深度学习模型及自训练算法研究	情报学报	2018	24
15	曹晓明	人工智能视域下的学习参与度识别方法研究：基于多模态数据融合的深度学习实验分析	远程教育杂志	2019	22
16	张静	学习科学视域中面向深度学习的信息化教学方式变革	中国电化教育	2013	20
17	曾明星	从MOOC到SPOC：一种深度学习模式建构	中国电化教育	2015	20
18	卜彩丽	深度学习的概念、策略、效果及其启示：美国深度学习项目（SDL）的解读与分析	远程教育杂志	2016	20
19	苏治	深度学习的金融实证应用：动态、贡献与展望	金融研究	2017	20
20	祝智庭	深度学习：智慧教育的核心支柱	中国教育学刊	2017	19
21	徐振国	基于深度学习的学习者情感识别与应用	电化教育研究	2019	18
22	张春兰	创客空间支持的深度学习设计	现代教育技术	2015	17
23	杜娟	促进深度学习的信息化教学设计的策略研究	电化教育研究	2013	17
24	古德费洛	深度学习	人民邮电出版社	2017	17
25	余胜泉	基于学习元的双螺旋深度学习模型	现代远程教育研究	2017	17
26	吴永军	关于深度学习的再认识	课程·教材·教法	2019	17
27	余丽	基于深度学习的文本中细粒度知识元抽取方法研究	数据分析与知识发现	2019	17
28	郑葳	深度学习：基于核心素养的教学改进	教育研究	2018	17
29	刘哲雨	行为投入影响深度学习的实证探究：以虚拟现实（VR）环境下的视频学习为例	远程教育杂志	2017	16

名次	姓名	篇名/书名	刊物/出版社	年份	频次
30	黄立威	基于深度学习的推荐系统研究综述	计算机学报	2018	16
31	刘哲雨	深度学习的评价模式研究	现代教育技术	2017	15
32	吕林海	"深度学习"视域下的大学"金课"——历史逻辑、考量标准与实现路径之审思	高校教育管理	2020	15
33	钱旭升	论深度学习的发生机制	课程·教材·教法	2018	15
34	钟启泉	深度学习：课堂转型的标识	全球教育展望	2021	15
35	段金菊	E-learning环境下促进深度学习的策略研究	中国电化教育	2012	14
36	张琪	E-Learning环境中大学生自我效能感与深度学习的相关性研究	电化教育研究	2015	14
37	奚雪峰	面向自然语言处理的深度学习研究	自动化学报	2016	14
38	陈蓓蕾	智慧教室中的教学交互促进大学生深度学习研究	电化教育研究	2019	14
39	Jensen E.	深度学习的7种有力策略	华东师范大学出版社	2010	13
40	何炎祥	用于微博情感分析的一种情感语义增强的深度学习模型	计算机学报	2017	13
41	逯万辉	基于深度学习的学术期刊选题同质化测度方法研究	情报资料工作	2017	13
42	冯嘉慧	深度学习的内通与策略：访俄亥俄州立大学包雷教授	全球教育展望	2017	13
43	孙妍妍	以深度学习培养21世纪技能——美国《为了生活和工作的学习：在21世纪发展可迁移的知识与技能》的启示	现代远程教育研究	2018	13
44	沈霞娟	国外近十年深度学习实证研究综述：主题、情境、方法及结果	电化教育研究	2019	13
45	彭红超	深度学习研究：发展脉络与瓶颈	现代远程教育研究	2020	13
46	范涛	基于深度学习的多模态融合网民情感识别研究	信息资源管理学报	2020	13
47	冷静	面向深度学习的在线课程活动设计研究：基于英国开放大学的案例剖析	远程教育杂志	2017	12
48	李杰	基于深度学习的短文本评论产品特征提取及情感分类研究	情报理论与实践	2018	12
49	张立国	基于问题解决的深度学习模型	中国远程教育	2017	12
50	王靖	深度学习动机、策略与高阶思维能力关系模型构建研究	远程教育杂志	2018	12

由图 2-24 和表 2-17 可见，高共被引排名前 50 的文献均为国内外知名著作和文集。其中，扬州大学新闻与传媒学院的张浩分别于 2012 年和 2014 年在《中国电化教育》期刊上发表的论文《深度学习的内涵及认知理论基础探究》和《深度学习的目标和评价体系构建》位居共被引文献第一名和第四名；北京师范大学教育学部的郭华于 2016 年在《课程·教材·教法》期刊上发表的论文《深度学习及其意义》位居第二名，同时，该论文也是 10 年来被引率最高的论文；北京师范大学的段金菊于 2013 年在《远程教育杂志》期刊上发表的论文《学习科学视域下的 E-Learning 深度学习研究》位居共被引文献的第四名；北京师范大学"未来教育"高精尖创新中心的何克抗在《教育研究》期刊上发表的论文《深度学习：网络时代学习方式的变革》位居共被引文献的第五名。上述这些高被引率著作前 5 名中有 3 位来自北京师范大学，可见北京师范大学在教育领域深度学习方面研究的深入程度和权重的高度。

2. 期刊共被引分析

使用 VOSviewer 软件进行期刊共被引分析，结果如图 2-23 所示。

图 2-23　期刊共被引图（VOSviewer）

通过 CiteSpace 软件对 CSSCI 数据进行分析，得到被引率排名前 40 的高共被引期刊，如表 2-18 所示。

表 2-18　"深度学习"领域 2013—2024 年高共被引期刊（前 40 名）

排名	期刊名称	被引次数	排名	期刊名称	被引次数
1	中国电化教育	167	21	教育理论与实践	25
2	电化教育研究	163	22	计算机教与学	23
3	远程教育杂志	134	23	教育科学研究	21
4	教育研究	100	24	*British Journal of Educational Technology*	21
5	现代教育技术	100	25	*Accounting Education*	18
6	开放教育研究	93	26	剑桥学习科学手册	18
7	课程·教材·教法	91	27	*Journal of Educational Psychology*	17
8	*British Journal of Educational Psychology*	81	28	人民教育	16
9	现代远程教育研究	78	29	*Computers in Human Behavior*	16
10	全球教育展望	70	30	*Studies in Higher Education*	16
11	中国远程教育	66	31	中国高教研究	15
12	现代教学	42	32	*Internet and Higher Education*	15
13	*Computers & Education*	40	33	外国教育研究	15
14	教育发展研究	36	34	比较教育研究	15
15	华东师范大学学报（教育科学版）	36	35	*Nature*	14
16	*Higher Education*	34	36	*Educational Psychologist*	14
17	中国教育学刊	32	37	*Review of Educational Research*	13
18	深度学习的 7 种有力策略	30	38	教育学报	12
19	现代远距离教育	27	39	上海教育科研	11
20	教育研究与实验	26	40	*A Rich Seam: How New Pedagogies Find Deep Learning*	11

图 2-23 和表 2-18 展现了"深度学习"十年来所有刊载文章的共被引文献（参考文献）所在期刊的联系和被引量情况，在一定程度上体现了"深度学习"发文的学术水平。

由上述图表可见，《中国电化教育》所刊载的文章被引量（167 次）是最高的；其次，《电化教育研究》所刊载的文章被引 163 次，排名第二；《远程教育杂志》《教育研究》《现代教育技术》《开放教育研究》《课程·教材·教法》《现代远程教育研究》《全球教育展望》《中国远程教育》《现代教育》等一大批我国教育技术领域顶级刊物里的文章，成为学者们发文时的重要理论和数据依据；*British Journal of Educational Psychology, Computers*

& *Education, Higher Education, British Journal of Educational Technology, Accounting Education, Journal of Educational Psychology, Computers in Human Behavior* 等国际顶级教育学和教育技术学研究期刊，也是学者们发文的重要参考依据。

3. 作者共被引分析

通过 CiteSpace 软件对 CSSCI 数据进行分析，得出被引率排名前 50 的高共被引文章的作者，如表 2-19 所示。

表 2-19 "深度学习"领域 2013—2024 年高共被引文献作者（前 30 名）

排名	作者	被引次数	排名	作者	被引次数
1	张浩	69	26	余胜泉	14
2	何玲	67	27	吕林海	14
3	Marton F.	63	28	Biggs J. B.	14
4	郭华	50	29	中华人民共和国教育部	14
5	何克抗	42	30	佐藤学	13
6	段金菊	42	31	Beattie V.	13
7	安富海	28	32	张静	12
8	钟启泉	28	33	Jensen E.	12
9	刘哲雨	28	34	张琪	12
10	吴秀娟	26	35	Entwistle N.	11
11	祝智庭	24	36	彭红超	11
12	卜彩丽	23	37	李松林	11
13	杜威	23	38	吴永军	11
14	郭元祥	22	39	Marton	10
15	Biggs J.	19	40	Ramsden P.	10
16	黄荣怀	17	41	张良	10
17	Biggs	16	42	李海峰	10
18	顾小清	16	43	谢幼如	9
19	Jensen	16	44	Lecun Y.	9
20	索耶	16	45	曾明星	9
21	康淑敏	16	46	Egan K.	9
22	沈霞娟	15	47	郑葳	9
23	Fullan M.	15	48	钟志贤	9
24	安德森	14	49	崔允漷	9
25	胡航	14	50	冯嘉慧	9

表 2-19 展现了"深度学习"领域 10 年来所有刊载文章的高共被引文献（参考文献）作者的被引量情况。扬州大学新闻与传媒学院的张浩是被引率排名第一的作者；何玲是被引率排名第二的作者，其和黎加厚在 2005 年发表的《促进学生深度学习》是高共被引论文；美国学者马顿（Marton）是被引率排名第三的作者，其和萨尔约（Saljo）在 1976 年发表的论文《论学习的本质区别：结果和过程》是高共被引论文；北京师范大学教育学部的郭华被是被引率排名第四的作者；北京师范大学"未来教育"高精尖创新中心的何克抗是被引率排名第五的作者。诸多全国范围内教育研究的著名学者的高水平文章是众多学者在论文撰写时重点参考和引用的标准。其中，西南大学的段金菊、浙江越秀外国语学院的吴秀娟、华东师范大学的祝智庭以及顾小清、河南师范大学的卜彩丽等著名学者同时也是"深度学习"领域中发文量排名靠前的专家。

4. 文献高被引分析

高被引论文是一段时期内被引用频次较多的学术论文，其受到的关注度较高，学术影响力较大。分析研究高被引论文有助于了解该研究领域的研究内容，揭示某一时期的研究热点，掌握该研究领域的发展趋势。表 2-20 所示为基于 CNKI 数据中"深度学习"2014—2023 年被引量排名前 50 的文章。

表 2-20　"深度学习"领域 2013—2024 年高被引文献（前 50 名）

序号	篇名	作者	发文期刊	发表时间	被引次数	下载次数
1	深度学习及其意义	郭华	课程·教材·教法	2016	2148	38570
2	混合式教学的理论基础与教学设计	李逢庆	现代教育技术	2016	1252	25858
3	深度学习的目标与评价体系构建	张浩、吴秀娟、王静	中国电化教育	2014	948	25503
4	论深度教学：源起、基础与理念	郭元祥	教育研究与实验	2017	801	17804
5	从 MOOC 到 SPOC：一种深度学习模式建构	曾明星、李桂平、周清平、覃遵跃、徐洪智	中国电化教育	2015	756	22151
6	基于学科素养培育的深度学习研究	康淑敏	教育研究	2016	594	12966
7	深度学习的概念、策略、效果及其启示：美国深度学习项目（SDL）的解读与分析	卜彩丽、冯晓晓、张宝辉	远程教育杂志	2016	585	19520

（续表）

序号	篇名	作者	发文期刊	发表时间	被引次数	下载次数
8	教育人工智能（EAI）的内涵、关键技术与应用趋势：美国《为人工智能的未来做好准备》和《国家人工智能研发战略规划》报告解析	闫志明、唐夏夏、秦旋、张飞、段元美	远程教育杂志	2017	536	46630
9	课堂教学改革的基础与方向：兼论深度教学	郭元祥	教育研究与实验	2015	486	9891
10	基于反思的深度学习：内涵与过程	吴秀娟、张浩、倪厂清	电化教育研究	2014	474	12727
11	"课程思政"理念的历史逻辑、制度诉求与行动路线	伍醒、顾建民	大学教育科学	2019	410	13168
12	关于深度学习的再认识	吴永军	课程·教材·教法	2019	382	11520
13	人工智能教育应用的现状分析、典型特征与发展趋势	梁迎丽、刘陈	中国电化教育	2018	352	24169
14	教育信息化2.0：智能教育启程，智慧教育领航	祝智庭、魏非	电化教育研究	2018	329	18870
15	深度学习：网络时代学习方式的变革	何克抗	教育研究	2018	299	11436
16	指向深度学习的学历案	崔允漷	人民教育	2017	290	9631
17	深度学习的评价模式研究	刘哲雨、郝晓鑫	现代教育技术	2017	288	7512
18	论深度教学：内涵、特征与标准	伍远岳	教育研究与实验	2017	286	6818
19	翻转课堂：教师面临的现实挑战及因应策略	吴仁英、王坦	教育研究	2017	285	7452
20	深度学习究竟是什么样的学习	李松林、贺慧、张燕	教育科学研究	2018	278	7363
21	指向"深度学习"的化学教学实践改进	胡久华、罗滨、陈颖	课程·教材·教法	2017	274	9796
22	基于深度学习的"深度教学"	朱开群	上海教育科研	2017	274	7396
23	深度学习的理解与实践模式：以小学数学学科为例	马云鹏	课程·教材·教法	2017	271	12618
24	深度学习：智慧教育的核心支柱	祝智庭、彭红超	中国教育学刊	2017	269	10122
25	深度学习的教学范式	付亦宁	全球教育展望	2017	268	7473
26	深度学习国内研究综述	樊雅琴、王炳皓、王伟、唐烨伟	中国远程教育	2015	255	39107
27	基于核心素养培育的深度学习	崔友兴	课程·教材·教法	2019	254	8891

（续表）

序号	篇名	作者	发文期刊	发表时间	被引次数	下载次数
28	MOOC 与翻转课堂融合的深度学习场域建构	曾明星、李桂平、周清平、徐洪智、董坚峰	现代远程教育研究	2016	247	8536
29	超越碎片化学习：语义图示与深度学习	顾小清、冯园园、胡思畅	中国电化教育	2015	243	10005
30	国外深度学习的分析视角及评价方法	戴歆紫、王祖浩	外国教育研究	2017	224	7600
31	智慧教育：人工智能时代的教育变革	曹培杰	教育研究	2018	214	11289
32	对分课堂：促进深度学习的本土新型教学模式	赵婉莉、张学新	教育理论与实践	2018	213	4700
33	促进研究生深度学习的翻转课堂设计与实施	陈明选、张康莉	现代远程教育研究	2016	208	5803
34	21 世纪以来的新兴信息技术对教育深化改革的重大影响	何克抗	电化教育研究	2019	207	9485
35	"数学深度教学"的理论与实践	郑毓信	数学教育学报	2019	205	5984
36	指向学科核心素养的教学，即让学科教育"回家"	崔允漷	基础教育课程	2019	203	6741
37	深度学习与课堂教学改进	郭华	基础教育课程	2019	203	5529
38	基于问题解决的深度学习模型	张立国、谢佳睿、王国华	中国远程教育	2017	202	6316
39	"人工智能＋"时代的个性化学习理论重思与开解	牟智佳	远程教育杂志	2017	201	8310
40	新媒体联盟《地平线报告》（2016 高等教育版）解读与启示	金慧、刘迪、高玲慧、宋蕾	远程教育杂志	2016	201	4772
41	如何理解"深度学习"	郭华	四川师范大学学报（社会科学版）	2020	198	7849
42	深度学习：课堂转型的标识	钟启泉	全球教育展望	2021	194	9794
43	"皮亚杰—比格斯"深度学习评价模型构建	殷常鸿、张义兵、高伟、李艺	电化教育研究	2019	189	6795
44	深度学习研究述评：内涵、教学与评价	温雪	全球教育展望	2017	188	9703
45	深度学习视角下智慧课堂评价指标的设计研究	庞敬文、张宇航、唐烨伟、解月光	现代教育技术	2017	188	8374
46	SPOC 平台下指向深度学习的深度教学模式建构	张晓娟、吕立杰	中国电化教育	2018	187	5864

序号	篇名	作者	发文期刊	发表时间	被引次数	下载次数
47	人工智能视域下机器学习的教育应用与创新探索	余明华、冯翔、祝智庭	远程教育杂志	2017	185	15702
48	促进深度学习的课堂评价：内涵与路径	郑东辉	课程·教材·教法	2019	180	8610
49	从浅层学习走向深度学习	杨子舟	教育探索	2016	180	4037
50	《2017 新媒体联盟中国高等教育技术展望：地平线项目区域报告》解读与启示	高媛、黄荣怀	电化教育研究	2017	175	4533

统计结果显示，全国范围内教育体系的研究人员在 MOOC、SPOC、反转课堂、深度教学、教学实践、教学模式、学习模型、目标与评价方面的关注度较高。在排名前 50 的被引文献中，《课程·教材·教法》杂志发表了 6 篇，《中国电化教育》杂志发表了 5 篇，《远程教育》杂志发表了 5 篇，《电化教育研究》杂志发表了 5 篇，《教育研究》杂志发表了 4 篇，《现代教育技术》杂志、《教育研究与实验》杂志和《全球教育展望》杂志各发表了 3 篇，这些杂志都是教育领域和教育技术领域的顶级期刊。有关深度学习教学模式和实践探索的文章的持续性关注时间最长，因此也是受关注度最高的。研究深度学习理论基础的文章创造了排名前三的被引率，说明该领域是近几年在线教育改革方面研究的热点。

（九）研究总结

本研究以 2014—2023 这 10 年来"深度学习"和"深层学习"领域刊载的文献为研究对象，结合计量可视化与科学知识图谱研究的统计分析得出的结论如下。

1. 华东师范大学是发文最多的单位，东北师范大学的发文量排名第二。华中师范大学、北京师范大学、西南大学、南京大学、江南大学、浙江大学等一批深度学习领域高学术水平的高校和机构也是重要的发文单位。

2. 东北师范大学的赵蔚、姜强、胡航，华东师范大学的祝智庭，江苏太仓高级中学的任虎虎，华东师范大学的顾小清、彭红超，华中师范大学的郭元祥，唐山师范学院的朱立明等学者的发文量较多。广大学者的学术研究能力强，呈现出百家争鸣的良好态势。

3. 我国深度学习领域的研究重点为：核心素养、人工智能、深度教学、反转课堂、教学设计、教学策略、教学模式、高阶思维、教学改革、实验教学、学习分析、智慧教育、个性化学习。研究热点为：教学设计、学科核心素养。

近几年有关深度学习的研究呈上升趋势，大致可以分成三个阶段：2016 年前为萌芽期，2017—2019 年呈爆发性增长，2020 年因为疫情的原因发文数量持续高位。有关深度学习研究的核心力量大部分来自国内重点师范院校的学者和专家。

第三章

家庭环境与在线深度学习

第一节 家庭所在地区与在线深度学习

本次调查中，通过题项"疫情防控期间，你大部分时间在哪里进行网络学习？"询问了学生进行在线学习是在"城市（含省会或直辖市、市、县城）"还是在"农村/乡镇"。4033 名（占 40.2%）学生回答在"农村/乡镇"，5995 名（59.8%）学生回答在"城市"。在"农村/乡镇"进行在线学习的学生深度学习表现（均值 21.81，标准差 4.37）明显不如在"城市"进行在线学习的学生（均值 22.75，标准差 4.63），方差分析结果显示 $F=103.85$（$P<0.001$），如图 3-1 所示。这说明不同家庭所在地区在学生深度学习表现上的差异具有统计上的显著性。

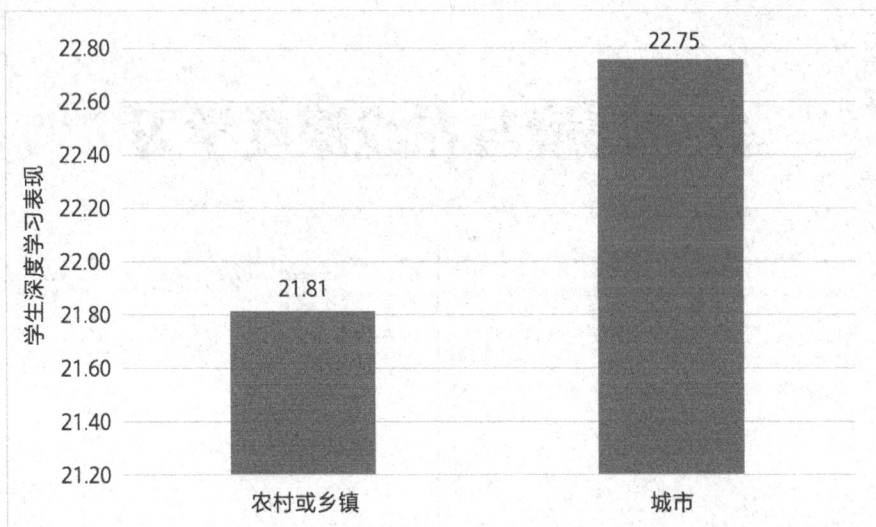

图 3-1 不同地区学生的深度学习表现

本研究的这个分析结果与过去一些关于学习成绩和学业表现的实证调查结果基本一致。王进和陈晓思（2013）对广州市 7 所初中学校 3233 名初中生的调查显示，城市学生的标准化测试数学成绩显著高于农村学生 2.5 分。董奇和林崇德（2011）对全国儿童青少年的认知能力进行大规模调查发现，城乡儿童青少年的认知能力存在显著差异，9 岁至 11 岁农村儿童青少年的推理能力、视知觉空间能力、选择性注意力都明显低于城市。李慧勤等人（2017）对云南省五个县市 19 所小学的三年级至六年级、27 所中学的七年级至八年级，共 6024 名学生的记忆力、注意力和推理能力进行调查测评，结果显示城区学生的认知能力总体水平显著高于乡镇学生，乡镇学生的推理能力相对较弱。有研究表明，儿童的学习跟他的认知能力有关。注意力、记忆力、视知觉空间能力是认知能力的重要组成部分，是发展高阶认知能力的基础，推理能力则是思维和问题解决能力的核心。6 至 15 岁是发展这些能力的关键期，将直接影响青少年未来的学习和生活。

第二节　家庭学习设备与在线深度学习

本次调查中，通过题项"进行在线学习时，你通常以什么设备为主？"询问了学生进行在线学习时使用的设备。选项包括"电脑（笔记本或台式机）、平板电脑（Pad）、手机、其他"。在回收的样本中，23.9% 的学生选择了"电脑（笔记本或台式机）"，15.9% 的学生选择的是"平板电脑"，58.7% 的学生选择的是"手机"，1.6% 的学生选择的是"其他"。

表 3-1 显示的是不同家庭学习设备、学生深度学习表现的均值差异。可以看出，使用平板电脑的学生，深度学习表现相对较好。进一步的多重检验（LSD）显示，平板电脑与其他几种类型设备之间在深度学习表现上的差异具有统计上的显著性（$P<0.001$），使用"其他"设备的学生在深度学习表现上显著低于使用另外三种设备的学生（$P<0.05$）。这说明，使用平板电脑进行学习的学生在深度学习表现上具有显著的优势，使用"其他"设备的学生的深度学习表现的劣势也比较明显。

表 3-1　家庭学习设备与在线深度学习

设备类型	样本数	样本百分比	深度学习均值	标准差
电脑（笔记本或台式机）	2398	23.9%	22.36	4.44
平板电脑	1590	15.9%	22.92	4.64
手机	5882	58.7%	22.25	4.55
其他	158	1.5%	21.47	4.65
方差分析	F=11.04（$P<0.001$）			

第三节　家庭网络速度与在线深度学习

本次调查中，通过题项"进行在线学习时，你的网络速度及稳定性如何？"询问了学生进行在线学习时家庭的网络速度状况。选项包括"非常不好、不太好、比较好、非常好"。在回收的样本中，"非常不好"占 2.4%，"不太好"占 22.5%，"比较好"占59.5%，"非常好"占 15.6%。

图 3-2 显示的是家庭网络速度与学生深度学习表现之间的关系。可以看出，整体而言，家庭网络速度越好，学生的深度学习表现越好，二者之间存在显著的正相关关系（皮尔逊相关系数 $r=0.23$，$P<0.001$）。

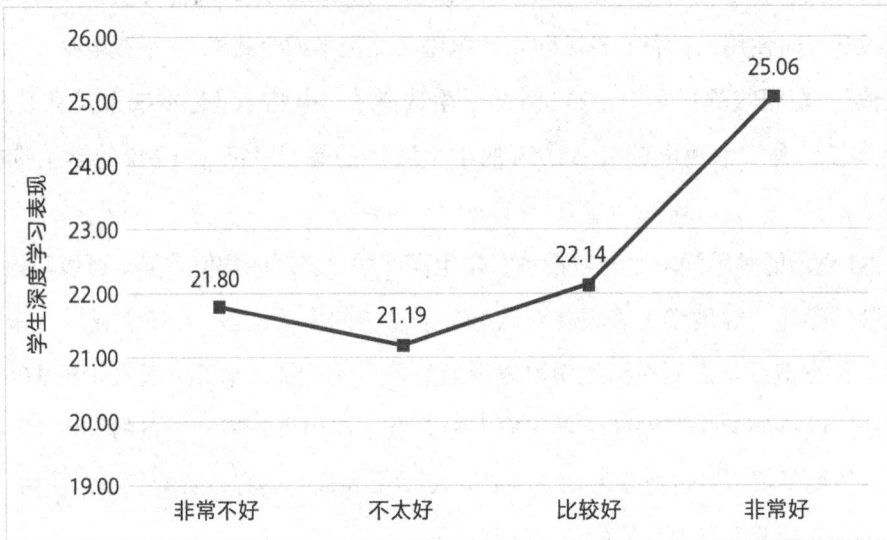

图 3-2　家庭网络速度与学生深度学习表现之间的关系

第四节　父母受教育程度与在线深度学习

图 3-3 显示的是父母受教育程度与学生深度学习表现之间的关系。从图中可以看出，父亲受教育程度越高，学生的深度学习表现越好，二者之间存在显著的正相关关系（皮尔逊相关系数 $r=0.124$，$P<0.001$）；母亲受教育程度越高，学生深度学习表现也越好，二者之间存在显著的正相关关系（皮尔逊相关系数 $r=0.138$，$P<0.001$）。

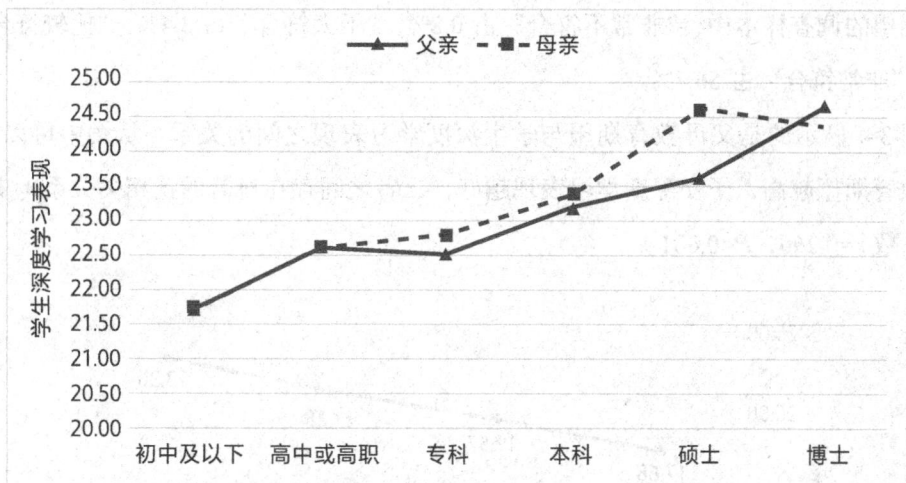

图 3-3　父母受教育程度与学生深度学习表现之间的关系

在人们的观念中，通常认为父母受教育程度越高，对子女的教育质量会越高，子女的受教育水平也越高。所谓"书香门第"营造的文化氛围能让子女耳濡目染，有助于子女的成长和学习。国内外大量的实证研究也支持了父母学历对子女教育的显著正向影响。巴纳赫（Ganzach Y，2000）研究发现青少年的认知能力与父母受教育程度存在紧密联系，两者的相关系数为 0.62。张奇林和李鹏（2017）利用中国教育追踪调查（CEPS）采集的七年级和九年级的学生样本进行分析，结果显示父母双方学历均显著影响子女的认知能力，父母双方学历与七年级和九年级学生的认知能力均呈现非常显著的"正—负—正"的 U 形关系，父亲的学历对七年级学生认知能力的影响更大，母亲的学历对九年级学生认知能力的影响更大。周世军等人（2018）基于中国综合社会调查（CGSS）数据的 9055 个样本进行分析发现，父母最高学历是研究生及以上的家庭，子女接受高等教育的比例是 80%，而父母最高学历是大学、高中、初中、小学的家庭，子女接受高等教育的比例分别是 61.2%、42.7%、27.1%、7.7%。这意味着子女受教育水平随父母学历水平的提高而明显提高。

第五节　父母教育期望与在线深度学习

本次调查中，通过题项"我父母非常希望我在学习上表现优异"来测量父母对学生学习的教育期望，选项包含"非常不符合、不太符合、比较符合、非常符合"。在对父母教育期望的调查样本中,"非常不符合"占 0.8%,"不太符合"占 3.4%,"比较符合"占 39%,"非常符合"占 56.7%。

图 3-4 显示的是父母教育期望与学生深度学习表现之间的关系。从图中可以看出,父母教育期望越高,子女深度学习表现越好,二者之间存在显著的正相关关系(皮尔逊相关系数 $r=0.266$,$P<0.001$)。

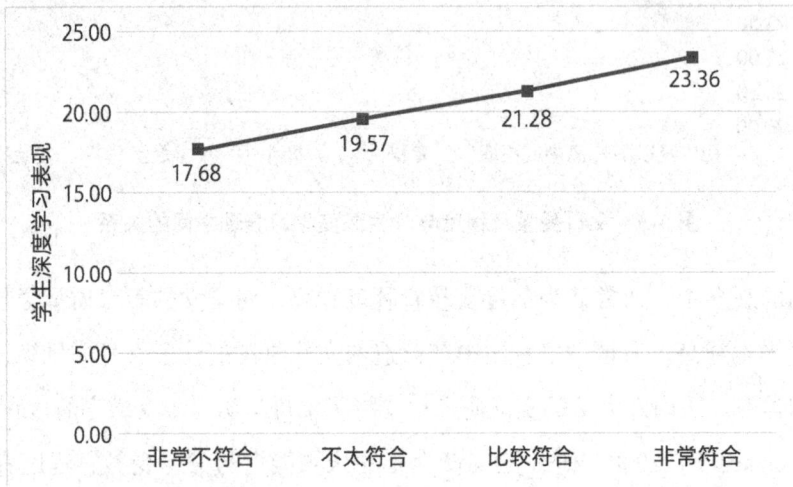

图 3-4 父母教育期望与学生深度学习表现之间的关系

张奇林和李鹏(2017)利用中国教育追踪调查(CEPS)采集的七年级和九年级的学生样本进行分析,结果显示七年级和九年级学生的父母教育期望对子女的认知能力具有显著的正向影响;对七年级学生来说,以大专学历以下为参照组,期望子女获得大专及以上学历的子女认知得分比参照组多 0.504 个标准差;对九年级学生来说,以大专学历以下为参照组,期望子女获得大专及以上学历的子女认知得分比参照组多 0.409 个标准差。

第六节 父母情感支持与在线深度学习

本次调查中,通过题项"我父母总是鼓励我要自信"来测量父母对学生学习的心理情感支持,选项包含"非常不符合、不太符合、比较符合、非常符合"。在对父母情感支持的调查样本中,"非常不符合"占 6.2%,"不太符合"占 15.5%,"比较符合"占

45.7%，"非常符合"占 32.7%。

图 3-5 显示的是父母情感支持与学生深度学习表现之间的关系。从图中可以看出，父母情感支持越高，子女深度学习表现越好，二者之间存在显著的正相关关系（皮尔逊相关系数 r=0.363，P<0.001）。

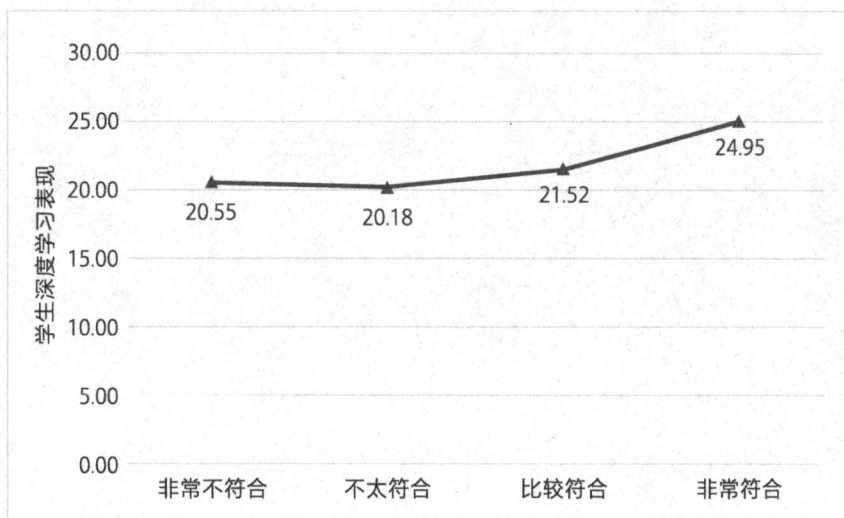

图 3-5　父母情感支持与学生深度学习表现之间的关系

第七节　本章小结

本章对家庭环境层面的"家庭所在地区、家庭学习设备、家庭网络速度、父母受教育程度、父母教育期望、父母情感支持"六个影响因素进行描述性分析、相关分析和方差分析，结果显示如下。

第一，"城市"的学生比"农村／乡镇"的学生在深度学习表现上有更高的得分。

第二，在学习中使用"平板电脑"的学生，相比使用"电脑""手机"或"其他设备"的学生，在深度学习上有相对更好的表现。

第三，家庭网络速度越好的学生，深度学习表现越好。

第四，父亲受教育程度越高，学生深度学习表现越好；母亲受教育程度越高，学生深度学习表现越好。

第五，父母对子女的教育期望越高，子女的深度学习表现越好。

第六，父母对子女的情感支持越多，子女的深度学习表现越好。

上述只是双变量分析的结果，当控制更多的变量后，要判断这六个因素与深度学习表现之间的上述关系是否依然成立，需要进行多元回归分析。本书的第七章将在控制所有其他相关因素后，进一步分析上述因素与学生深度学习表现之间的关系。

第四章

个人特征与在线深度学习

第一节　性别与在线深度学习

表 4-1 呈现的是不同性别的学生在深度学习方面的均值比较。从表 4-1 中可以看出，就整个调查样本来看，男生在深度学习上的表现显著优于女生。如果把样本按照不同学段分开进行比较，在小学阶段，女生的深度学习表现显著高于男生；而在初中阶段、高中阶段和大学阶段，男生的深度学习表现高于女生，且初中和大学阶段的这种性别差异具有统计上的显著性。

表 4-1　不同性别学生的在线深度学习均值比较

性别	全样本	小学	初中	高中	大学
男	22.49	22.92	22.42	21.21	21.76
女	22.26	23.38	21.73	20.79	21.13
F	6.28	11.43	16.90	3.47	6.17
P	0.012	0.001	0.0001	0.063	0.013

注：表中 F 为方差分析结果，P 为统计的显著性。

深度学习表现上的性别差异在不同学段和背景下存在不同的结论，与过去人们对学习成绩性别差异的研究结论类似。也就是说，男生和女生在学习成绩上并不存在泾渭分明的差别。近年来，人们反复提到中国学校的"阴盛阳衰"，学业表现上的性别差异似乎越来越明显。社会上甚至开始出现"男孩危机""拯救男生"的呼声。但在学习成绩的性别差异上，实证结论往往与人们的感觉不一致。例如，类淑河对小学生学习成绩性别差异的研究发现，男生和女生的数学平均成绩差异并不明显，但女生的语文平均成绩要显著高于男生。王进和陈晓思（2013）对广州市 7 所初中学校 3233 名初中生的调查显示，在标准化测试中，女生的数学成绩显著高于男生，但男生成绩落后于女生的现象多存在于教学质量相对较差的学校，而在教学质量相对较好的学校中则不存在或不明显存在。孙志军等人（2016）对某市 32 所普通高中 2008 届至 2010 届全体学生共 47878 个有效样本进行分析发现，理科男生的平均成绩低于女生，但成绩增值远高于女生；文科女生在平均成绩和成绩增值上均显著高于男生。随着分位点的提高，对高中理科成绩而言，男生在学业成绩绝对值和增值上实现了对女生的赶超，而男生的高中文科成绩却在各个分位点均落后于女生。

就大学生群体而言，刘路和郭冬生（2016）对湖北5所大学共955名大学本科生的深度学习调查发现，不同性别大学生在深度学习总分上不存在显著性差异，但女大学生在信息整合方面的水平显著高于男大学生，男大学生在理解性练习方面的水平显著高于女大学生。唐金娟（2011）调查大学生群体发现，男生在网络深度学习的信息素养、知识建构、知识再加工、沟通四个方面的表现均高于女生，在知识建构、知识再加工方面存在统计上的显著差异。可见"阴盛阳衰"一说至少在学业成绩上并没有得到充分的证据支持，学业表现上的性别差异也许被夸大、过度炒作了。

第二节　人格与在线深度学习

本次调查中，通过题项"日常学习或生活中，我喜欢独处""我很喜欢与别人交往聊天"分别测量了学生的内向型人格和外向型人格倾向，选项包含"非常不符合、不太符合、比较符合、非常符合"。

在"内向型人格"的有效调查样本中，"非常不符合"占9.4%，"不太符合"占30.9%，"比较符合"占39.9%，"非常符合"占19.7%；在"外向型人格"的有效调查样本中，"非常不符合"占4.5%，"不太符合"占25.9%，"比较符合"占47.1%，"非常符合"占22.5%。表4-2显示的是内向型人格和外向型人格不同程度分组的深度学习均值，以及两种人格类型与学生深度学习表现之间的相关性。学生的人格越偏内向，其深度学习表现越高，二者之间存在显著但比较微弱的正相关关系（皮尔逊相关系数 $r=0.052$，$P<0.001$）；学生的人格越偏外向，其深度学习表现越高，二者之间存在显著的正相关关系（皮尔逊相关系数 $r=0.287$，$P<0.001$）。

表 4-2　不同人格深度学习均值与学生深度学习表现

符合程度 \ 不同人格	内向型人格	外向型人格
非常不符合	23.80	21.33
不太符合	21.67	21.03
比较符合	21.92	21.92

符合程度　＼　不同人格	内向型人格	外向型人格
非常符合	23.70	25.08
与深度学习的相关性（皮尔逊相关系数）	0.052***	0.287***

注：表中数字为学生深度学习表现的均值，***<0.001。

第三节　学习动机与在线深度学习

本次调查中，通过题项"我希望自己将来有个美好前途（升学、工作等），因此我努力学习""我对未知事物及未知知识感兴趣，因此我努力学习"分别测量学生的外部学习动机和内部学习动机，选项包含"非常不符合、不太符合、比较符合、非常符合"。在外部学习动机的有效回收样本中，"非常不符合"占 1.1%，"不太符合"占 6.4%，"比较符合"占 46.7%，"非常符合"占 45.8%；在内部学习动机的有效回收样本中，"非常不符合"占 1.4%，"不太符合"占 14.2%，"比较符合"占 51.1%，"非常符合"占 33.3%。

图 4-1 显示的是外部学习动机、内部学习动机与学生深度学习表现之间的关系。从图中可以看出，外部学习动机越高，学生深度学习表现越好，二者之间存在显著的正相关关系（皮尔逊相关系数 $r=0.478$，$P<0.001$）；内部学习动机越高，学生深度学习表现越好，二者之间存在显著的正相关关系（皮尔逊相关系数 $r=0.591$，$P<0.001$）。

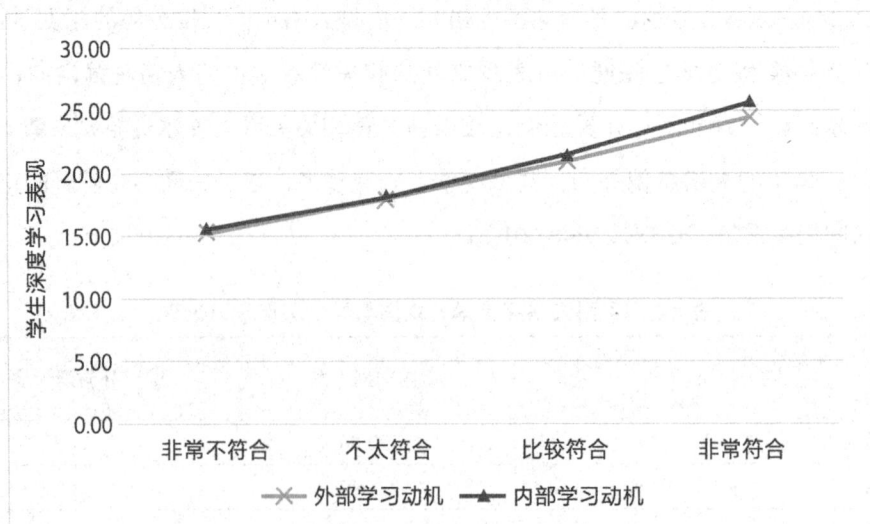

图 4-1　学习动机与学生深度学习表现之间的关系

美国心理学家德西和瑞安（Edward L. Deci & Richard M. Ryan）提出了自我决定理论（Self-Determination Theory），将人的行为分为自我决定行为和非自我决定行为，认为内驱力、情绪和内在需要是自我决定行为的动机来源。根据动机的自主性程度，人的动机从无动机、外部动机到内部动机，自主性程度不断在增强，并且这种变化是连续的。只有自主性程度较高的学习动机才能带来较高的学习效果。高洁（2016）运用自我决定动机量表对 485 名参与在线学习的大学生进行研究发现，外部动机对学生在线学习投入的影响取决于动机的自主性程度，只有自主性较高的外部学习动机才能与内部学习动机一样有效促进在线学习投入，自主性较低的外部学习动机对在线学习投入没有显著的正向影响，但也没有负面影响。相比内部学习动机，外部学习动机的自主性程度较低，主要源于学生对外在学习结果和学习目的的追求不够稳定，但外部学习动机也是激励学生学习的源泉。在一定条件下，外部学习动机还可能内化为稳定的内部学习动机。

第四节　归因与在线深度学习

本次调查中，通过题项"如果我的网络学习得了低分或没达到预期结果的原因"来测量学生对自身学习成败的归因，选项包含"学习能力不够强、运气差、不够努力、学习内容难度大"。在回收的有效调查样本中，选择"学习能力不够强"的占 35.4%，选择"运气差"的占 1.1%，选择"不够努力"的占 59.3%，选择"学习内容难度大"的占 4.2%。绝大多数被调查的学生将其学习上可能的失败归结为内部原因。

图 4-2 显示的是学习成败归因在学生深度学习表现上的差异，将学习成败归因为"不够努力""学习内容难度大"的学生在深度学习上表现得相对更好，而归因为"运气差""学习能力不够强"的学生在深度学习上表现得相对较差。对深度学习表现在这四种归因上的差异进行方差分析，结果显示 $F=8.26$（$P<0.001$），事后多重检验（LSD）显示"学习难度大"与其他三类归因之间的差异显著（$P<0.05$），"不够努力"与"学习能力不够强"之间的差异也显著（$P<0.001$），"学习能力不够强"与"运气差"之间的差异不显著。

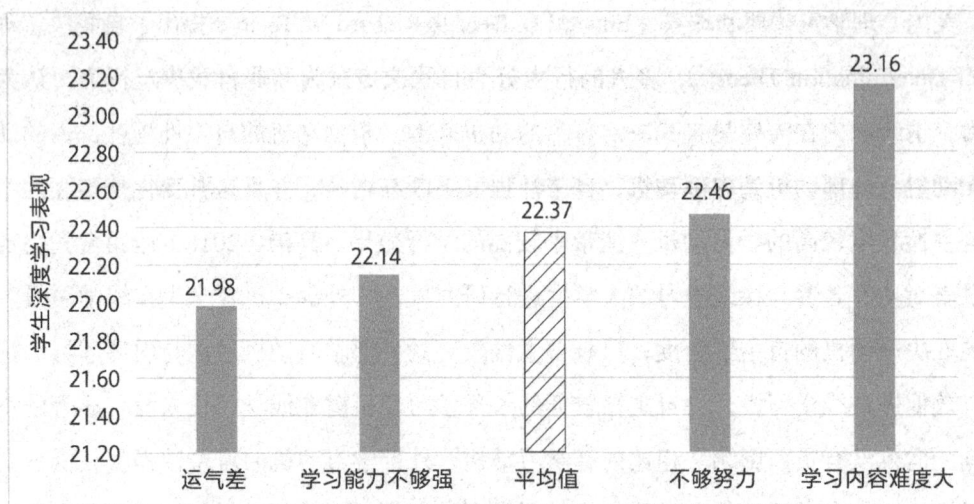

图 4-2　学习成败归因在学生深度学习表现上的差异

第五节　自我效能与在线深度学习

本次调查中，通过四个题项"我确信自己能很好地完成网络学习任务""我能处理网络学习过程中的大多数技术操作问题""我觉得自己能应对富有挑战性的学习任务""我相信我能通过网络学习取得很好的学习效果"分别测量了学生在学习中的学习效能、技术效能、任务效能、成绩效能，各个题目的选项均包含"非常不符合、不太符合、比较符合、非常符合"。

在调查"学习效能"的有效样本中，"非常不符合"占3.4%，"不太符合"占22.8%，"比较符合"占52.6%，"非常符合"占21.2%；在调查"技术效能"的有效样本中，"非常不符合"占4.3%，"不太符合"占22.4%，"比较符合"占48.2%，"非常符合"占25.2%；在调查"任务效能"的有效样本中，"非常不符合"占3%，"不太符合"占30.2%，"比较符合"占48.7%，"非常符合"占18.1%；在调查"成绩效能"的有效样本中，"非常不符合"占4.8%，"不太符合"占29.2%，"比较符合"占46.2%，"非常符合"占19.9%。

表4-3显示的是自我效能的四个子维度与学生深度学习表现之间的关系。从表中可以看出，学习效能越高，学生深度学习表现越好，二者之间的关系呈显著的高度正相关（皮尔逊系数$r=0.711$，$P<0.001$）；技术效能越高，学生深度学习表现越好，二者之间的关系呈显著的正相关（皮尔逊系数$r=0.4981$，$P<0.001$）；任务效能越高，学生深度学习

表现越好，二者之间的关系呈显著的高度正相关（皮尔逊系数 r=0.698，P<0.001）；成绩效能越高，学生深度学习表现越好，二者之间的关系呈显著的高度正相关（皮尔逊系数 r=0.693，P<0.001）。

表 4-3　自我效能与学生深度学习表现之间的关系

符合程度 ＼ 自我效能	学习效能	技术效能	任务效能	成绩效能
很不符合	14.32	18.13	15.06	15.93
不太符合	18.96	19.85	19.25	19.43
比较符合	22.24	22.07	22.68	22.60
非常符合	27.64	25.91	27.98	27.70
与深度学习的相关性（皮尔逊相关系数）	0.711***	0.498***	0.698***	0.693***

注：表中数字为学生深度学习表现的均值，***<0.001。

班杜拉在社会学习理论中提出了自我效能感的概念，社会学习理论以个人、行为、环境三者之间的交互作用来阐释人的行为，强调个人对学习和潜能开发的决定性作用。自我效能感是个体在执行某一行为之前对自己能够在多大程度上、什么水平上完成该行为的信念、判断和主体感受。自我效能感影响人的自我调节和学习成效。有研究表明，学习自我效能感能对学习行为和学习成绩产生重要影响，无论学习任务处于何种难度水平或对待被试的方式如何，自我效能感都是对学业成绩的预测指标。这一点得到很多实证研究的支持。张琪（2015）对大学生群体的一项研究发现，在网络学习中，学生的自我效能感与深度学习的相关系数为 r=0.653（P<0.001），二者存在显著的正相关关系。陆露梦等人（2018）对杭州市某三甲医院 476 名护士的调查中发现，护士在线学习自我效能感对网络深度学习有正向预测作用（调整后的 R^2=0.239，P<0.001），二者之间呈显著正相关。佐斌和谭亚莉（2002）对初中生的研究也显示自我效能感能解释初中生学业成绩的一部分变异，自我效能是预测学生学业成绩的优良指标。

第六节　学习主动性与在线深度学习

本次调查中，通过题项"遇到学习困难时，我通常主动向老师、同学、家长求助"来测量学生的学习主动性，选项包含"非常不符合、不太符合、比较符合、非常符合"。

在回收的有效样本中，选择"非常不符合"的占 4.7%，"不太符合"的占 22.8%，"比较符合"的占 49.5%，"非常符合"的占 23.1%。

图 4-3 显示的是学习主动性与学生深度学习表现之间的关系。学习主动性越强，学生深度学习表现越好，二者之间存在显著的高度正相关关系（皮尔逊相关系数 $r=0.619$，$P<0.001$）。

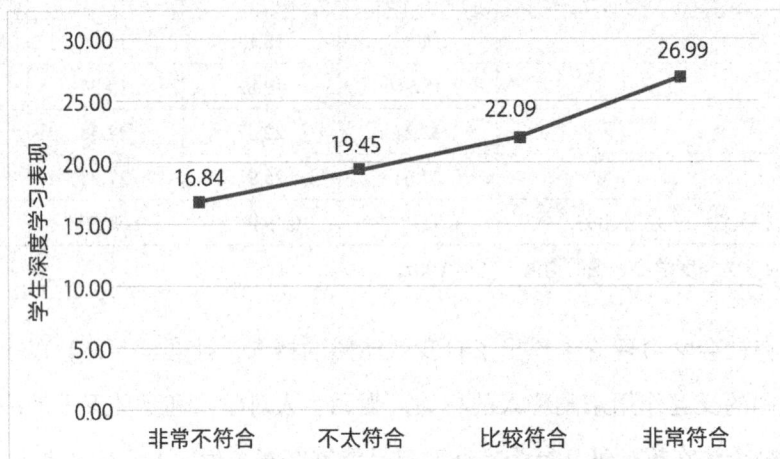

图 4-3　学习主动性与学生深度学习表现之间的关系

第七节　学习行为偏好与在线深度学习

本次调查中，通过题项"比较而言，你更偏好下面哪种方式进行学习"来询问学生在学习中的行为偏好，选项包括"观看、聆听、思考、动手操作或练习"。在回收的有效样本中，学习行为偏好"观看"的占 18.2%，偏好"聆听"的占 11.1%，偏好"思考"的占 16.7%，偏好"动作操作或练习"的占 54%。

表 4-4 呈现的是不同学习行为偏好的学生在深度学习表现上的差异。方差分析结果显示 $F=60.72$（$P<0.001$），说明不同学习行为偏好的学生在深度学习表现上存在显著差异。事后多重检验（LSD）显示，"观看"与"聆听"之间的深度学习表现没有统计上显著的差异，但"观看"与"思考"之间、"观看"与"动手操作或练习"之间，"聆听"与"思考"之间、"聆听"与"动手操作或练习"之间在深度学习表现上均存在统计上显著的差异（$P<0.001$），"思考"与"动手操作或练习"之间的深度学习表现也存在显著差

异（$P<0.05$）。换句话说，学习行为偏好"思考"或"动手操作或练习"的学生在深度学习表现上有显著的优势。

表 4-4　不同学习行为偏好的学生在深度学习表现上的差异

学习行为偏好	样本数	样本占比	学生深度学习表现的均值	标准差
观看	1823	18.2%	21.54	4.50
聆听	1108	11.1%	21.30	4.27
思考	1677	16.7%	23.03	4.43
动手操作或练习	5420	54%	22.67	4.58
方差分析			$F=60.72$，$P<0.001$	

第八节　自主学习能力与在线深度学习

本次调查中，通过题项"我的自主学习能力很强"来调查学生的自主学习能力，选项包括"很不符合、不太符合、比较符合、非常符合"。在回收的有效样本中，"很不符合"的占 4.5%，"不太符合"的占 35.6%，"比较符合"的占 45.9%，"非常符合"的占 14%。图 4-4 显示的是学生的自主学习能力与其深度学习表现之间的关系。从图中可以看出，自主学习能力越高，学生的深度学习表现越好，二者之间存在显著的高度正相关关系（皮尔逊相关系数 $r=0.701$，$P<0.001$）。

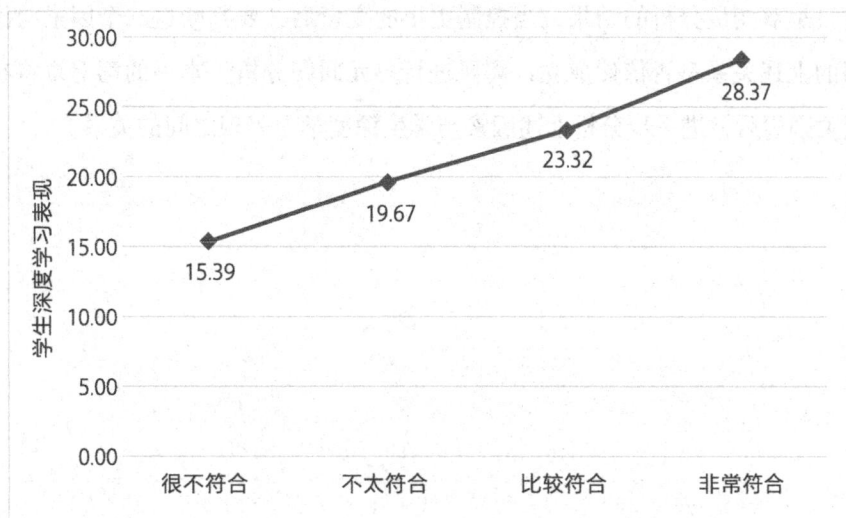

图 4-4　学生的自主学习能力与其深度学习表现之间的关系

第九节　本章小结

本章对个人特征层面的"性别、人格、学习动机、归因、自我效能、学习主动性、学习行为偏好、自主学习能力"八个影响因素进行描述性分析、相关分析和方差分析，结果如下。

第一，整体而言，男生的深度学习表现要高于女生。但从学段来看，不同性别学生的深度学习表现存在差异，初中和大学阶段男生的深度学习表现好于女生，小学阶段则是女生好于男生，高中阶段男女生的深度学习不存在明显差异。

第二，学生的人格越偏外向，深度学习表现越好。

第三，学生的外部动机越高，深度学习表现越好；学生的内部动机越高，深度学习表现也越好。

第四，将学习成败归因于"学习内容难度大"和"不够努力"的学生，在深度学习表现明显好于那些归因于"运气差"或"学习能力不够强"的学生。

第五，学生在学习、技术操作、完成学习任务、取得成绩方面的自我效能感越高，深度学习表现也越好。

第六，学生的学习主动性越高，深度学习表现越好。

第七，学习行为上偏好"思考"或"动手操作或练习"的学生在深度学习表现上有更为明显的优势。

第八，学生的自主学习能力越强，深度学习表现越好。

上述只是双变量分析的结果，当控制更多的变量后，要判断这八个因素与深度学习表现之间的上述关系是否依然成立，需要进行多元回归分析。本书的第七章将在控制所有其他相关因素后，进一步分析上述因素与学生深度学习表现之间的关系。

第五章

学习行为与在线深度学习

第一节　网络学习经历与在线深度学习

本次调查中，通过题项"你过去经常通过网络进行在线学习吗？"询问了学生过去进行在线学习的情况，选项包含"完全没有、非常少、比较少、比较多、非常多"。在接受调查的学生中，1961 人（占 19.6%）报告"完全没有"，2664 人（占 26.6%）报告"非常少"，2249 人（占 22.4%）报告"比较少"，1672 人（占 16.7%）报告"比较多"，1482人（占 14.8%）报告"非常多"。将在线学习经历作为连续变量跟学生深度学习表现进行相关分析，结果显示皮尔逊相关系数 r=0.264，P<0.001，二者存在显著的正相关关系。学生过去投入在线学习越多，其深度学习表现越好，如图 5-1 所示。

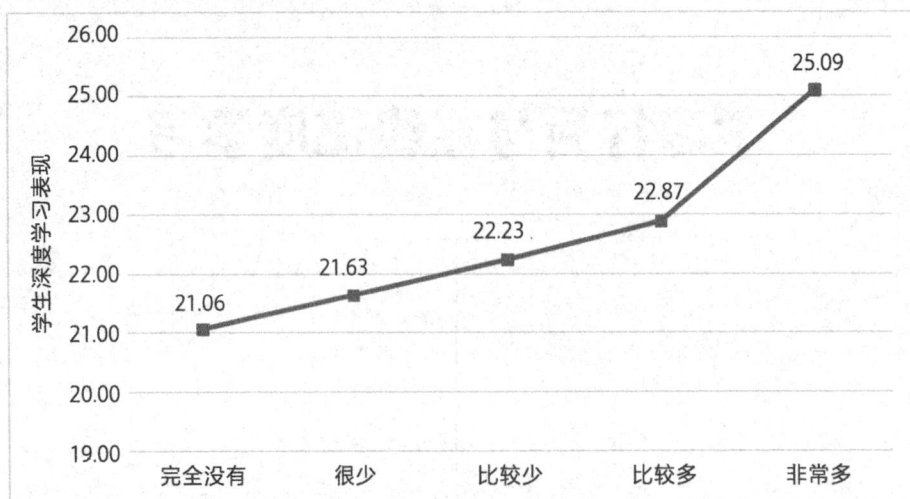

图 5-1　在线学习经历与学生深度学习表现之间的关系

第二节　自我调节与在线深度学习

本次调查中，通过题项"当学习状态不佳时，我会自我调整继续完成学习任务"衡量学生在学习中的自我调节能力，选项包含"非常不符合、不太符合、比较符合、非常符合"。在回收的有效样本中，"非常不符合"占 2.6%，"不太符合"占 17%，"比较符合"占 55%，"非常符合"占 25.4%。自我调节能力和学生深度学习之间存在显著的正相关关系，皮尔逊相关系数 r=0.627（$P<0.001$）。在学习中的自我调节能力越强，学生深度学习表现越好，如图 5-2 所示。

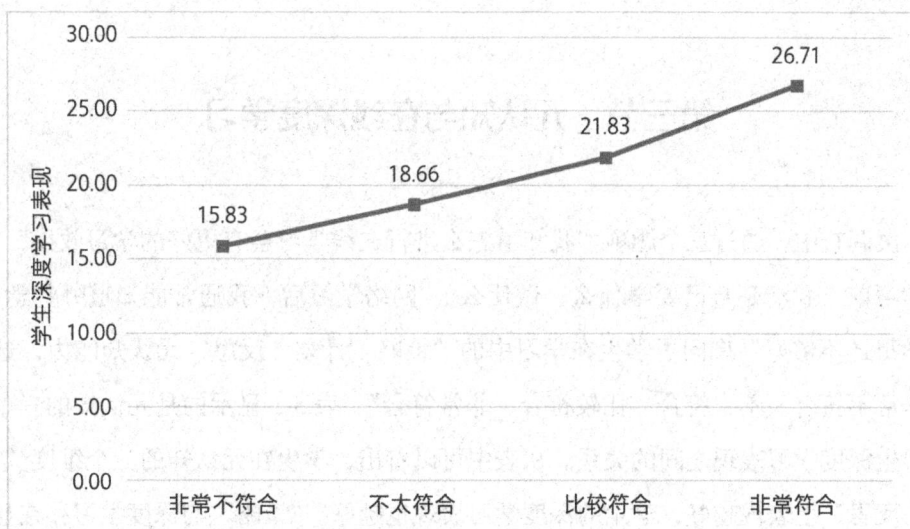

图 5-2 自我调节能力与学生深度学习表现之间的关系

自我调节是个体进行自我监控、自我判断和自我反应的行为，是个体、行为和环境三方面因素相互作用的结果，由一系列意志活动组成，是个体主动对自己的思维、情感和行为等进行调控，使得心理和行为趋向目标实现的过程。有研究者认为自我调节高阶思维的基本特性是影响深度学习效果的重要因素。

研究表明，高水平的自我调节与深层加工之间存在显著的正向联系，个体的自我调节水平能显著地正向预测深度学习效果。研究者们认为，促进深度学习的外部因素如目标设置、情境创设、反馈提示等都必须启动学习者的自我调节才能发挥作用，自我调节扮演着外部因素与深度学习效果之间的中介，是促进深度学习发生的有效途径。一些实证研究表明，专家和新手在自我调节的计划、监控和反省阶段都表现出了很大的差异。善于自我调节的学习者能有意识地进行目标定向、选择合适的认知策略、动态监控目标达成情况、习惯性地自我评估和反思归因等，因而能实现深度学习，取得更加优异的成绩。邓国民等人（2016）研究认为，基于全球开放教育资源（OERs）的自主学习环境概念框架有利于支持学习者的自主学习全过程，自我调节支架能有效激活学习者自主学习的动机、情绪、认知和社会性等因素，从而促进深度学习。郝晓鑫（2019）基于自我调节的计划、监控和评估三个阶段，构建了影响深度学习认知加工和学习体验的作用机制模型，以及支持自我调节的媒体交互设计模型，并进行试验。研究结果表明：基于媒体交互的计划调节、监控调节和评估调节能促进更多的眼动加工投入，提升深层学习动机和策略，最大限度地提高新知理解成绩、迁移应用成绩和创新应用成绩。

第三节　元认知与在线深度学习

本次调查中，通过三个题项"我知道怎么进行在线学习会有更好的学习效果""每次在线学习前，我清楚自己要学什么、做什么""网络学习后，我通常能知道哪些学得好，哪些学得还不够好"询问了学生在学习中的"策略、计划、反思"元认知能力，选项包含"非常不符合、不太符合、比较符合、非常符合"。表 5-1 显示的是元认知的三个子维度与学生深度学习表现之间的关系。从表中可以看出，学生在元认知的三个维度"策略、计划、反思"上表现越好，学生的深度学习表现也越好。"策略"与深度学习存在显著的高度正相关关系（皮尔逊相关系数 r=0.651，P<0.001），"计划"与深度学习存在显著的高度正相关关系（皮尔逊相关系数 r=0.721，P<0.001），"反思"与深度学习存在显著的高度正相关关系（皮尔逊相关系数 r=0.72，P<0.001）。

表 5-1　元认知与学生深度学习表现之间的关系

符合程度　＼　元认知能力	策略	计划	反思
非常不符合	16.67	13.86	13.37
不太符合	19.32	18.39	18.43
比较符合	22.45	22.00	21.87
非常符合	27.30	27.42	27.52
与深度学习的相关性（皮尔逊相关系数）	0.651***	0.721***	0.72***

注：表中数字为学生深度学习表现的均值，***<0.001。

元认知是指"关注并调控认知活动的知识和能力"，元认知能力对学生学习的成败具有重要影响。在深度学习过程中，学生主要运用元认知管理和调节认知过程，以适应知识内化、知识自我建构，实现对知识的深层理解。在元认知概念中，学习是辨识、融通和掌控学习资源的过程，这意味着学生能规划、监控、反思和评估自己的学习过程，有意识地进行干预、调整和完善认知过程。深度学习是一种主动学习，要求学生在理解的基础上进行学习，自主建构并在情境中解决问题。因此可以认为元认知是深度学习的核心要素之一，运用元认知知识和策略获取知识、开展学习，能实现和促进深度学习。程芬（2018）的研究印证了这一点，她基于大学生在线英语学习，探讨元认知与深度学习的关系，结果显示元认知知识有助于学习者明确学习目标、激活原有知识并选择恰当的学习策略；元认知策略有助于学生有效管理学习时间、调整学习方法和策略、学会自我评估；元认知体验能增强学生的学习信念，促进反思认知过程和修正认知目标。张宏如和沈烈敏（2005）对大学生群体的研究也表明，元认知对深度学习具有显著的正向影响。

第四节　学习活动与在线深度学习

学生在线学习的行为活动通常包括"观看在线课程、做笔记、在线提问、参与辅导答疑、在线发表观点、完成作业并上传、搜索和下载学习资料、浏览和阅读网页"。本调查用多选题的形式询问了学生在线学习时上述行为活动是否发生，要求学生选择最常进行的五项活动。表5-2呈现了被调查学生在线学习活动的分布比例。"观看在线课程、完成作业并上传、做笔记"是多数学生常进行的学习活动，分别有94.6%、91.8%、82.4%的学生报告说这些是他们经常进行的学习活动。其次是"搜索和下载学习资料、参与辅导答疑"，分别有39.4%、37.8%的学生经常进行。而"在线提问、在线发表观点、浏览和阅读网页"这些行为活动只有相对较少的学生经常参加，分别只有25.7%、19.7%、25.2%的学生。

表5-2　学生在线学习活动与学生深度学习表现的相关性

在线学习活动	百分比	与学生深度学习表现的相关性（皮尔逊相关系数）
在线发表观点	19.7%	0.123***
浏览和阅读网页	25.2%	−0.027**
在线提问	25.7%	0.161***
参与辅导答疑	37.8%	0.126***
搜索和下载学习资料	39.4%	0.044***
做笔记	82.4%	0.161***
完成作业并上传	91.8%	0.003
观看在线课程	94.6%	0.013

注：***<0.001，**<0.05

这些学习活动与学生深度学习表现是否存在显著关联？表 5-2 显示了在线学习行为与学生深度学习表现之间的相关分析结果。最常进行的两项学习活动"观看在线课程、完成作业并上传"与学生深度学习表现之间的相关性微弱且不具有统计显著性。"做笔记、参与辅导答疑、在线发表观点、在线提问"与学生深度学习表现之间存在显著的正向关系，但除了"做笔记"外，其他三项学习活动只有少数学生经常进行。换句话说，对深度学习最有影响的几种学习活动，学生普遍参与较少。

第五节　学习投入与在线深度学习

学习投入通常包括精力、专注、自制力、自觉性和毅力等非认知因素。在本调查中，通过题项"在线学习时，我总是精力充沛""在线学习时，我看一会儿就会走神""在线学习时，我总抵制不住网上无关内容的诱惑""在线学习时，我需要别人督促一下才能完成学习任务""当学习内容比较难时，坚持完成学习对我来说是件比较容易的事情"分别测量学生的精力、专注力、自制力、自觉性、毅力。

表 5-3 显示的是学习投入与学生深度学习表现之间的关系。从表 5-3 可以看出，学生在学习中精力投入得越多，学生深度学习表现越好，精力投入与学生深度学习表现存在显著的正相关关系，皮尔逊相关系数为 0.543（$P<0.001$）；学生在学习中的专注力越强，学生深度学习表现越好，专注力与学生深度学习表现存在显著的正相关关系，皮尔逊相关系数为 0.418（$P<0.001$）；学生在学习中的自制力越强，学生深度学习表现越好，自制力与学生深度学习表现存在显著的正相关关系，皮尔逊相关系数为 0.336（$P<0.001$）；学生在学习中的自觉性越强，学生深度学习表现越好，自觉性与学生深度学习表现存在显著的正相关关系，皮尔逊相关系数为 0.335（$P<0.001$）；学生在学习中的毅力越强，学生深度学习表现越好，毅力与学生深度学习表现存在显著的正相关关系，皮尔逊相关系数为 0.569（$P<0.001$）。

表 5-3　学习投入与学生深度学习表现之间的关系

投入程度 ＼ 学习投入	精力	专注力	自制力	自觉性	毅力
非常强	18.57	20.42	20.66	20.86	18.16
不太强	19.19	20.60	20.82	20.78	19.71

投入程度 ＼ 学习投入	精力	专注力	自制力	自觉性	毅力
比较强	22.02	22.08	21.53	21.70	22.46
非常强	26.48	26.06	24.7	24.83	27.20
与学生深度学习表现的相关性（皮尔逊相关系数）	0.543***	0.418***	0.336***	0.335***	0.569***

注：表中的数字为学生深度学习表现均值，***<0.001。

学习投入（Student Engagement）是指学生参与学习的行为以及伴随的积极或消极情绪和心理状态，以动机、精力和专注为主要特征，是学生对学习的一般情感及其学习活动参与程度，通常也被用作衡量学生学习过程中身心投入程度的具体指标。OECD在 PISA（Program for International Student Assessment）项目中不仅把学习投入作为教育质量的影响因素，还将其作为反映学生素养的关键指标，并以此衡量教育质量。张和平（2020）基于中国家长和学生调查数据分析发现，学习动机和学习专注度对学业表现存在显著的正向影响，而学习精力投入对学业表现的影响并不具有统计上的显著性。朱亮（2018）利用大学生学习投入调查问题（NSSE）对大学生进行调查发现，深度学习与学习效果之间相关性显著，尤其是对创新能力的影响效应最为明显。

第六节　学习互动与在线深度学习

本次调查中，通过题项"我经常跟老师在线交流互动（如答题、提问、讨论、分享等）""我经常与同学在线分享或讨论学习中的问题"分别来测量学生与教师之间的互动程度、学生与学生之间的互动程度，选项包含"非常不符合、不太符合、比较符合、非常符合"，分别用数值 1、2、3、4 表示程度差异。

表 5-4 显示的是师生互动、生生互动的样本分布百分比，以及二者与学生深度学习表现之间的关系。可以看出，师生互动越多，学生深度学习表现越好，二者存在显著的高度正相关关系（皮尔逊相关系数 $r=0.631$，$P<0.001$）；生生互动越多，学生深度学习表现越好，二者也存在显著的高度正相关关系（皮尔逊相关系数 $r=0.635$，$P<0.001$）。

表 5-4　学习互动与学生深度学习表现之间的关系

学习互动 程度	师生互动			生生互动		
	样本比例	均值	标准差	样本比例	均值	标准差
非常不符合	6.7%	17.62	4.89	6.8%	17.71	5.16
不太符合	36.9%	20.09	3.25	34.4%	19.96	3.25
比较符合	38.6%	22.94	3.24	41.4%	22.85	3.12
非常符合	17.8%	27.66	3.85	17.4%	27.82	3.79
与学生深度学习的相关性 （皮尔逊相关系数）	0.631***			0.635***		

注：表中的均值和标准差分别为不同分组学生深度学习表现的组内均值和组内标准差，***<0.001。

第七节　学习情绪与在线深度学习

本次调查中，通过题项"网络学习时，下面哪几个词最能代表你大多数时候的感受"来询问学生在线学习中的情绪感受，要求被调查者从"好奇、充满活力、愉悦、无聊、焦虑、厌倦、痛苦、愤怒"八个选项中最多选择三个最能代表其学习情绪的词汇。在回收的有效样本中，学生在线学习中感到"好奇"的占 62.5%，感到"充满活力"的占 43.7%，感到"愉悦"的占 43.5%，感到"无聊"的占 35.7%，感到"焦虑"的占 32.9%，感到"厌倦"的占 23.9%，感到"痛苦"的占 7%，感到"愤怒"的占 4.4%。

表 5-5 显示的是具有各种学习情绪的学生在深度学习表现上的均值，以及各种学习情绪与学生深度学习表现之间的关系。从表中可以看出，具有"好奇、充满活力、愉悦"这三种积极学习情绪的学生深度学习表现均值分别为 23.37、24.53、24.13，而且"好奇、充满活力、愉悦"这三种积极学习情绪与深度学习表现之间存在显著的正相关关系，"无聊、焦虑、厌倦、痛苦、愤怒"这五种消极情绪与深度学习表现之间存在显著的负相关关系。

表 5-5　学习情绪与学生深度学习表现之间的关系

学习情绪	样本数	样本百分比	学生深度学习 表现均值	与学生深度学习表现的相关性 （皮尔逊相关系数）
好奇	6268	62.5%	23.37 （4.3）	0.282***

学习情绪	样本数	样本百分比	学生深度学习表现均值	与学生深度学习表现的相关性（皮尔逊相关系数）
充满活力	4387	43.7%	24.53（4.21）	0.418***
愉悦	4359	43.5%	24.13（4.23）	0.339***
无聊	3577	35.7%	20.38（4.15）	−0.327***
焦虑	3299	32.9%	20.97（4.14）	−0.216***
厌倦	2401	23.9%	19.93（4.12）	−0.301***
痛苦	699	7%	19.89（4.87）	−0.149***
愤怒	443	4.4%	20.58（5.12）	−0.085***

注：表中括号内的数字为组内标准差；***<0.001。

第八节 学习氛围与在线深度学习

本次调查中，通过题项"我觉得班上同学学习都很努力"来测量学生班级同伴氛围，选项包含"非常不符合、不太符合、比较符合、非常符合"，分别用数值1、2、3、4表示程度差异。通过题项"班级同学参与网课答疑和讨论时很热烈"来测量学生在线讨论互动氛围，选项包含"非常不符合、不太符合、比较符合、非常符合"，分别用数值1、2、3、4表示程度差异。

表5-6显示的是同伴氛围、互动氛围的样本分布百分比，以及二者与学生深度学习表现之间的关系。可以看出，同伴氛围越好，学生深度学习表现越好，二者存在显著的正相关关系（皮尔逊相关系数 r=0.388，P<0.001）；互动氛围越好，学生深度学习表现越好，二者也存在显著的高度正相关关系（皮尔逊相关系数 r=0.503，P<0.001）。

表 5-6 学习氛围与学生深度学习表现之间的关系

学习氛围 程度	同伴氛围			互动氛围		
	样本百分比	均值	标准差	样本百分比	均值	标准差
非常不符合	1.4%	18.15	6.51	3.7%	18.57	5.79
不太符合	10.9%	19.81	3.89	22.5%	19.78	3.42
比较符合	55.3%	21.55	3.57	48.7%	21.93	3.49
非常符合	32.4%	24.82	5.02	25.1%	26.12	4.57
与深度学习的相关性（皮尔逊相关系数）	0.388***			0.503***		

注：表中的均值和标准差分别为不同分组学生深度学习表现的组内均值和组内标准差，***<0.001。

第九节 本章小结

本章对学习行为层面的"在线学习经历、自我调节、元认知、学习活动、学习投入、学习互动、学习情绪、学习氛围"八个影响因素进行描述性分析、相关分析和方差分析，结果如下。

第一，过去参与在线学习越多，学生的深度学习表现越好。

第二，学习中的自我调节能力越强，学生的深度学习表现越好。

第三，在元认知的三个维度"策略、计划、反思"上表现越好，学生的深度学习表现也越好。

第四，学生最常进行的两项在线学习活动是"观看在线课程、完成作业并上传"，二者与学生深度学习表现之间的相关性微弱且不具有统计显著性。"做笔记、参与辅导答疑、在线发表观点、在线提问"与学生深度学习表现之间存在显著的正相关关系。但除了"做笔记"外，其他三项活动只有少数学生经常进行。换句话说，对深度学习最有影响的几种学习活动，学生普遍参与较少。

第五，学生在学习中精力投入得越多，学生深度学习表现越好；学生在学习中的专注力越强，学生深度学习表现越好；学生在学习中的自制力越强，学生深度学习表现越好；学生在学习中的自觉性越强，学生深度学习表现越好；学生在学习中的毅力越强，学生深度学习表现越好。

第六，师生互动越多，学生深度学习表现越好；生生互动越多，学生深度学习表现越好。

第七，学习情绪中的"好奇、充满活力、愉悦"这三种积极情绪与深度学习表现之间存在显著的正相关关系，"无聊、焦虑、厌倦、痛苦、愤怒"这五种消极情绪与深度学习表现之间存在显著的负相关关系。

第八，同伴氛围越好，学生深度学习表现越好；互动氛围越好，学生深度学习表现越好。

上述只是双变量分析的结果，当控制更多的变量后，要判断这八个因素与深度学习表现之间的上述关系是否依然成立，需要进行多元回归分析。本书的第七章将在控制所有其他相关因素后，进一步分析上述因素与学生深度学习表现之间的关系。

第六章

教学行为与在线深度学习

第一节　年级、学段与在线深度学习

图 6-1 显示的是不同年级学生的深度学习表现水平。从图中可以看出，从小学三年级到小学六年级，学生在深度学习上的表现是不断上升的，在六年级达到顶点。进入初中一年级后，一直到高中二年级，学生深度学习表现呈现持续下降趋势，高三有所回升。大学四年，学生深度学习表现虽起伏不定，但整体表现远不如小学六年级阶段的表现。

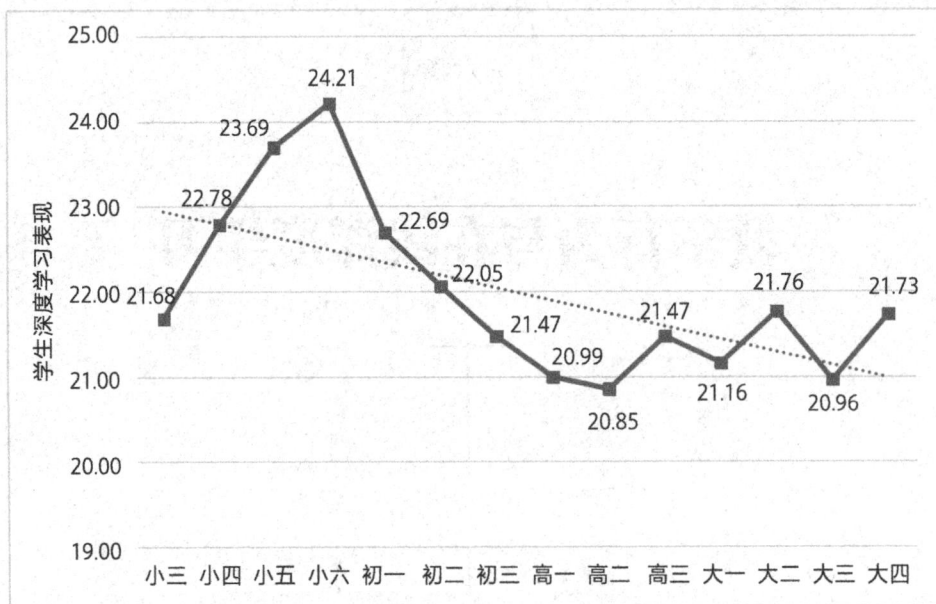

图 6-1　不同年级学生的深度学习表现水平

学生的深度学习表现很大程度上与学校及其教师的教学有很大关系。一般而言，不同学段的学生，身处的学校环境、教师的教学会不一样。比较不同学段学生深度学习表现差异，能间接分析这种影响的作用。表 6-1 呈现了小学、初中、高中、大学四个学段学生深度学习表现均值的比较。方差分析显示四个学段学生深度学习表现存在显著差异（F=114.16，P<0.001）。进一步做事后多重检验（LSD），结果显示：小学阶段学生深度学习表现（均值 23.15）显著高于初中、高中和大学三个阶段学生的表现，且这种差异均

具有统计上的显著性（P<0.001）；初中阶段学生深度学习表现（均值22.08）显著高于高中、大学两个学段学生的表现，且均具有统计上的显著性（P<0.001）；高中和大学两个学段学生深度学习表现上的差异不具有统计上的显著性。

表 6-1　不同学段学生在线深度学习表现均值的比较

学段	样本数	深度学习表现均值
小学	4854	23.15 （4.73）
初中	2826	22.08 （4.51）
高中	1294	20.99 （4.03）
大学	1054	21.29 （3.61）
总体	10028	22.37 （4.55）

注：括号内的数值为标准差。

　　本调查研究发现，小学阶段学生的深度学习表现呈上升趋势，六年级达到最高水平，之后的整个中学阶段（初中、高中）学生的深度学习表现整体呈下降趋势。尽管缺乏对不同年龄或年级学生深度学习的实证调查，但本研究的这个调查结果与先前的一些相关认知发展理论及其实证结果看起来并不一致。例如，何进军和刘华山（1996）对10 ~ 14岁学生群体的研究发现，认知策略在不同年级之间存在显著差异，尤其是小学六年级与初中一、二年级的学生在认知策略上差异显著；随着年龄增长，学生的认知策略在逐步发展。辛涛等人（1998）对初中和高中阶段不同年级学生的学业成绩和学习策略的研究发现，初中和高中阶段的学生表现出不同的学习策略水平，在初中阶段，成绩较差的学生的学习策略运用显著低于成绩较好的学生，但在高中阶段这种差异并不明显。王进和陈晓思（2013）对广州市7所初中学校3233名初中生的调查显示，在八年级学生的标准化测试中，其数学成绩明显低于七年级学生。

　　要解释本研究的上述分析结果，可能需要结合我国中小学教育的本土实情。尽管从认知规律来讲，中学生的认知水平和认知策略应用能力应该是随年龄或年级增长而不断提高的，但在"素质教育"浮于表面，"应试教育"根深蒂固的背景下，相对于小学生而言，中学生的中考、高考升学压力巨大，对知识的机械记忆和重复训练等是学生的主要学习任务，对知识的理解、批判性反思、联系和建构、应用相对就弱化了。换句话说，相对小学阶段，中学阶段学生的学习更多依赖浅层学习方式，深度学习少了许多。

第二节 班级成绩排名与在线深度学习

本次调查中，通过题项"在当前班级（或专业），你的学习成绩大概处于什么位置"来测量学生在班级里的成绩排名，选项包含"中下、中等、中上、前茅"，分别用数值1、2、3、4表示。在回收的有效样本中，学习成绩处于"中下"的占20.7%，处于"中等"的占40.9%，处于"中上"的占30.6%，处于"前茅"的占7.8%。

表6-2显示的是学生班级成绩排名与其深度学习表现的关系。学生在班级的成绩排名越高，其深度学习表现越好，二者存在显著的正相关关系（皮尔逊相关系数 $r=0.29$，$P<0.001$）。

表6-2 班级成绩排名与学生深度学习表现的关系

班级成绩	样本数	样本百分比	深度学习均值	标准差
中下	2077	20.7%	20.33	4.42
中等	4099	40.9%	22.16	4.27
中上	3069	30.6%	23.34	4.33
前茅	783	7.8%	25.14	4.72
与深度学习的相关性（皮尔逊相关系数）	$r=0.29$，$P<0.001$			

第三节 教师入镜与在线深度学习

本次调查中，通过题项"在你学习的网课视频中，教师入镜的多吗？"询问了学生进行在线学习时教师入镜的情况，选项包含四个："非常少、比较少、比较多、非常多"。在接受调查的学生中，2902人（占28.9%）反映"非常少"，2573人（占25.7%）反映

"比较少"，3042 人（占 30.3%）反映"比较多"，1511 人（占 15.1%）反映"非常多"。将教师入镜作为连续变量对学生深度学习表现进行相关分析，图 6-2 结果显示，皮尔逊相关系数 r=0.187，P<0.001，二者存在显著的正相关关系。网课视频中教师入镜越多，学生深度学习表现越好。

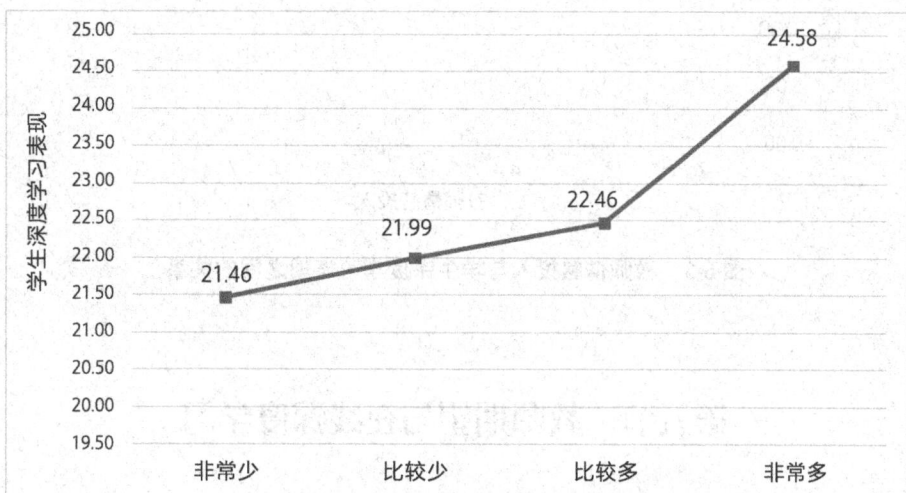

图 6-2　教师入镜与学生深度学习表现的关系

第四节　教师情感投入与在线深度学习

本次调查中，通过题项"我能感受到授课老师喜欢给我们上课""授课老师的热忱激励着我认真学习"来测量教师在教学中的情感投入，选项包含"非常不符合、不太符合、比较符合、非常符合"，分别用数值 1、2、3、4 表示。本研究在做数据分析时将这两个题项的样本数值进行加总，用总分表示教师情感投入。在回收的有效样本中，教师情感投入总分为"2、3、4、5、6、7、8"的样本占比分别为"1.3%、0.8%、7%、8.9%、42.2%、8.5%、31.3%"。可见，教师情感投入总体是偏高的。

图 6-3 显示的是教师情感投入与学生深度学习表现之间的关系。从图中可以看出，教师情感投入越高，学生深度学习表现越好，二者之间存在显著的正相关关系（皮尔逊相关系数 r=0.557，P<0.001）。

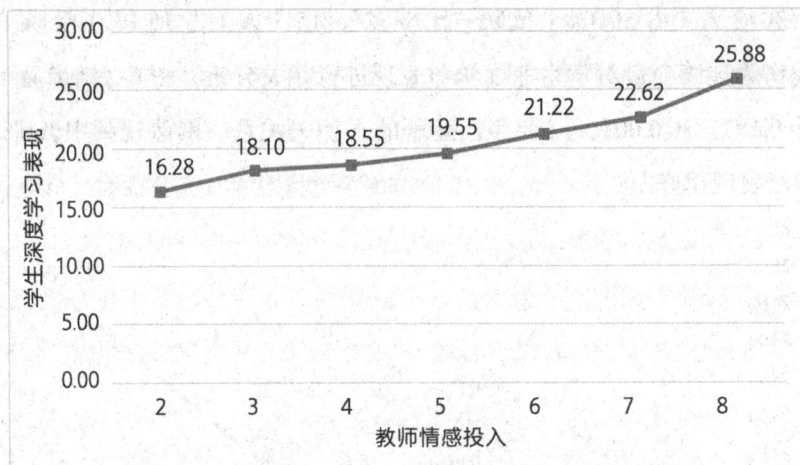

图 6-3　教师情感投入与学生深度学习表现之间的关系

第五节　教师期望与在线深度学习

本次调查中，通过题项"我学校的老师非常关注我的学习"来测量学生感受到的教师对自己的期望，选项包含"非常不符合、不太符合、比较符合、非常符合"。在回收的有效样本中，"非常不符合"占 2.2%，"不太符合"占 15.7%，"比较符合"占 49.2%，"非常符合"占 32.9%。

图 6-4 显示的是教师期望与学生深度学习表现之间的关系。从图中可以看出，教师期望越高，学生深度学习表现越好，二者之间存在显著的正相关关系（皮尔逊系数 $r=0.488$，$P<0.001$）。

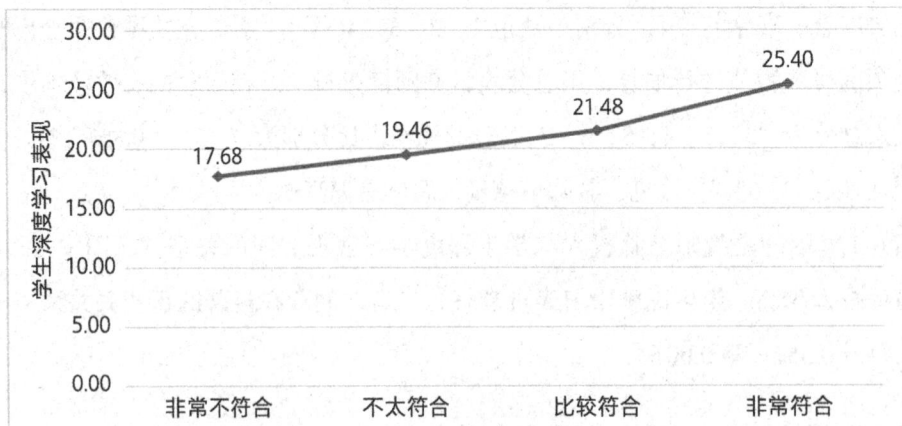

图 6-4　教师期望与学生深度学习表现之间的关系

第六节　教师教学策略与在线深度学习

本次调查中，通过题项"授课老师给我们设置了清晰的学习目标""授课老师经常提出问题激发学生学习和思考""授课老师会通过提问来检查我们是否理解了知识""授课老师经常帮助我们将课程内容与生活联系起来""总体来讲，网络学习中教师会进行很多辅导答疑或在线讨论""总体来讲，网络学习中教师会布置很多课程作业""总体来讲，网络学习中教师会布置很多小测验或考试"来分别测量"目标设置、启发诱导、口头测评、深度教学、辅导答疑、作业布置、测验考试"等教学策略运用情况，选项包含"非常不符合、不太符合、比较符合、非常符合"，分别用数值1、2、3、4表示。

表6-3显示的是教师教学策略与学生深度学习表现的关系。从表中可以看出，教师教学中运用"目标设置、启发诱导、口头测评、深度教学、辅导答疑、作业布置、测验考试"的程度均与学生深度学习表现存在显著的正相关关系，尤其是"目标设置、启发诱导、口头测评、深度教学、辅导答疑"教学策略跟深度学习表现具有较高的相关性，相对而言，"作业布置、测验考试"教学策略与深度学习的相关性较弱。

表 6-3　教师教学策略与学生深度学习表现的关系

教学策略 程度	目标设置	启发诱导	口头测评	深度教学	辅导答疑	作业布置	测验考试
非常不符合	16.45	17.00	16.88	17.14	18.62	21.33	21.42
不太符合	18.70	18.37	18.95	18.56	20.44	22.18	21.88
比较符合	21.05	20.92	20.93	21.18	21.98	22.04	22.45
非常符合	25.08	24.95	24.74	25.25	25.83	25.18	26.15
与深度学习的相关性（皮尔逊相关系数）	0.499*** 0.496*** 0.461*** 0.522***				0.437***	0.131***	0.208***

注：表中数字为学生深度学习表现的均值，***<0.001。

第七节　教师反馈与在线深度学习

本次调查中，通过题项"如果我有学习任务没完成，老师会及时提醒我""老师会告诉我哪些学得好、哪些还需要改进""老师会告诉我该如何改进我的学习"来测量教师在教学中给予学生的反馈情况，选项包含"非常不符合、不太符合、比较符合、非常符合"，分别用数值1、2、3、4表示。本研究在做数据分析时将这三个题项的样本数值进行加总，用总分表示教师反馈程度。

图6-5显示的是教师反馈与学生深度学习表现之间的关系。从图中可以看出，教师反馈越多，学生深度学习表现越好，教师反馈与学生深度学习表现之间存在显著的正相关关系（皮尔逊相关系数 $r=0.507$，$P<0.001$）。

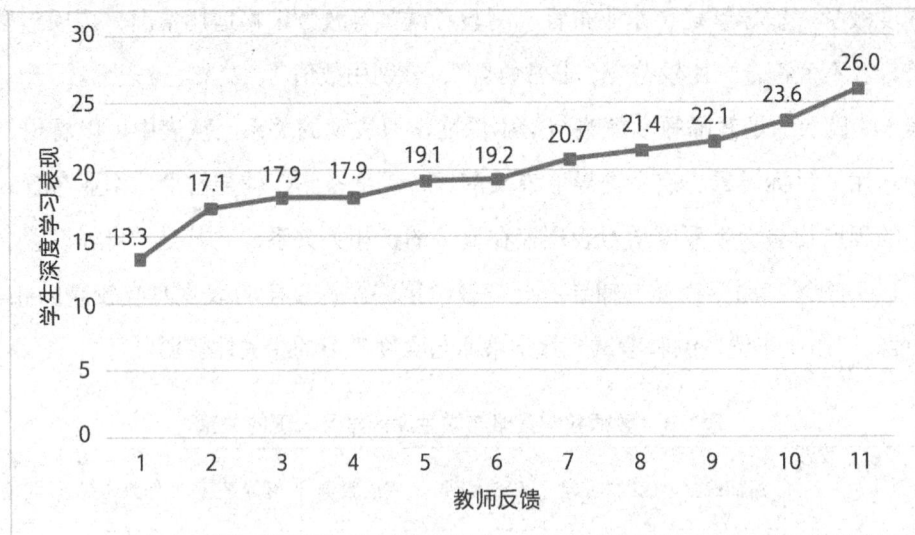

图6-5　教师反馈与学生深度学习表现之间的关系

第八节　学业负担与在线深度学习

本次调查中，通过题项"疫情防控期间，你平均每天上几节网课？"询问了学生每天参与网课学习的课时数，选项有九个，从"1节"至"8节以上"。通过题项"疫情防控期间，你每周上几天网课？"询问了学生每周参与网课学习的天数，选项有七个，从"1天"至"7天"。通过题项"网络学习期间，学校老师每天布置的所有家庭作业你大约需要多长时间做完？"询问了学生每天完成家庭作业的时长，选项有八个，从"1小时"至"8小时及以上"。

图 6-6 显示的是不同年级学生每天上课课时、每周上课天数、每天完成家庭作业的时长以及学生深度学习表现。从每天上课课时数来看，小学三年级到初三年级，学生每天在线学习时长不断上升，初三学生的在线学习时间最长，高中生每天学习时长略低于初中生，大学生每天学习时长明显低于中小学生。从每周上课天数来看，中小学阶段的学生每周上课天数没有明显不同，但大学生每周上课天数明显低于中学生和小学生。从每天完成家庭作业时长来看，初中生和高中生所花时间相对较长，平均接近 3 小时；但总体而言，无论是小学生、中学生还是大学生，每天完成家庭作业时间平均都在 2 ~ 3 小时。

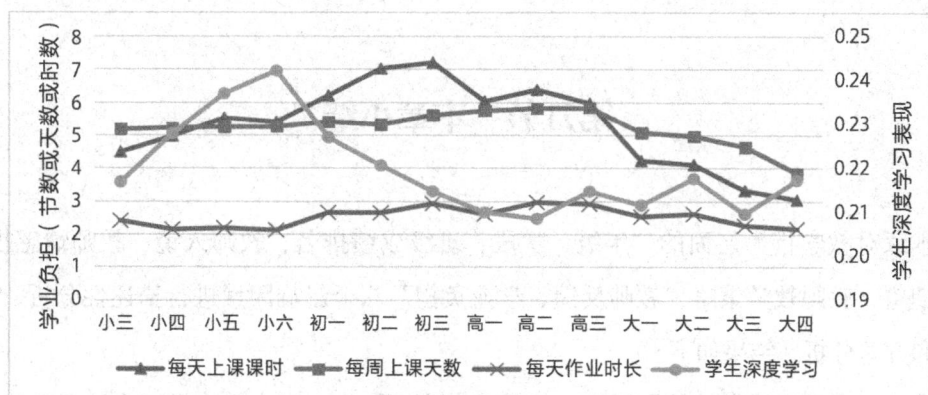

图 6-6　不同年级学生的学业负担与学生深度学习表现

从学生的深度学习表现来看，初中和高中阶段学生的在线课程学习时长相对较高，但学生的深度学习表现反而明显降低。初中和高中面对升学考试和应试压力，投入相当长的时间学习，但越是高年级的学生，其深度学习表现越差。是什么原因导致这种现象？我们需要进一步寻求实证和解释。进一步分析学业负担与学生深度学习表现的相关性，结果显示：每天上课课时与深度学习表现存在显著的正相关关系（皮尔逊相关系数 $r=0.098$，$P<0.001$），每周上课天数与深度学习表现存在显著的正相关关系（皮尔逊相关系数 $r=0.034$，$P<0.001$），每天作业时长与深度学习表现存在显著的负相关关系（皮尔逊相关系数 $r=-0.176$，$P<0.001$）。

杨亚威等人（2017）对广州市 58 所小学的六年级学生共 4830 个样本进行分析，发现学业负担的轻重对取得不同数学成绩的学生会产生不同程度的影响。相对于数学成绩良好的分组，通过学业负担的轻重可以正向预测数学成绩中等组和数学成绩较差组，通过学习时间的长短可以负向预测数学成绩中等组。孙美荣（2017）对某市八年级学生学业水平测试和问卷调查数据（有效样本量为 4210）进行分析发现，64.3% 的学生每天完成学校布置的作业需要的时间在 2 小时以内，27.6% 的学生每天完成学校布置的作业需要的时间在 2 小时以上。75.9% 的学生每天除了做学校布置的作业外还要做其他作业，如果算上其他课外补习作业，35.2% 的学生每天做家庭作业的时间在 2 小时以上。学生每天的作业时间与学业成绩并没有显著的相关关系，且每天做其他课外作业的时间与学业成绩存在显著的负相关关系。也就是说，并非学习时间越长，学业成绩越高。回归分析显示学生的学业负担越重，学业成绩越差，学业负担能有效预测学业成绩，可以解释学业成绩 39.4% 的变异。

第九节　本章小结

本章对教学行为层面的"年级、学段、班级成绩排名、教师入镜、教师情感投入、教师期望、教师教学策略、教师反馈、学业负担"八个影响因素进行描述性分析、相关分析和方差分析，结果如下。

第一，小学阶段学生的深度学习表现显著高于初中、高中和大学三个阶段学生的表现；初中阶段学生的深度学习表现显著高于高中、大学两个学段学生的表现。

第二，学生在班级的成绩排名越靠前，其深度学习表现越好。

第三，网课视频中教师入镜越多，学生深度学习表现越好。

第四，教师情感投入越多，学生深度学习表现越好。

第五，教师对学生期望越高，学生深度学习表现越好。

第六，教师教学中运用"目标设置、启发诱导、口头测评、深度教学、辅导答疑、作业布置、测验考试"的程度均与学生深度学习表现存在显著的正相关关系，尤其是"目标设置、启发诱导、口头测评、深度教学、辅导答疑"教学策略跟深度学习表现具有较高的相关性。相对而言，"作业布置、测验考试"策略与深度学习的相关性较弱。

第七，教师反馈越多，学生深度学习表现越好。

第八，每天上课课时与深度学习表现存在显著的正相关关系，每周上课天数与深度学习表现存在显著的正相关关系，每天作业时长与深度学习表现存在显著的负相关关系。

　　上述只是双变量分析的结果，当控制更多的变量后，要判断这八个因素与深度学习表现之间的上述关系是否依然成立，需要进行多元回归分析。本书的第七章将在控制所有其他相关因素后，进一步分析上述因素与学生深度学习表现之间的关系。

第七章

在线深度学习的决定性因素

第一节　在线深度学习影响因素的多元回归分析

第三章到第六章分别围绕家庭环境、个人特征、学习行为、教学行为四个方面的影响因素与学生在线深度学习表现之间的关系进行了描述性分析，得出了一些结论。但描述性分析的不足是，结论在没有控制其他因素的情况下往往容易产生偏差，甚至相互冲突。当把所有相关变量全部放入同一个多元线性回归方程时，我们就可以看到一个在多重因素相互制约的情况下产生的相对更加可靠的结果。

本研究采用的多元线性回归方程模型如下：

$$Y_i=\beta_0+\beta_1 X_{i1}+\beta_2 X_{i2}+\beta_3 X_{i3}+\cdots+\beta_k X_{ik}+\varepsilon_i \quad (i=1, \ldots, n)$$

其中，Y_i 为学生在线深度学习表现；β_0 为常数项；系数 β_1, β_2, $\cdots$, β_k 为各个自变量（影响因素）对在线深度学习的影响效应值；ε_i 为误差项；k 为本回归分析中纳入的自变量的个数；i 代表用于回归分析的调查样本个案。

表 7-1 呈现的是将家庭环境、个人特征、学习行为、教学行为四个方面的影响因素同时纳入同一个多元线性回归方程后的分析结果。通过回归分析，我们可以看到在控制了其他相关因素后各个因素对学生在线深度学习的净影响效应。

本研究回归模型的 F 值为 572.06（$P<0.001$），说明模型具有统计上的检验效力。R^2 为 0.81，调整后的 R^2 为 0.808，标准误为 1.99，说明该回归模型中这些自变量可以解释因变量（在线深度学习）80.8% 的变异，模型的解释力很强。为检验各个自变量之间可能出现的多重共线性，我们对回归方程进行共线性诊断，结果显示方差膨胀系数 VIF 的取值范围在 2 至 3 之间，远小于 10，因此该回归模型不存在多重共线性问题，对模型的系数估计稳定可靠。

从表 7-1 可以得出以下结论。第一，在家庭环境层面，家庭所在地区、父母教育期望均对学生在线深度学习表现有显著的负向影响，父母情感支持对学生在线深度学习表现有显著的正向影响。第二，在个人特征层面，性别、内向型人格、外向型人格、内部学习动机、自我效能、学习主动性、自主学习能力均对学生在线深度学习表现有显著的正向影响；相对于其他学习行为偏好，学习上偏好"思考"的学生，其在线深度学习表现相对更好。第三，在学习行为层面，网络学习经历、自我调节、元认知、师生互动、生生互动、学习中的互动氛围均对学生在线深度学习表现有显著的正向影响；学习投入中的"毅力"对学生在线深度学习表现有显著的正向影响；学习情绪中的"好奇"对学生在线深度学习表现有显著的正向影响，学习情绪中的"厌倦""焦虑""痛苦""愤怒"也对学生在线深度学习表现有显著的但较弱的正向影响。第四，教学行为层面，班级成绩排名、教师期望、教学策略中的口头测评、每天作业时长均对学生在线深度学习表现有负面影响；教师反馈、教学策略中的"深度教学""辅导答疑""作业布置""测验考试"均对学生在线深度学习表现有显著的正向影响。

表 7-1　在线深度学习影响因素的多元线性回归分析

	未标准化系数		标准化系数	t
	B	标准误	Beta	
（常量）	0.611	0.334		1.83
家庭环境层面的影响因素				
家庭所在地区	−0.106	0.045	−0.011**	−2.366
家庭学习设备				
电脑（作为参考）				
平板电脑（Pad）	0.117	0.066	0.009	1.773
手机	0.083	0.052	0.009	1.611
其他	0.122	0.166	0.003	0.735
家庭网络速度	−0.045	0.032	−0.007	−1.432
父亲受教育程度	−0.005	0.026	−0.001	−0.199
母亲受教育程度	0.045	0.027	0.011	1.637
父母教育期望	−0.081	0.038	−0.011**	−2.144
父母情感支持	0.096	0.027	0.018***	3.561
个体特征方面的影响因素				
性别	0.11	0.042	0.012**	2.623
内向人格	0.106	0.024	0.021***	4.387
外向人格	0.114	0.028	0.02***	4.116
外部学习动机	−0.073	0.042	−0.01	−1.714
内部学习动机	0.379	0.041	0.059***	9.267
学习成败归因				
运气差（作为参考）				
学习能力不够强	0.162	0.198	0.017	0.821

（续表）

	未标准化系数		标准化系数	t
不够努力	0.057	0.197	0.006	0.291
学习内容难度大	0.207	0.217	0.009	0.955
自我效能：学习效能	0.467	0.045	0.077***	10.477
自我效能：技术效能	0.233	0.031	0.041***	7.574
自我效能：任务效能	0.649	0.041	0.108***	15.757
自我效能：成绩效能	0.365	0.04	0.065***	9.206
学习主动性	0.269	0.036	0.047***	7.543
学习行为偏好				
观看（作为参考）				
聆听	0.121	0.077	0.008	1.582
思考	0.2	0.069	0.016**	2.909
动手操作或练习	0.082	0.055	0.009	1.491
自主学习能力	0.736	0.042	0.124***	17.643
学习行为方面的影响因素				
网络学习经历	0.045	0.016	0.013**	2.775
自我调节	0.276	0.041	0.044***	6.813
元认知：策略	0.44	0.037	0.077***	11.854
元认知：计划	0.668	0.045	0.107***	14.965
元认知：反思	1.028	0.043	0.161***	23.76
学习活动：观看在线课程	−0.079	0.09	−0.004	−0.877
学习活动：做笔记	0.158	0.057	0.013**	2.785
学习活动：浏览和阅读网页	0.175	0.05	0.017***	3.475
学习活动：搜索和下载学习资料	0.044	0.045	0.005	0.984
学习活动：完成作业并上传	−0.262	0.076	−0.016***	−3.433
学习活动：参与辅导答疑	−0.043	0.045	−0.005	−0.955
学习活动：在线提问	0.112	0.049	0.011**	2.262
学习活动：在线发表观点	0.144	0.054	0.013**	2.671
学习投入：精力	0.04	0.036	0.007	1.108
学习投入：专注	−0.007	0.035	−0.001	−0.187
学习投入：自制力	−0.082	0.031	−0.017**	−2.681
学习投入：自觉性	−0.082	0.029	−0.017**	−2.839
学习投入：毅力	0.223	0.034	0.038***	6.502
学习互动：师生互动	0.483	0.036	0.089***	13.238

（续表）

	未标准化系数		标准化系数	t
学习互动：生生互动	0.628	0.036	0.115***	17.671
学习情绪：好奇	0.127	0.05	0.014**	2.533
学习情绪：愉悦	0.058	0.052	0.006	1.099
学习情绪：充满活力	0.102	0.056	0.011	1.807
学习情绪：无聊	0.053	0.054	0.006	0.991
学习情绪：厌倦	0.122	0.058	0.011**	2.107
学习情绪：焦虑	0.169	0.051	0.017***	3.293
学习情绪：痛苦	0.281	0.084	0.016***	3.337
学习情绪：愤怒	0.228	0.102	0.01**	2.233
学习氛围：同伴氛围	0.052	0.036	0.008	1.428
学习氛围：互动氛围	0.071	0.035	0.012**	2.014
教学行为方面的影响因素				
小学（作为参考）				
初中	0.054	0.056	0.005	0.95
高中	0.042	0.074	0.003	0.562
大学	−0.124	0.084	−0.008	−1.478
班级成绩排名	−0.053	0.027	−0.01**	−1.971
教师入镜	−0.007	0.021	−0.002	−0.333
教师情感投入	0.028	0.027	0.008	1.023
教师期望	−0.156	0.042	−0.026***	−3.678
教师教学策略：目标设置	0.08	0.049	0.012	1.613
教师教学策略：启发诱导	−0.054	0.054	−0.008	−1.002
教师教学策略：口头测评	−0.184	0.05	−0.027***	−3.692
教师教学策略：深度教学	0.36	0.049	0.056***	7.386
教师教学策略：辅导答疑	0.064	0.032	0.011**	2.01
教师教学策略：作业布置	0.097	0.036	0.015**	2.73
教师教学策略：测验考试	0.073	0.033	0.012**	2.228
教师反馈	0.045	0.017	0.019**	2.598
学业负担：每天课时	0.004	0.011	0.002	0.346
学业负担：每周天数	−0.002	0.025	0	−0.073
学业负担：作业时长	−0.038	0.017	−0.011**	−2.313

注：回归模型的 F=572.06（P<0.001），R^2 为 0.81，调整后的 R^2 为 0.808，标准误为 1.99；**<0.05，***<0.001。

第二节　自我效能及学习投入对深度学习的影响

（一）研究缘起

近些年来，随着教育技术和计算机辅助学习的迅速发展，我们对在线学习活动的需求也在不断上升。但这同时也在知识和信息碎片化方面产生了负面影响，易导致在线学习变为"走过场"式的"浅层次学习"，要达成深层次学习较为困难。不同年龄段的学生居家上网课的学习效果如何我们不得而知，而在线学习中深层次学习的发生却是教师和学生共同期待、共同追求的目标。网络学习活动的归宿是实现深度有效学习。深度学习研究，特别是如何促进深度学习和培养深度学习能力是当前教育改革发展的重要课题之一。对网络资源教学有效性以及网络自主学习的研究表明，我国在线学习在支持学习者实现高阶学习目标方面差距较大，资源可用性与网络学习活动并未有实质的革新，诸多学习活动仅停留在浅层交流层面，学习活动的积极性、学习者信息判断与自制能力均处于较低水平，以至于网络学习空间一度被认为是"滋生浅层学习的温床"，在有效支持教与学、促进学生个性化发展方面尚有较大不足。

自1977年班杜拉提出"自我效能感"以来，很多研究者围绕这一概念进行了大量的探索。王陆、童金皓、尹睿等国内学者研究认为，自我效能感对推动网络学习者的学习有效性有促进作用，是影响学习动机、预测网络学习效果的重要因素。通过文献分析可知，在线深度学习的相关研究还较为少见，多数只是对单一变量进行研究，并且研究层次停留在表层上，对深度学习的影响因素及内部影响机制的作用的研究鲜见，而这些因素对在线深度学习的发生有关键性作用。因此，本研究探讨自我效能感、学习投入与在线深度学习之间的关系及内部作用机制。

（二）研究假设

1. 自我效能感和深度学习的关系

有研究发现，自我效能感对在线学习效果具有显著影响，是预测在线学习效果的重要因素。随着在线学习的不断发展，有研究者开始从深度学习的视角理解学习效果：吴亚婕认为，自我效能感是影响学习者深层次学习的个体因素之一，但并未进行实证性的验证；李文波等人在一项关于在线学习影响因素的研究中也有类似发现，他们认为自我效能感较强的学生会更倾向于使用深层次的学习方法。总体来说，关于自我效能感与深度学习二者之间关系的探讨，目前学术界一般将自我效能感作为自变量，将深度学习作为因变量，认为自我效能感能够对深度学习产生影响。探明在线教学这一特定背景下不同年龄段的学生在线学习自我效能感与其深度学习之间的关系十分有必要。因此，本研究提出以下假设。

H1：用不同学段学生的自我效能感能预测其深度学习表现。

2. 自我效能感与学习投入的关系

很多学者对学习投入与自我效能感的关系进行了研究：贝斯（Bass）等人的研究表明，自我效能感高的学生对学业成就的重视程度及对受教育的渴望程度均显著高于自我效能感低的学生，自我效能感高的学生会在学习上投入更多时间与精力；卢忠耀、陈建文在其研究中指出，自我效能感与积极的学习行为高度相关，积极的学习行为是学习投入的正向行为表现；袁梦认为，自我效能感高的学生会更相信自己的能力并坚持完成学习任务，因此在学习上充分投入。已有研究证明，自我效能感与学习投入具有显著的相关性。布赖恩（Brian，2007）发现，学习投入是自我效能感与学习成绩的中介变量，且三者呈现显著的正相关关系。这表明，学习投入与自我效能感之间有密切的关联。因此，本研究提出以下假设。

H2：用不同学段学生的自我效能感能预测其学习投入。

3. 学习投入和深度学习的关系

深度学习这一概念是由美国哥德堡学者弗伦斯·马顿和罗杰·萨尔乔首次提出的，他们认为深层次学习是与浅层次学习对应的一种学习方式，主要指学生能够联系新旧知识，真正地理解并能运用所学内容来解决问题。而在线深度学习是其衍生的相关概念。对于在线深度学习，学者罗刚认为网络情境下的深度学习是指学习者个体对其学习过程、相关的学习工具和学习方法进行整合后再创新；学者弗雷德里克斯（Fredricks）认为学习投入包括认知、情感和行为投入三个方面，把这三个方面作为着力点，能促进学生进行在线深度学习；研究者 Chen P. S. D 通过对比线下和线上两种学习环境的差异，发现学生在线学习的投入水平较高，学生也会使用更加深层次的学习方法，如高阶思维、反思性学习和综合性学习。与前述学者的观点一致，本研究把在线学习投入作为影响深度学习的重要因素之一。因此，本研究将学习投入作为中介变量，探究学习投入在自我效能感与深度学习之间的中介作用。故本研究提出以下假设。

H3：学习投入在自我效能感与深度学习的关系中起中介作用。

综上研究假设，构建的理论研究框架如图 7-1 所示。

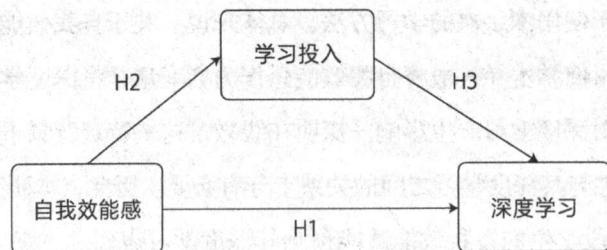

图 7-1　假设理论模型

（三）测量工具

本研究采用内部一致性信度和分半信度检验指标作为不同学段学生自我效能感、学习投入与深度学习量表信度分析的指标。信度检验结果见表 7-2。

表 7-2　自我效能感、学习投入与深度学习量表的信度检验

维度	克朗巴哈系数（Cronbach's α）	分半信度
总分	0.921	0.939
自我效能感	0.817	0.831
学习投入	0.797	0.808
深度学习	0.876	0.889

对全体样本进行总量表及其各维度项目的内部一致性信度和奇偶分半信度的计算。通过上表可得，该量表的内部一致性信度达到 0.921，分半信度达到 0.939，其余各维度的上述信度也均达到 0.8 以上，说明本量表具有良好的信度。

（四）研究对象

本研究选取湖北省参加在线学习的小学生（三年级至六年级）、初中生（初一至初三）、高中生（高一至高三）和大学生（大一至大四）为研究对象，采用随机抽样的方法，通过线上发放问卷的形式进行调查。本次问卷一共回收了 10090 份，按照问卷的回收与整理的方法对问卷进行分析，删除不符合统计学规律的问卷，最终得到有效问卷 10028 份，问卷有效率为 99.39%。在调查对象中，男生有 4801 名，女生有 5227 名；小学生有 4854 人，初中生有 2826 人，高中生有 1294 人，大学生有 1058 人，样本分布均匀，具有较好的代表性。

（五）数据处理

问卷回收后，我们先对所有问卷进行了编号，然后剔除了无效问卷。那些超过 10% 的题项没有作答，或者明显乱答（如有规律作答）的问卷，被判为无效问卷。之后，使用 Excel 2019 和 SPSS 23.0 软件对调查结果进行分析及检验，方法包括描述性统计、相关分析、独立样本 t 检验、方差分析以及多元回归分析等。

（六）研究结果

1. 不同学段学生的自我效能感、学习投入与深度学习的基本情况

本研究对湖北省不同学段学生的自我效能感、学习投入与深度学习进行了描述统计。由表 7-3 可知，在根据不同维度设计的问题情境中，不同学段的学生大多数选择的情况介于"不太符合"和"比较符合"之间。其中，在深度学习这一维度上，得分最高的是"反思"，得分最低的是"评价"。可见，学生们善于在网络学习后思考自己学习过程中的不足之处，再制订计划改正不足，以更好地完成下一阶段的学习任务。在自我效能感这一维度上，得分最高的是"技术效能"，得分最低的是"成绩效能"，由此可以猜测，随着网络技术的普及以及经济的发展，越来越多的学生熟练地掌握了网络操作技术，而网络是一把双刃剑，也会带来一定的负面影响，学生对自己通过网络学习是否取得良好学习效果这一结果有待商榷。在学习投入这一维度上，得分最高的是"精力"，得分最低的是"专注"，网络学习这一新颖的上课方式在一定程度上带动学生的好奇心，抓住学生的眼球，但由于网络世界的多元化，加之缺少同伴的陪同和教师的监督，学生的专注力较线下有所下降，因此，深度学习的层次较线下也有所降低。

表 7-3　不同学段学生的自我效能感、学习投入、深度学习的基本情况

维度	题目	M	SD
深度学习	反思：网络学习后，我经常会思考自己学习过程中的不足之处	2.92	0.74
	评价：网络学习后，我经常会思考所学知识到底有什么用处	2.89	0.77
	评价：我经常主动在答疑讨论中发表自己的个人见解	2.57	0.84
	联系：我习惯把正在学的知识跟已学会的知识联系起来	2.90	0.73
	反思：我常常怀疑自己过去对某些问题的已有看法	2.62	0.78
	应用：我常常将网课中学到的知识用于解决其他问题或生活中的实际问题	2.85	0.76
	分析：我经常通过记录要点或画关系图的方式来帮助理解所学的知识	2.85	0.78
	创造：我常常有运用所学的网课知识进行创作	2.76	0.81

（续表）

维度	题目	*M*	*SD*
自我效能感	学习效能：我确信自己能很好地完成网络学习任务	2.92	0.75
	技术效能：我能处理网络学习过程中的大多数技术操作问题	2.94	0.80
	任务效能：我觉得自己能应对富有挑战性的学习任务	2.82	0.76
	成绩效能：我相信我能通过网络学习取得很好学习效果	2.81	0.80
学习投入	精力：网络学习时，我总是精力充沛	2.96	0.75
	专注：网络学习时，我看一会儿就会走神	2.77	0.86
	自制力：网络学习时，我总抵制不住网上无关内容的诱惑	2.94	0.95
	自觉性：网络学习时，我需要别人督促一下才能完成学习任务	2.88	0.95
	毅力：当学习内容比较难时，坚持完成学习对我来说是件比较容易的事情	2.82	0.78

注：*M* 为平均值，*SD* 为标准差，下文同。

2. 不同学段学生的自我效能感、学习投入与深度学习的相关分析

本研究对在线学习环境中自我效能感、学习投入与深度学习这三个维度与各维度总分进行相关分析，使用皮尔逊相关系数来表明分析结果，具体见表7-4。自我效能感、学习投入与深度学习之间都存在中等程度的正相关关系，相关系数介于 0.65 ~ 0.78，显著性水平均介于 0.001 ~ 0.01，说明不同学段学生的自我效能感、学习投入与深度学习之间存在较密切的关系。

表 7-4　不同学段学生自我效能感、学习投入与深度学习的相关矩阵

	M	*SD*	1	2	3	4
1. 深度学习	22.37	4.55	1			
2. 自我效能	5.73	1.41	0.775**	1		
3. 学习投入	5.78	1.30	0.651**	0.666**	1	
4. 总分	33.88	6.67	0.973**	0.870**	0.780**	1

注：$*P<0.05$，$**P<0.01$，$***P<0.001$，下文同。

3. 不同学段学生的自我效能感、学习投入与深度学习的性别比较

我们以性别为自变量，在线学习环境中的自我效能感、深度学习与学习投入这三个维度的题项总得分与各维度得分作为因变量，进行独立样本 *t* 检验。表 7-5 显示，自我效能感、学习投入、深度学习与三个维度题项总得分之间存在显著性差异，均表现为男生显著高于女生，这说明在在线学习环境中，男生的自我效能感比女生更强，学习投入的程度比女生更高，深度学习的效果比女生更佳。

表 7-5 不同性别学生的三个维度差异的 t 检验（$M \pm SD$）

	性别		t
	男（N=4801）	女（N=5227）	
深度学习	22.49 ± 4.73	22.26 ± 4.38	-2.498*
自我效能感	5.77 ± 1.44	5.69 ± 1.38	-3.040**
学习投入	5.82 ± 1.33	5.75 ± 1.28	-2.688**
总分	34.08 ± 6.90	33.70 ± 6.45	-2.869**

4. 不同学段学生的自我效能感、学习投入与深度学习的年级比较

我们采用单因素 ANOVA 方差分析，对不同学段学生的自我效能感、学习投入与深度学习进行比较（见表 7-6）。结果表明，在自我效能感、学习投入与深度学习这三个维度上都存在显著的年级差异（F =126.341，P <0.001；F=197.512，P<0.001；F =258.417，P<0.001）。其中，小学生在自我效能感、学习投入与深度学习这三个维度上的效果最佳，初中生较佳，大学生次之，高中生较为不理想，但高中生的学习投入程度比大学生更高。本人猜测，此三个维度的学习效果与各个学段的学习压力与学习任务轻重有关，高中生面临升学的压力，学习任务也较重，故网络环境的深度学习效果较为不理想。

表 7-6 不同学段学生的三个维度的方差分析（$M \pm SD$）

	学段				F
	小学生（N=4854）	初中生（N=2826）	高中生（N=1294）	大学生（N=1054）	
深度学习	23.15 ± 4.73	22.08 ± 4.51	20.99 ± 4.03	21.29 ± 3.61	126.341***
自我效能感	6.05 ± 1.40	5.54 ± 1.40	5.17 ± 1.34	5.44 ± 1.19	197.512***
学习投入	6.09 ± 1.32	5.68 ± 1.25	5.30 ± 1.18	5.21 ± 1.10	258.417***
总分	35.29 ± 6.85	33.30 ± 6.56	31.46 ± 5.97	31.94 ± 5.23	190.477***

5. 学习投入在自我效能感和深度学习之间的中介效应检验

本研究以自我效能感为自变量，深度学习为因变量，学习投入为中介变量，先使用一元线性回归，以自我效能感为自变量，深度学习为因变量进行回归分析。接着使用分层回归，第一层自变量为自我效能感，因变量为深度学习；第二层自变量为学习投入，因变量为深度学习，进行分层回归分析，结果见表 7-7。自我效能感（β=0.666，t =89.424，P<0.001）对学习投入具有显著的正向预测作用，它对学习投入的解释率为44%，因此假设 H1 得到验证。自我效能感（β=0.775，t =122.861，P<0.001）与学习投入（β=0.651，t =85.902，P<0.001）对深度学习具有显著的正向预测作用，因此假设 H2、

H3 得到验证。中介效应模型见图 7-2。

表 7-7 自我效能感、学习投入与深度学习之间的回归分析

结果变量	预测变量	整体拟合指数		回归系数显著性	
		R^2	F 值	β	t 值
学习投入	自我效能感	0.444	7996.686	0.666	89.424***
深度学习	自我效能感	0.601	15094.755	0.775	122.861***
	学习投入	0.424	7379.167	0.651	85.902***

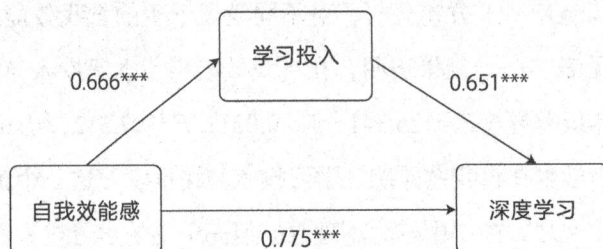

图 7-2 中介效应的路径图

（六）研究讨论

不同学段学生在在线学习环境中的自我效能感、学习投入和深度学习虽均处于中等稍偏上水平，但仍有待进一步提高。

第一，不同学段学生在在线学习环境中的自我效能感仍有待于进一步提高，尤其是学习意志与成绩自我效能感。本研究发现，在线学习自我效能感的总均值略高于理论上的中性值（M=5.73>3），处于中等偏上水平，但是明显低于 Jessica Li 等对在线学习者常模的研究。与网络自主学习不同，在线教学在中小学与高校均仍处于初步发展阶段。在线学习环境下，虽然学生已经具备一定的在线学习自我效能感，但是仍然有待提升。从在线学习自我效能感的具体维度来看，学习技术自我效能感得分最高，说明在信息化时代，随着经济与科技的发展，不同学段学生对于掌握学习技术比较有信心。学习成绩自我效能感得分最低，这与以往针对网络自主学习环境的研究结果一致，说明无论是自主在线学习还是有组织的在线教学，学生都缺乏足够的耐心和自主控制能力。有研究者认为其主要原因是，网络具有虚拟性、隐匿性和开放性的特点，这会在一定程度上诱惑那些自控力薄弱的学生，分散他们在线学习时的注意力。

第二，在线学习环境下学生的学习投入程度有待于进一步提升，尤其是学生的专注能力。学习投入的具体维度中，学习精力得分最高，学习专注力得分最低，这说明网络学习这一新颖的上课方式虽能带动学生的好奇心，但由于网络世界的多元化，加之缺少同伴的陪同和教师的监督，学生的专注力较之线下有所下降。相比传统课堂授课，在线学习虽有更多的自主权，但弊端是难以营造良好的学习氛围。因此，必须建立明确的准则：学习时，必须坐在书桌前，手机放到自己无法触及的地方，还可以让家长帮忙监督，营造良好的学习环境。其次，在线学习需要有时间界限，一旦时间过长，就会导致学生精力分散，这种状态下很难保障学习效果，收效也会很微小。但也需要注意，一方面，休息时间不应过长，否则一方面使学生难以迅速恢复到学习状态，学习效果会打折扣；另一方面，休息时间过长会延误正常的教学进度，容易导致章节知识点的断裂。提升自我的学习专注力不是一蹴而就的事情，不能立竿见影，短时间内难以形成固定的良好态势，唯有持之以恒，效果才能显现。与此同时，对于在线教学，我认为还需要改变刻板的认知经验：虽然说课堂教学仍然是学习的基本途径，但是信息化时代已经到来，因此要消除消极抵触心理，让学生正视信息技术的发展与革新给学习带来的变化，学会趋利避害，充分挖掘和利用其优点，提高学习效率。

第三，在线学习环境下学生的深度学习水平有待于进一步提升，尤其是评价性学习能力。深度学习的具体维度中，反思性学习得分最高，说明不同学段学生通过在线教学能够自觉反思自身在学习过程中出现的问题，联系新旧知识与自身学习状况对某一问题与自身学习效果进行全面分析。由此可以初步推测自主在线学习与有组织的在线教学可能存在一定的不同之处：自主在线学习效果主要受学生自身因素的影响，而有组织的在线教学更注重教师的教学对学生的影响，良好的教学设计、交互设计等更能让学生学会综合运用所学的知识分析问题、解决问题。此外，评价性学习得分最低，说明高校学生在接受在线教学之后，不善于对自己所学的内容进行回顾、反思、总结、归纳等，因而不太会主动在答疑讨论中发表自己的个人见解。不同学段的学生在批判性思维、反思性能力等层面的表现不尽如人意，这进一步说明，在互联网时代，不同学段学生的评价性与反思性学习能力较弱，这一发现需要引起各学段学校的重视。

不同学段学生在线学习环境下自我效能感能正向预测学习投入，学习投入程度的加深、自我效能感的获得也能提高深度学习的效果。

第一，由相关分析结果可知，在线学习环境下不同学段学生的自我效能感与深度学习、学习投入之间存在显著的中等程度的正相关关系。这说明拥有较高自我效能感的学生在学习过程中投入得越多，自主学习能力也会越强。这也印证了班杜拉（Bandura）的自我效能感理论，即学生在学习过程中对自己能力的预期和判断会影响学习动机、行为和学习成绩。当学生相信自己有能力完成某项学习任务时，就会积极参与其中，付出更大的努力，坚持更长的时间，学习投入也就越高。同时学生也会采用更多的自主学习策略完成学习任务，因为决定学习者是否采用自主学习策略的一个关键性因素就是他们是否相信自己有足够的能力（即自我效能感）完成这项任务。

第二，由回归分析结果可知，在线学习环境下不同学段学生自我效能感与深度学习之间存在显著的线性相关关系，说明在线学习环境下的自我效能感对不同学段学生的深度学习有着较强的解释和预测作用。这也进一步证实：在在线学习环境下，自我效能感是影响学生深度学习的重要因素。学习投入与深度学习之间也存在显著的线性相关关系，说明在在线学习环境下，学习投入在自我效能感与深度学习的关系中起着中介作用。

第三，由中介作用分析结果可知，在在线学习环境下，自我效能感能直接预测深度学习效果，且学习投入在自我效能感对深度学习的影响路径中起着完全中介的作用。这说明了学习投入在深度学习中的重要性，即学习投入是深度学习过程中的关键一步，深度学习者的学习效果在很大程度上取决于学习者能否积极投入，只有学习者全身心地投入学习过程中，才能收获好的成效。同时，该结果也从另一个角度呼应了班杜拉的自我效能感作用机制，即自我效能感通过选择、认知、动机和情感等中介过程实现其主体作用机制。因此，学习投入中的学习价值、兴趣、对教师的认同感及坚持学习都无疑会受到效能信念的影响，并在自我效能感对深度学习能力的影响中发挥着中介作用。

第三节　教师投入、同伴协作及师生互动对学习投入的影响

（一）问题提出

随着信息技术与教育的融合，网络教育飞速发展，特别是在线教育在经历了"疫情大考"之后，线上教学成为与传统教学方式并驱的常态化方式。网络教学与传统教学的最大区别在于课堂环境，由于网络的时空特性，网络课堂中人与人之间的互动与交流、对信息的认知与理解、情感传递与接收等始终与传统课堂存在着差异，这也导致教师无

法准确地对学生的在线学习过程进行监控和评估。因此，网络学习质量监控一直是网络教育研究的核心问题。在网络学习的各种衡量指标中，学习投入最受研究者关注，它是影响网络学习质量的关键要素，是评估网络学习行为的重要指标。有研究表明，网络学习投入可以正向预测个体学习的坚持性、学习效果及后续的学习意愿。然而在对国内外网络教学的调查显示，学生普遍存在时间不足、缺少规划、随意终止、高辍学率等低投入性问题，可见学生在线学习的投入度并不高。

是"屏幕距离"拉开了学生学习投入的距离吗？在网络世界中，因距离阻隔掉的是人际交往的层次与深度，且已证实现实人际关系质量是优于网络人际关系的。根据德国哈贝马斯交往行为理论，教育的本质归属于社会交往行为，网络学习平台中的交往行为是人际行为异化的趋向。同时有证据表明，网络学习中的社会性交互越多，学习者的积极学习体验就越多，学习成绩就越好。传统课堂中的面对面交互显然在共同体建立、群组认同感和合作学习信任上有着显著优势，因而更易提升学生的学习投入度。由此可以看出，学业中的情感因素也是影响学习投入的重要因素。为了弥补线上人际交往差异、激发学习者的积极学习情绪，网络设计者模拟现实课堂设计了诸如参与讨论、点赞、电子鼓掌、表情包等方式，以此来传递动作、语言、表情，企图在网络世界构建一种开放、交互、灵活、体感丰富的教学环境，以减少被距离阻隔掉的课堂社会性互动。但当前对这种线上课堂人际知觉的研究较少，以往研究有单独探讨师生交互或者在线协作对学习绩效或行为的影响，但缺少对线上课程人际环境的整体把握。另一方面，由于网络教育发端于高等教育，当前国内外研究主要以大学生群体为研究对象，然而在网络学习中，中小学生与大学生是存在较大差异的，中小学生的自主学习能力、自我管理能力等要落后于大学生，因而在网络学习中会更加依赖于线上课堂人际交互的过程。基于此，本研究从线上课堂人际交往视角探讨影响学生学习投入的机制，厘清课堂人际知觉与学业情绪、学习投入之间的作用机制，为建立中小学生自适应网络学习平台提供理论支持和实证依据，也对提高网络教学质量具有重要的实践价值。

（二）概念界定

1. 课堂人际知觉

"课堂人际知觉"是一个综合概念。根据以往研究，课堂环境分为课堂物理环境、课堂社会环境和课堂心理环境。其中，课堂社会环境主要是以"人际环境"作为主要表征，多表现为课堂中师生互动和生生互动的基本要素及状况的总合。"知觉"是客观事物直接作用于感官而在头脑中产生的对事物整体的认识，根据知觉对象的不同，可以分为对人的知觉（社会知觉）和对物的知觉（物体知觉）。社会知觉主要是以"人际知觉"为主要表征，是指知觉者对他人的判断，以及对他人行为的解释。课堂人际知觉可以表述为个体对课堂上师生间、同伴间的互动所形成的气氛或氛围的感知与判断，并由此表现出一定的态度，如喜欢或不喜欢、接纳或不接纳等。本研究中"课堂人际知觉"包括对同伴协作的知觉、师生互动的知觉、教师投入的知觉。

2. 学业情绪

学业情绪这一概念是由佩克伦（Pekrun）在 2002 年首次提出的，它是指与学习过程和结果直接相关的情绪。一般而言，学生在课堂、考试及学习过程中经常经历的情绪有失望、希望、焦虑、放松、愉悦、厌倦、羞愧、气愤、自豪 9 种类型。佩克伦将这 9 种情绪从效价和唤醒度两个维度划分为四个方面，分别为积极高唤醒情绪、积极低唤醒情绪、消极高唤醒情绪、消极低唤醒情绪。国内研究者董妍和俞国良参照这一划分维度编制了类似的测量学业情绪量表。本研究中重点关注的是学业情绪效价这一维度，并将学业情绪分为积极学业情绪和消极学业情绪两种类型。

3. 学习投入

学习投入的概念较多，尚未统一。赫夫林（Heflin）等人认为学习投入是指学习者积极参与学习活动的程度，包括行为参与、认知参与和情感参与。行动上的参与度包括出勤、互动、花费时间等，认知参与度主要包括深度学习的策略、学生自我管理与监督等，情感参与度是兴趣、愉悦、专注等情感反应等。但有研究者认为，在线学习中学习者的参与并不表示投入，学习投入是一个具有时空特性的指标。学生在网络学习中存在不少刷时间、空出勤等情况，对其更应关注情感、精神投入状态。专注和规律用来刻画学习者保持学习状态的努力程度，活力与充盈用来刻画学习者在学习过程中的情感状态。基于此，本研究认为，学习投入是学生在学习过程中表现出的一种持续的、充满积极情感的状态，反映的是持续的时空结构和积极的情感结构，可以通过学习过程中体现出来的活力、奉献、专注三个特征来测量。

（三）研究假设与模型构建

1. 线上课堂人际知觉与学习投入的关系

依据建构主义学习理论，网络学习空间的交互性、协作性功能是促进学习者使用网络学习空间的重要动力，学习者之间的社会性互动越多，协同知识构建的程度就越高。师生交互、生生协作等都是学习中社会互动性的具体表现，是影响网络学习投入的一种重要外部社会因素。首先在师生互动上，已有研究发现，网络学习中师生交互的缺失可能是造成学习者学习绩效较低的主要原因。师生交互对网络学习绩效具有显著的预测力，师生交互的内容对网络学习绩效的预测力最大，其次是交互时间和同伴协作。在同伴协作上，同伴在协同知识建构和个人专业发展方面发挥了重要作用，有研究者对在线小组合作进行研究发现，小组行为投入、社交投入对小组成绩有显著的正向影响。在线协作学习的方式可以促进学习者之间的交流，增强学习者的社会存在感，从而提高学习者的学习投入。在教师投入上，教师积极投入、主动钻研的状态保证了教的质量，教师在教学中的情感投入也会激发学生的求知欲望，增强其学习投入的自主性。由此推出假设1：线上课堂人际知觉对学习投入具有显著的正向影响。

2. 学业情绪的中介作用

学业情绪是影响在线学习投入重要的心理因素，几乎所有在线学习者在谈论在线环境下的学习经验时均会涉及学业情绪情感问题。在"积极情绪扩展建设"理论中，积极学习情绪相对于中性情绪和消极情绪更有利于积极学习行为的出现。这一理论在其他研究中也得到证实，相比消极学业情绪，积极学业情绪更能促进积极学习行为。积极学业情绪可以扩大注意力的范围，提高学生的学习动机以及学习自主性，进而提升学习投入度。而消极情绪则相反，它会减少学生的学习动机与兴趣，影响其学业成绩。由此可以推论假设2a：积极学业情绪对学习投入具有正向预测作用；假设2b：消极学业情绪对学习投入具有负向预测作用。

根据学业情绪的控制—价值理论，外部环境如教师、同伴及父母等人际关系会通过控制和价值评价影响学生的学业情绪和学业表现。学校人际关系是影响青少年身心发展的重要因素，积极的同伴关系（如同伴接纳）能显著减少青少年的孤独感、焦虑等消极情绪，而消极的同伴关系则易使人产生负性情感体验。同样，师生关系也会对青少年的学业适应产生影响，师生矛盾会导致学生更多地出现学业倦怠、消极情绪与适应不良。由此推论出假设3：线上课堂人际知觉对学业情绪有显著影响。

不仅如此，有研究得出，教师反馈、学生自主性、学生间竞争、师生关系能够对消极高唤醒情绪产生间接的负向影响。在线上课堂中，当教师能在教学中提供较多的支持、营造良好的师生关系氛围时，学生会表现出更为积极的学习情绪，激发学习动机，产生更多的学业投入。同样，良好的同伴关系也能通过减少学生的学习焦虑、提升学习兴趣来促进学习投入。由此推论出假设 4：学业情绪在课堂人际知觉与学习投入之间起着中介作用。根据以上推论的假设，我们建立了线上课堂人际知觉、学业情绪与学习投入之间的假设模型，如图 7-3 所示。

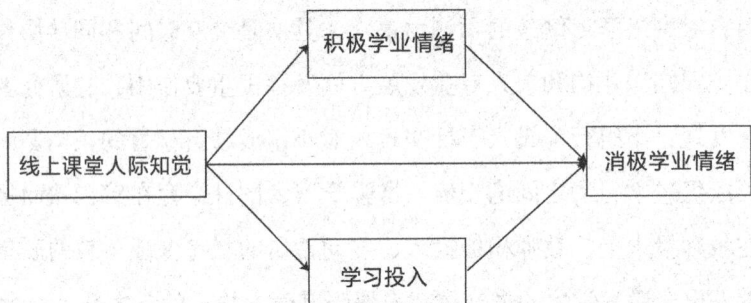

图 7-3　线上课堂人际知觉与学生学习投入的方程模型假设示意图

（四）研究对象

在该研究中，我们采用了湖北第二师范学院学生发展协同研究中心的"2020 年青少年在线学习状况调查"数据。该调查的时间为 2020 年 5 月至 6 月，此时全国中小学生已经全面开展了一段时间线上教学，进入线上学习适应阶段，在线学习数据稳定。由于小学一、二年级学生填写问卷时可能由于审题、读写的困难影响数据效度，因此本研究采用分层随机抽样法选取小学三年级至高中三年级中小学生进行问卷调查，回收问卷 9203 份，剔除无效问卷后获得有效问卷 8974 份，有效率为 97.51%。其中，男生有 4532 人，占比 50.5%，女生有 4442 人，占比 49.5%；小学生有 4854 人，占比 54.09%，初中生有 2826 人，占比 31.49%，高中生有 1294 人，占比 14.42%。

（五）研究工具

1. 网络学习投入量表

该研究采用了萧费利（Schaufeli）等编制，方文坛、时勘和张风华翻译的中文版学习投入量表（UWES-S）。该量表包括活力、奉献、专注三个维度，所有题项采用从"完全不符合"到"完全符合"共五级计分，得分越高表示学习投入度越高。本研究在 UWES-S 量表基础上将项目修改成符合线上学习的调查内容，样题如：网络学习时，我总是精力充沛。该量表的内部一致性 α 系数 0.923，量表验证性因素分析结果为 $X2/df$=2.48，CFI=0.963，TLI=0.956，$RMSEA$=0.048，这表明量表具有较好的结构效度。

2. 课堂人际知觉问卷

本研究对"线上课堂人际知觉"的测量，主要参考了丁锐等编制的《小学数学课堂环境量表》中教师投入、师生互动与同伴协作中三个维度的题项，如"老师非常关注我的学习""在学习中遇到困难，可找其他同学帮忙"。以及在 PISA2018 调查中相关感知教师情感投入的相关题项，如"我能感受到授课老师喜欢给我们上课""授课老师的热忱激励着我认真学习"。通过题目筛选与改编，形成了线上课堂人际知觉问卷。

为了验证问卷信效度，我们将数据样本分为两半，使用前一半有效样本（n=4487）进行 KMO 检验和 Bartlett 球度检验，得到 KMO=0.923，$Bartlett$ 值为 67142.80，P<0.001，说明该样本数据适合做因素分析。此后，采用主成分分析、Promax 斜交法最大正交旋转方法提取因子数目，得到特征大于 1 的因素有 3 个，累计解释总方差为 64.56%。此后使用剩下的一半样本（n=4487）检验已确定自变量题项的效度，验证性因素分析显示，线上课堂人际知觉量表的 CFI=0.953，GFI=0.944，TLI=0.952，$RMSEA$=0.071，RMR=0.032，适配指标均达到可接受范围，各题项之间因素负荷量与 t 值均达到显著水平（如表 7-8）。同时本研究中，线上课堂人际知觉内部一致性系数为 0.908，说明量表具有较好的信度。

表 7-8　线上课堂人际知觉因子标准载荷系数

题项	因子 1 师生互动知觉	因子 2 同伴协作知觉	因子 3 教师投入知觉
我经常跟老师在线交流互动 （如答题、提问、讨论、分享等）	0.811		
如果我有学习任务没完成，老师会及时提醒我	0.687		
总体来讲，网络学习中老师的辅导答疑或在线讨论	0.694		
班级同学参与网课答疑和讨论时很热烈		0.642	
我经常与同学在线分享或讨论学习中的问题		0.797	
我经常主动在答疑讨论中发表自己的个人见解		0.833	

题项	因子 1 师生互动知觉	因子 2 同伴协作知觉	因子 3 教师投入知觉
遇到学习困难时，我通常主动向同学咨询		0.718	
我学校的老师非常关注我的学习			0.779
我能感受到授课老师喜欢给我们上课			0.806
授课老师的热忱激励着我认真学习			0.893
老师会告诉我哪些学得好、哪些还需要改进			0.883
老师会告诉我该如何改进我的学习			0.835

3. 学业情绪

本研究在参考了有关学业情绪量表的基础上，采用"网络学习时，下面哪几个词语最能代表你大多数时候的感受"这一问题来测量中小学生在线上学习时的情绪体验。研究将该量表分为消极情绪和积极情绪两大维度：消极情绪包括焦虑、愤怒、无聊、厌倦、痛苦；积极情绪包括好奇、愉悦、充满活力。

（六）数据分析方法

在本研究中采用 SPSS 22.0 对数据进行共同方法偏差检验、描述性统计分析及相关分析，采用 Amos 25.0 拟合模型构建，以及使用海耶斯（Hayes）编写的 Process 插件程序对中介效应采用偏差校正的百分位"Bootstrapping 法"进行（重复取样 2000 次）分析。研究中因变量是学生学习投入得分，自变量是学生线上课堂中人际知觉的三个维度变量，中介变量为积极学业情绪与消极学业情绪。

（七）共同方法偏差检验

为了避免共同方法偏差，我们对测量和施测过程进行了相关控制，比如匿名调查、部分题目反向计分等。为了进一步提高研究的严谨性，本研究采用"Harman 单因素法"进行共同方法偏差检验。结果显示，特征值大于 1 的因子共有 6 个，解释了 59.44% 的变异，且第一个因子解释的变异量为 28.25%，小于临界值 40%。由此可以推断，本研究中共同方法偏差不明显。

（八）主要变量的人口学差异检验

研究采用独立样本 t 检验和单因素方差分析对中小学生的在线学习投入进行人口学变量上差异检验，结果如表 7-9 所示：不同性别的中小学生在网络中的学习投入均存在显著差异（ $T=-5.142$ ， $P<0.001$ ），女生的学习投入程度显著高于男生；不同学段学生的网络学习投入度存在显著差异（ $F=163.832$ ， $P<0.001$ ），进一步事后比较发现，小学生学习投入程度最高，初中生次之，高中生学习投入程度最低；担任班干部的学生，其网络学习投入度显著高于没有担任班干部的学生（ $T=18.308$ ， $P<0.001$ ）；不同成绩等级的学生在学习投入度上存在显著差异（ $F=463.812$ ， $P<0.001$ ），成绩较差的学生投入度也较低，成绩较好的学生投入度也较高。

表 7-9 中小学生线上学习投入人口变量差异分析

变量		M	SD	T/F	P
性别	男	2.90	0.63	-5.142***	0.000
	女	2.97	0.60		
学段	小学	3.02	0.65	163.832***	0.000
	初中	2.90	0.56		
	高中	2.69	0.53		
是否班干部	是	3.10	0.60	18.308***	0.000
	否	2.85	0.61		
学习成绩	下	2.64	0.60	463.812***	0.000
	中	2.91	0.58		
	上	3.14	0.59		

注：双尾显著性概率 P ，*$P<0.05$ ，**$P<0.01$ ，***$P<0.001$ ，下文同。

（九）线上课堂人际知觉、学业情绪、学习投入之间的关系

研究首先对中小学生的网络课堂人际知觉、学业情绪和学习投入进行了描述统计，中小学生学习投入均值为 2.93，标准差为 0.62，低于理论均值 3，说明线上课堂中学生整体学习投入程度处于中等偏下水平，投入度不高；在线上课堂人际知觉方面，师生互动知觉（3.58±0.65）、教师投入知觉（3.26±0.63）得分高于理论均值 3，处于中等以上水平；同伴协作知觉（2.80±0.67）低于理论均值，处于中等偏下水平。以上数据说明，

在网络课堂中学生感知到与教师的关系要好于与同学间的关系。在学业情绪方面，积极情绪均值为 2.03 ± 0.84，消极情绪均值为 1.79 ± 0.81，说明学生在线上学习过程中体验到的积极情绪相对较多。

在相关分析中，课堂人际知觉与学习投入呈显著正相关关系；在学业情绪上，课堂人际知觉与积极情绪呈显著正相关关系，与消极情绪呈显著负相关关系；在线上学习投入与学业情绪关系上，课堂人际知觉与积极情绪呈现正相关关系，与消极情绪呈现负相关关系。具体如表 7-10 所示。

表 7-10 变量描述统计及相关分析结果

	$M \pm SD$	1	2	3	4	5	6
1. 师生互动	3.58 ± 0.65	1.00					
2. 同伴协作	2.80 ± 0.67	0.66**	1.00				
3. 教师投入	3.26 ± 0.63	0.61**	0.61**	1.00			
4. 积极情绪	2.03 ± 0.84	0.24**	0.31**	0.30**	1.00		
5. 消极情绪	1.79 ± 0.81	−0.18**	−0.22**	−0.24**	−0.72**	1.00	
6. 学习投入	2.93 ± 0.62	0.40**	0.49**	0.47**	0.37**	−0.30**	1.00

（十）线上课堂人际知觉对学习投入的影响路径分析

图 7-4、图 7-5 呈现了线上课堂人际知觉对学生学习投入影响的路径图，表 7-11 是具体路径作用的分析结果。由图 7-4 可知，线上师生互动、教师投入、同伴协作知觉均对中小学生学习投入产生显著的正向影响，影响系数分别为 0.036、0.211、0.229。在图 7-5 中，师生互动、教师投入、同伴协作知觉分别对中小学生学习投入的影响系数为 0.043、0.151、0.239，这表明在线上课堂人际知觉对学习投入有正向促进作用，学生如果能知觉到教师的充分教学准备与积极的情感投入，能知觉到同伴间的互动交流与协作，就能够有效促进学生对课堂的专注和积极参与，增加对线上学习的投入程度。反之，如果学生对课程人际关系知觉较少，则会相应地减少线上的学习投入。

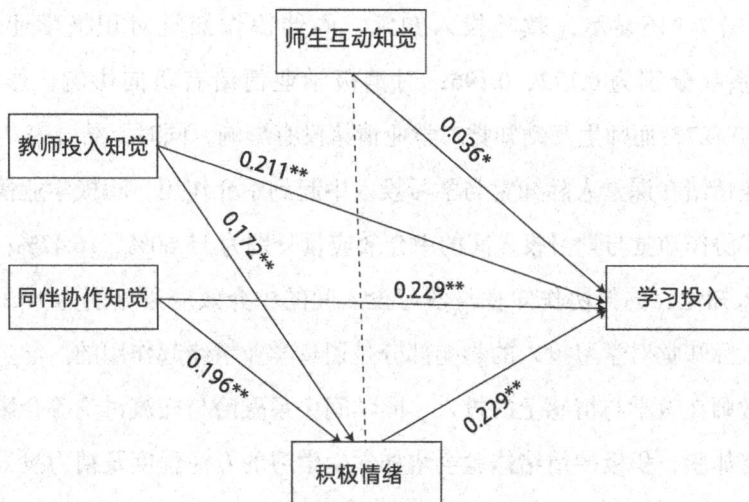

图 7-4 积极学业情绪的中介路径图

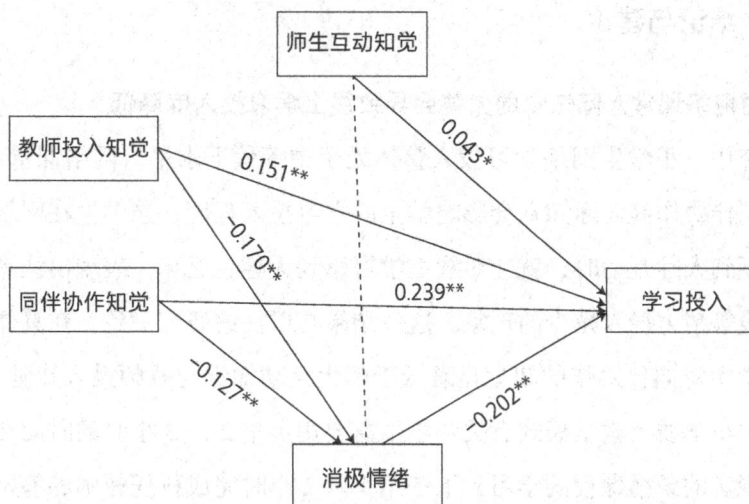

图 7-5 消极学业情绪的中介路径图

表 7-11 课堂人际知觉与学习投入的作用分析表

		总效应	间接效应	直接效应	中介效应量
积极学业情绪	教师投入→学习投入	0.250**	0.039**	0.211**	15.60%
	同伴协作→学习投入	0.274**	0.045**	0.229**	16.42%
	师生互动→学习投入	0.036**		0.036**	
消极学业情绪	教师投入→学习投入	0.185**	0.034**	0.151**	18.38%
	同伴协作→学习投入	0.265**	0.026**	0.239**	9.81%
	师生互动→学习投入	0.043**		0.043**	

图 7-4、图 7-5 还显示，教师投入知觉、同伴协作知觉对积极学业情绪有正向影响，影响系数分别为 0.172、0.196；对消极学业情绪有负向影响，影响系数分别为 −0.170、−0.127，而师生互动知觉对学业情绪没有影响。同时，结合表 7-11 的结果可以看出，学业情绪在课堂人际知觉与学习投入中起到中介作用，积极学业情绪在教师投入知觉、同伴协作知觉与学习投入间的中介效应量分别为 15.60%、16.42%；消极学业情绪在教师投入知觉、同伴协作知觉与学习投入间的中介效应量分别为 18.38%、9.81%。这表明课堂人际知觉对学习投入的影响部分是通过学业情绪起作用的。学生在网络课堂中感知到的教师在教学与情感上的投入、同学间关系融洽与交流讨论等会影响到学生在线学习的情绪体验，积极的情绪体验会增加学生学习的专注程度及精力投入程度，而消极的情绪体验则会减少学生线上学习的投入程度。

（十一）结论与建议

1. 学生对网络课堂人际知觉的欠缺会导致线上学习投入度降低

在本研究中，小学生网络学习投入整体处于中等偏下水平，网络课堂中师生互动、教师投入、同伴协作等人际知觉会影响学生的学习投入程度，当学生在网络课程中感知较少或感知不到人际互动时，就会对线上学习感到无趣、乏味，表现出注意力分散、挂时间、不在线等精力投入减少的现象。这一结果与以往的研究一致。在具体课堂人际知觉维度上，学生对同伴协作的知觉显著低于师生互动知觉与教师投入知觉，究其原因，可能跟当前中小学线上教学模式有关：学生需要用上午 2 ~ 3 小时的时间在国家网络云平台上完成规定的录播课程的学习，下午用 1 ~ 2 小时完成科任教师的答疑学习。当然有条件的学校会安排自己教师进行课程录播或者直播，然后进行课后答疑。因此，中小学生在线学习中，学生与教师的互动较多，通过课程录播和在线答疑能够较多地知觉到教师的投入。而同伴在线协作一般是以小组合作任务形式进行，这与教师的教学安排及学科性质有关。在对一名小学语文教师的访谈中他就提到："我基本不会在线上安排学生间的协作任务，学生线上多对多交流嘈杂且难以控制，效率极低。"因此，学生对同伴关系知觉基本上是基于课堂在线讨论、发言等"旁观式"互动，缺乏更深层次的同伴协作交流，因而无法激起线上课堂的活力与吸引力。由此线上课堂还需着眼于人际环境的营造，进一步加强同伴关系的互动感知。网络教学中师生不是图像符号，而是立体的、生动的、具有丰富情感的人，线上教学可以通过开展探究式学习、协作化学习等增强学生间的人际互动，让学生感知到学习氛围，这有利于促进学生将更多的时间、精力投入网络学习中来。

2. 网络社交通过调动学生积极学业情绪来促进线上学习投入度

本研究中，学业情绪在同伴协作知觉、教师投入知觉与学习投入间起中介作用，同伴协作知觉、教师投入知觉通过积极学业情绪对学习投入起着正向预测作用，通过消极学业情绪对学习投入起着负向预测作用。"控制—价值"理论认为，环境、认知评价、情绪、学业成就是一个相互作用的因果循环系统，外界环境影响个体认知评价，认知评价对学业情绪产生影响，进而影响学业成就。师生关系、同伴关系是学生重要的人际环境因素，教师投入知觉、同伴协作知觉是对人际环境因素的认知评价，学生个体通过对人际环境的评价进而影响学业情绪。学业情绪与认知资源之间有密切的关系，带有积极情绪的学生更能专注于当前的学习任务，而消极情绪会导致学生学习时分心，降低学业投入，由此网络课堂人际知觉还通过学业情绪对学习投入产生作用。线上教学资源的丰富化、动画结合的设计在一定程度上调动了中小学生的学习新鲜感和兴奋情绪，但随着在线学习时间的增多，学生的新鲜感下降，网络的虚无性、缭乱性、诱惑性会侵蚀掉其学习的热情，从而产生消极的学习行为。由此调动学生线上学习情绪是今后在线教学中亟须解决的问题。网络教学中单纯的技术依赖无法支撑起具有综合性、系统性、人文性的教学活动，只有在网络教学中增加更多的师生、生生交际活动，让冰冷的技术支撑转化为具有情感支撑的教学活动，在网络世界中构建一个"温暖的课堂"，才能调动学生积极的学习情绪，从而增加学生的学习投入度。

3. 线上教学活动也要因材施教

本研究发现在人口学变量上，女性、小学、担任班干部、学习成绩好的学生学习投入度更高。这可能与女生的注意抑制能力及大脑的执行功能较好有关，这些功能主要负责注意力控制和任务的完成。线上学习是对注意力要求较高的任务，良好的专注力是提升学习投入程度的先决条件。相对而言，担任班干部、成绩又好的学生，其自控能力相对较好，因而网络学习投入度也高。一般而言，随着年龄的增加，学生的注意力品质会提升，按道理初中生和高中生的注意力品质要好于小学生，但在居家线上学习期间，小学生一般在父母的监督或陪伴下学习，而初中生、高中生相对独立，很少有父母监督，他们在长期的线上学习中会出现注意力涣散、精力不集中等学习投入低的行为。初高中课程知识相对抽象，线上课堂呈现形式相对缺乏生动性与活跃性，这也导致部分初中生、高中生对线上课程投入的持续性和专注性较低。基于以上学生在线学习的特征，首先教师在教学设计时应符合各年龄段学生的认知发展需求，针对初中和高中学生，教师线上讲授过程应转变为学生分析问题、探究问题的过程，教师、网络应成为辅助学生学习的"信息源"，充分调动中高年级学生的参与能力与意识；其次，在线教学活动中还需特殊关照"后进生"，"后进生"本身存在自控问题，网络学习进一步加重了"后进生"的投入困难，由此教师可在教学活动中多与其互动，或通过委任班干部等方式吸引"后进生"，使其更积极地学习，增加其投入程度。

随着线上教学技术和手段的日臻成熟，线上教学无疑成为当前重要的常态化教学方式之一。本研究对线上教学中课堂人际知觉的探索，无疑为今后线上教学新常态化下的质量改进提供了一个指引方向。针对在线学习，基础教育司司长吕玉刚表示，线上教学促进了优质资源共享，未来将进一步开发系统地服务于学生自主学习的优质网络课程资源。高等教育司司长吴岩更明确表示："不可能也不应该退回疫情发生前的教与学状态，融合了'互联网+''智能+'技术的在线教学已经成为中国高等教育和世界高等教育的重要发展方向。"因此在网络上构建一个充满人文温暖、启迪智慧的课堂将成为未来突破线上教学瓶颈、增加学生学习投入度的关键所在。

第四节　教学策略及教学互动对深度学习的影响

（一）研究起源

自 2020 年年初全国新冠疫情暴发以来，全国的学校根据中华人民共和国教育部"停课不停学"的要求，广泛开展了线上教学活动。新冠疫情期间，在国家医疗卫生系统经受疫情防控严峻考验的同时，教育领域也发生了一场全国性教育信息技术的"倒逼式"革命，堪称世界高等教育史上的创举，也是全球范围内的首次实验。然而，在线教育广泛开展的同时，也暴露出一些问题，如大多数在线学习者的学习体验和效果并不理想，学习多处于成效平平或混乱的状态。甚至有学者产生了在线学习环境正成为滋生"浅层学习"的温床的担忧。

2013 年，中华人民共和国教育部基础教育课程教材发展中心在总结我国课程教学改革经验的基础上，研发了"深度学习"教学改进项目，并于 2017 年先后推出了基本理论框架、实践模型以及义务教育阶段部分学科教学指南。随着普通高中新课程的推进，项目组组织研发了高中各学科教学指南。

如本书前文所述，深度学习是美国学者费伦斯·墨顿和罗杰·萨尔乔基于学生阅读的实验，针对孤立记忆和非批判性接受知识的浅层学习，于 1976 年首次提出的关于学习层次的一个概念。所谓深度学习是指在教学中学生积极参与、全身心投入、获得健康发展的、有意义的学习过程。

在核心素养导向的课程改革背景下，深度学习日益受到中小学的广泛关注。人们越来越认识到，深度学习乃是学生核心素养发展的基本途径。

因此，厘清深度学习的影响因素及作用路径对推动教育核心素养的发展具有十分重要的意义。

（二）问题提出

深度学习的最终目的是培养学生适应未来社会的核心关键能力，而在学校教学中，如何培养学生的深度学习能力，将成为未来深度学习研究的重要内容。

很多学者对线上深度教学进行了反思：胡航、杨旸认为，在疫情中，线上提供的教育资源的范式仍停留在浅层学习，课程体系缺乏个性化，教师、学生、家长均对其存在不同的迷茫和困惑；曹培杰认为，线上教学大多停留于传统讲授层面，并对如何克服这种不足进行了探讨。

疫情防控期间的线上教学主要是依赖网络学习平台实现的，然而目前线上教学还没有充分发挥它的作用，其功能在线上教学中被弱化为一块"显示屏"的作用。网络学习平台所发挥的主要功能只是支持教师讲授和学生听讲，对师生深层次互动支持不够。师生围绕"显示屏"而形成了一种单调的教与学的活动形式，这一活动直接限制了线上教学活动的全面生动开展。人们常说课堂教学之精妙，就在于教师与学生、学生与学生之间微妙的互动关系。这种互动关系在线下课堂教学中并不是什么难事，然而在线上教学中却不太可能发生。同时，受到所在地区及学校的教育信息化基础条件、数字校园发展水平、师生信息素养、教师教学能力等多种因素影响，大部分学校仍然处于混合学习实施框架中的"课堂－基本混合型"阶段，混合学习实施的深度和效果仍然需要进一步提升。因此，本研究通过模型分析，探究教师教学策略对深度学习的影响以及作用机理，以期为深度学习能力和教师教学能力的提高提供理论和实践依据。

（三）研究假设

准确把握教师教学策略与深度学习的关系是深入研究的基础，通过对已有文献的梳理有助于构建分析的概念框架和研究假设。

1. 教师教学策略与学生深度学习

科学、合理的线上教学策略是线上教学开展的良好开端和必要条件。深度学习就是指在教师引领下，学生围绕着具有挑战性的学习主题，全身心地积极参与、体验成功、获得发展的有意义的学习过程。学生的学习离不开教师的教学，学生实现深度学习离不开教师在教学中使用开发的深度化教学策略。深度化教学策略应是围绕深度学习的结果进行设计的。卜彩丽等学者认为，学生深度学习能力的提升，可以通过设计或者重新设计学校的教学策略、教学结构、学校文化达到目的。深度学习需要连接真实世界的、有意义的、面向问题解决的学习任务，教师需要设计这样的学习环境以支持深度学习的发生。深度学习的教学策略正是在深入研读深度学习理论的基础上，通过批判当前课堂学习中存在的浅层学习问题而提出的一种引导教师调整教师理念和教学行为的建议。深度学习不仅需要学生积极主动的参与，还需要教师通过确立高阶思维发展的教学目标、整合意义连接的学习内容、创设促进深度学习的真实情景、选择持续关注的评价方式进行积极引导。基于此，本研究提出如下假设。

H1：网络学习环境下教师教学策略对学生深度学习具有显著的正向影响。

2. 学习互动与学生深度学习

在线学习互动包括学习者与内容（Learner-Content，LC）、学习者与教师（Learner-Teacher，LT）、学习者与学习者（Learner-Learner，LL）之间的多元交互。三种类型的交互促进学习和满意度，当其中任何一种交互处于高水平时，深度和有意义的正式学习更易发生。而且，协作学习是最有效且最流行的在线教学模式。

相较于传统教学，混合式教学强调"以学生为中心"，增强了师生之间、生生之间、学生与学习内容之间以及环境资源之间的交互，为学生创造了一种真正高度参与的、个性化的学习体验。师生互动作为教学过程的重要组成部分，互动的质量直接影响课堂教学效果，不少研究也已经证明教师和学生之间的良好互动对学生的学习动机和学业成就有着重要影响。也有研究认为教学过程的本质就是师生主体间的互动。师生交互与深度学习具有因果关系，在线教学中，教师可通过增强教学交互来提高学生深度学习水平，如精心设计和组织教学。因此，提升在线教学质量，促进学生的深度学习值得深入研究。

在线教学中，师生交互是教学过程中最重要的环节。通过与他人进行交流，在线学习者有更多机会对所学内容进行深度认知加工。师生互动、生生互动都会极大地影响学生学习的效果和满意度。基于此，本研究提出如下假设。

H2：网络学习环境下学习互动对学生深度学习具有显著的正向影响。

3. 教师教学策略与学习互动

有研究指出，教师教学策略会影响师生关系，进而影响师生互动。师生互动是课堂教学中的关键教学行为，师生互动质量影响学习质量和教学质量。教师采用的混合式教学类型及教学策略、学生学习动机和学习投入均会影响师生互动。有效的教学是在师生互动与学生互动的过程中形成和发展起来的。指向"深度学习"的教学应当是能促进学生从知识本位学习到知识本质学习的教学，实际上也是一种在最近发展区内的教学。最近发展区是指在成人的指导下或是与能力较强的同伴合作时，儿童表现出来的解决问题的能力。从教师和学生互动层来看，很多的研究证明教师和学生之间的良好互动关系对学生的学习动机和学业成就有着重要影响。创设具有分布式认知（Distributive Cognition）特征的学习任务和情境，着眼于学习者与教师、学习者之间的多元交互，促进学习者的深度理解及新知建构。Kang 和 Im 研究发现，通过教学交流（提问与回答）、教学支持、引导与促进学习能够预测学习者感知学习成就，其中教学交流（提问与回答）、教学支持是更为重要的两个要素。教学活动中，通过教师深度上的帮助和方向上的指引，学生完成的任务才是适合学生深度学习的任务。基于此，本研究提出如下假设。

H3：网络学习环境下教师教学策略对学习互动具有显著的正向影响。

4. 教师教学策略、学习互动与深度学习

深度学习不仅改变了教学方式和评价方式，更为重要的是，它影响了我们的教育教学理念。同时，有研究表明深度学习受学生因素、教师因素、交互因素、环境因素的影响。深度学习是教学中的学生学习而不是一般的学习者的自学，必须有教师的引导和帮助。在线学习过程中，为了促进学习者完成任务，教师可以采用同伴互评、任务价值呈现等方式，这也是促进深度学习达成的重要形式。教师在执行教学策略时会引发师生互动。有研究指出，最有效的教学策略就是高度结构化的讨论策略。教师的网络教学经验与水平影响学生与教师的交互水平，继而影响学生深度学习方法的采用。"深度学习"项目寄希望于教师在"素养导向的学习目标"的导引下，把教学内容转化为"引领性的学习主题"，组织学生从个体学习走向师生、生生共同学习和合作交流，从简单记忆走向深度思考、学以致用，进而实现教与学方式的根本性转变。深层教学交互对在线深度学习

的影响显著高于浅层交互。深度学习要充分发挥教师和学生双主体的"正能量"，有效的互动对话是促进学生深度学习的重要保障。网络课程中教学目标、教与学活动、评价任务保持一致，能帮助学生调整学习方法，采用深度学习方法，获得深度理解。在线讨论所涉及的问题或者话题设计尤为重要，开放性问题、结构化主题讨论、协作任务讨论常被用于深度学习或者批判性分析，能够有效地促进深度学习。

也就是说，教师教学策略是学习互动和深度学习的重要前因变量；同时，深度学习是学习互动的重要结果变量。本研究在考查教师教学策略、学习互动与深度学习三者之间的关系时，将教师教学策略设为自变量，深度学习设为因变量，并将学习互动设为中介变量。基于此，本研究提出如下假设。

H4：学习互动在网络学习环境下学生深度学习与教师教学策略间起到中介效应。

（四）研究被试

本研究通过发布网络问卷，将现处于小学三年级至大学本科学段的学生作为被试并收集问卷数据。该调查对中部六省的大中小学进行了分层整群抽样，共抽取了198个班级，对抽中班级的全体在线学习的学生进行问卷调查，涵盖大学（大一至大四）、高中（高一至高三）、初中（初一至初三）、小学（三年级至六年级）四个学段。调查问卷的内容主要涉及疫情防控期间在线学习的学生的家庭环境、个人特征、学习行为、教师教学行为等。

在剔除漏答、重复答题、极端值数据后，此次施测共获得有效被试10028人，随后对调查整理后的数据进行保存并分析。

在最终的被试中，男生有4801人（占47.9%），女生有5227人（占52.1%）。48.4%的被试处于小学三年级至六年级学段（4854人），28.2%的被试处于初中学段（2826人），12.9%的被试处于高中学段（1294人），10.5%的被试处于大学本科学段（1054人）。此外，我们对被试在疫情背景下网络学习的地点进行调查，其中59.8%的被试在城市（5995人），25.1%的被试在农村（2522人），15.1%的被试在乡镇（1511人）。具体见表7-12。

表 7-12 样本人口统计学信息（*N*=10082）

属性	项目	样本数	占比
性别	女	5227	52.1%
	男	4801	47.9%
学段	小学	4854	48.4%
	初中	2826	28.2%
	高中	1294	12.9%
	大学	1054	10.5%
家庭所在地	农村	2522	25.1%
	乡镇	1511	15.1%
	城市	5995	59.8%

（五）测量工具

本研究所有量表均采用 4 级正向计分制（1 表示非常不符合，4 表示非常符合），将各项题目得分加总取平均值，得分越高，则表示深度学习、教师教学策略、学习互动程度越高。

1. 深度学习量表

测量深度学习时被广为采用的是彼格斯的学习过程量表（SPQ），以及恩特威斯尔（Entwistle）和拉姆斯登（Ramsden）的学习方法量表（ASI）。无论是 SPQ 还是 ASI，甚至是 ASSIST，它们都包含深度方法、浅层方法和策略三个维度。深度学习方法属于过程层面的问题，更为主要的是认知策略方法的运用。美国"全国大学生学习性投入调查"（NSSE）对深度学习也有过测量，它更多的是按照布鲁姆的教育目标分类学从应用、分析、评价、创造等高阶思维维度提出的测量指标。如本书前文所述，诺曼·韦伯（Norman Webb）修正了布鲁姆的教育目标分类学，将知识的深度（DOK）标准分为下面四个层次并提出了相应的测量框架。（1）DOK1：对事实、术语、概念或过程的回忆——基本的理解；（2）DOK2：涉及一些心理加工的概念或方法的应用；（3）DOK3：需要抽象思维、推理或更复杂的推断的应用；（4）DOK4：需要跨情境的拓展分析和研究，以及非常规性应用。其中 DOK3 和 DOK4 代表了深度学习。

关于深度学习方向的问题，本研究选取美国 NSSE 作为测量工具，并结合本次调查对象的特征对上述量表进行了综合修正和完善，使题项设置更适合各学段学生。该量表包含 8 个题目，涵盖反思、评价、联系、应用、分析、创造六个维度，每个题目的选项使用"非常不符合、不太符合、比较符合、非常符合"四级计分。其中两道题目用以测量反思维度，两道题目用以测量评价维度。

在本研究中，该量表内部一致性检验的克伦巴赫 α 系数为 0.889，KMO 值为 0.911，巴特利特球形度检验 $P<0.001$。$\chi^2=1743.587$，$RMR=0.017$，$RMSEA=0.044$，$TLI=0.948$，$CFI=0.969$，$GFI=0.968$，这说明该量表具有较高的信效度。

2. 教师教学策略量表

关于教师教学策略方向的问题，本研究选取"国际学生评估项目（PISA2018）"作为测量对象。量表包含 7 个题目，涵盖目标设置、启发诱导、口头测评、深度教学等维度，每个题目的选项使用"非常不符合、不太符合、比较符合、非常符合"四级计分。

在本研究中，该量表内部一致性检验的克伦巴赫 α 系数为 0.790，KMO 值为 0.831，巴特利特球形度检验 $P<0.001$。$\chi^2=674.36$，$RMR=0.026$，$RMSEA=0.071$，$TLI=0.968$，$CFI=0.980$，$GFI=0.981$，$AGFI=0.960$，这说明该量表具有较高的信效度。

3. 学习互动测量量表

学习互动包含师生互动和生生互动，学生与教师之间的互动程度通过题项"我经常跟老师在线交流互动（如答题、提问、讨论、分享等）"来测量；学生与学生之间的互动程度通过题项"我经常与同学在线分享或讨论学习中的问题"来测量，选项包含"非常不符合、不太符合、比较符合、非常符合"，分别用数值 1、2、3、4 表示程度差异。

（六）结构效度检验

共同方法偏差检验。

本研究借助三个子量表对同一样本进行问卷调查，从心理学实证研究的标准来看，很可能产生共同方法偏差（Common Method Bias，CMB），影响研究结果的准确性。因此，在进行数据分析之前，必须先对样本数据进行 CMB 检验。

首先，采用赫尔曼单因子检验，对包括三个子量表在内的 17 道题目进行探索性因子分析。结果显示，$KMO=0.926$，巴特利特球形度检验 $P<0.001$；赫尔曼单因素法分析结果显示，析出了 3 个特征值大于 1 的因子，这些因子总共解释了 66.084% 的总方差，其中第一个因子的方差解释量为 31.841%，未超过总方差解释量的一半。因此，本研究不存在严重的共同方法偏差问题，对后续的数据分析影响较弱。

（七）结构信度检验和收敛效度检验

本研究借助 SPSS 和 AMOS 软件，分别对深度学习及其子维度、教学策略及其子维度，以及学习互动及其子维度进行的样本数据进行了建构信度（Construct Reliability，CR）检验和收敛效度检验。

本研究采用平均方差抽取量（Average Variance Extracted，AVE），对包括三个子量表在内的 17 道题目进行验证性因子分析，AVE 值越大，潜变量能够同时解释它所对应的题项的能力就越强；反之，题项表现潜变量性质的能力也越强（收敛于一点），收敛效度越好。具体如表 7-13 所示。

表 7-13　相关分析结果（N=10082）

维度	题项	*Estimate*	均值	标准差	*Cronbach'α*	CR	AVE
深度学习	反思	0.682	2.77	0.594	0.889	0.888	0.574
	评价	0.848	2.73	0.685			
	联系	0.719	2.90	0.733			
	应用	0.709	2.85	0.760			
	分析	0.764	2.85	0.783			
	创造	0.802	2.76	0.807			
学习互动	师生互动	0.817	2.67	0.842	0.798	0.798	0.663
	生生互动	0.812	2.69	0.835			
教学策略	目标设置	0.815	3.284	0.668	0.790	0.827	0.516
	启发诱导	0.869	3.32	0.661			
	口头测评	0.823	3.33	0.658			
	深度教学	0.849	3.24	0.704			
	辅导答疑	0.544	2.92	0.800			
	作业布置	0.083	2.61	0.705			
	测验考试	0.146	2.40	0.777			

观察各个因子上的标准化载荷，超过 0.5 则达到观测变量和潜变量之间的共同方差比其与误差方差之间的共同方差需要负荷大的要求，符合收敛效度。本研究的各个条目在其公因子下的标准化载荷值均大于 0.5。由此可见，本研究具有良好的收敛效度。

建构信度反映了每个潜变量中所有题目是否一致性地解释了该潜变量，当 CR>0.7 时，表示该潜变量具有较好的建构信度。本研究的各个条目值均大于 0.7，由此可见，本研究具有良好的信度。

（八）差异检测

借助 SPSS 软件，分别对深度学习及其子维度、教学策略及其子维度，以及学习互动及其子维度进行描述统计、差异检验和相关分析。

描述性统计结果显示：深度学习的平均分值为 2.811，教学策略的平均分值为 3.015，学习互动的平均分值为 2.684，多为比较符合。

1. 性别上的独立样本 t 检验

表 7-14　各变量的总体均值、标准差及性别差异检验

	总体均值		男		女		t
	M	SD	M	SD	M	SD	
深度学习	2.811	0.59	2.825	0.61	2.799	0.57	−2.261**
教学策略	3.015	0.76	3.017	0.49	3.012	0.46	−0.448**
学习互动	2.684	0.47	2.692	0.79	2.677	0.79	−1.066**

如表 7-14 所示，在线上学习时，学生在教学策略和学习互动下没有显著的性别差异。但是，学生的深度学习水平存在显著的性别差异（$t=−2.261$，$P<0.05$）。

2. 在线学习所在地的差异检验

表 7-15　变量在各所在地的均值、标准差及所在地的差异检验

	深度学习		教学策略		学习互动	
	M	SD	M	SD	M	SD
农村	2.73	0.57	2.97	0.48	2.60	0.75
乡镇	2.74	0.55	2.97	0.45	2.60	0.72
城市	2.86	0.59	3.04	0.48	2.74	0.78
F	58.282***		25.529***		42.843***	
韦尔奇	59.538***		25.826***		43.730***	

所在地单因素方差分析显示，学习互动、教学策略和深度学习在不同地区存在显著差异（见表 7-15）。通过事后两两比较结果显示，农村和乡镇在三个变量上不存在显著差异，但是城市和前两个地区在三个变量上都存在显著差异。

3. 在线学习在学段上的差异检验

表 7-16 变量在各学段的均值、标准差及各学段的差异检验

	深度学习		教学策略		学习互动	
	M	SD	M	SD	M	SD
小学	2.92	0.60	3.05	0.48	2.78	0.80
初中	2.77	0.58	3.07	0.45	2.65	0.76
高中	2.62	0.52	2.89	0.47	2.50	0.71
大学	2.67	0.47	2.86	0.43	2.57	0.63
F	135.785***		85.765***		59.369***	
韦尔奇	148.380***		92.816***		63.796***	

学段单因素方差分析显示，深度学习、教学策略、学习互动在不同学段存在显著差异（见表 7-16）。通过事后两两比较结果以及平均值图显示：各学段在深度学习和学习互动上都存在显著差异。小学和初中学段在教师教学效果上没有显著差异，但是于高中和大学上存在显著差异。其中，三个变量在小学和初中学段显示值最高，表现良好；在高中和大学阶段显示值都较低，表现较差。

4. 相关及回归分析

表 7-17 各变量的相关分析结果

变量	深度学习	教师教学策略	学习互动
深度学习	1		
教师教学策略	0.577***	1	
学习互动	0.676***	0.499***	1

如表 7-17 所示，相关分析结果表示：教师教学策略与深度学习存在正相关关系（$r=0.577$，$P<0.001$），教师教学策略与学习互动存在正相关关系（$r=0.499$，$P<0.001$），学习互动与深度学习之间均存在显著的正相关关系（$r=0.676$，$P<0.001$）。

表 7-18 学生深度学习的多元线性回归分析结果

变量	b	Sb	b'	t	P
常数项	.560	.026		21.739	<0.001
教师教学策略	.395	.010	.320	40.627	<0.001
学习互动	.395	.006	.516	65.582	<0.001

注：$R^2=0.533$，调整 $R^2=0.533$，$F=5727.623$，$P<0.0001$，$DW=1.935$。

如表 7-18 所示，以深度学习得分为因变量，以教师教学策略及学习互动得分为自变量进行多元线性回归分析，结果显示：教师教学策略及学习互动共解释了学生深度学习总变异的 53.3%。

（九）中介效应验证

1. 结构方程模型的整体检验

在检验教师教学策略、学习互动、深度学习三者之间的相关关系后，进一步深入探寻三者之间的作用路径。本研究借助 AMOS 软件建立结构方程模型，其中以教师教学策略作为自变量，以深度学习作为因变量，得到整体模型检验结果。具体如图 7-6 所示。

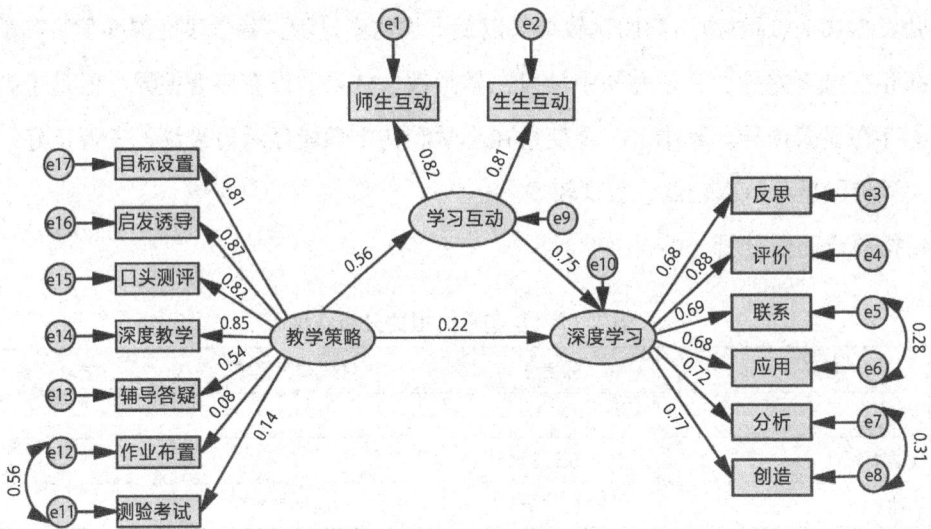

图 7-6 学生深度学习的结构方程模型

该结构方程模型的各项拟合度检验数据分别为：$CMIN/df=40.973$，$RMSEA=0.063$，$CFI=0.960$，$TLI=0.950$，$RFI=0.949$，$NFI=0.959$。由于本研究样本量过大，卡方值过于敏感，故要参考其他各项拟合指标综合判断模型的优劣。参考国内外各项研究的经验，本模型 $RMSEA$ 不大于 0.08，其他各项均大于 0.9，符合心理学测量标准，表明本次测量模型与实际数据具有良好的适配度。

2. 直接效应的路径检验

本研究的三个潜变量之间存在三条直接效应路径，即教师教学策略→学习互动，学习互动→深度学习，教师教学策略→深度学习。分析结果显示，各路径的标准化系数分别是 0.561、0.746、0.216，且三条路径均在 $P<0.001$ 的水平上显著。由此，H1、H2、H3 的假设均成立。

表 7-19　各变量间直接效应的路径检验

路径	非标准化系数	标准化系数	S.E.	C.R.	P
教师教学策略→学习互动	3.615	0.561	0.265	13.266	<0.001
教师教学策略→深度学习	0.790	0.216	0.069	11.534	<0.001
学习互动→深度学习	0.437	0.746	0.008	51.407	<0.001

3. 学习互动的中介效应检验

为保障结果的有效性，本研究采用自助抽样法（Bootstraping）对学习互动在路径"教师教学策略→深度学习"上所起的中介效应进行检测。通过重复随机抽样，从原始数据（N=10028）中抽取 5000 次构成检验样本。

表 7-20　学习互动的中介作用检验

路径	效应值	S.E.	Bias-corrected 95% CI			Percentile 95% CI		
			Lower	Upper	P	Lower	Upper	P
中介效应	0.418	0.011	0.398	0.440	<0.001	0.398	0.440	<0.001
直接效应	0.216	0.013	0.190	0.241	<0.001	0.190	0.241	<0.001
总效应	0.634	0.009	0.615	0.651	<0.001	0.616	0.651	<0.001

检验结果如表 7-20 所示，学习互动的中介效应的点估计值为 0.418，通过偏差校正法和百分位数法得到的 95% 置信区间分别为 [0.398，0.440]，[0.398，0.440]，均不包括 0，这表示"教师教学策略→学习互动→深度学习"的中介效应显著。因此，假设 H4 成立，即学习互动在教师教学策略与深度学习之间存在中介效应。

此外，结合前序直接效应检验的结果可知，此处学习互动起到的是部分中介作用。

（十）研究结论与建议

1. 深度学习的整体效果只处在中等水平

本研究中深度学习的平均分值为 2.811，教学策略的平均分值为 3.015，学习互动的平均分值为 2.684，多为比较符合。网络学习在中小学及大学仍处于初步发展阶段，对深度学习的效果并不明显。深度学习要求教师根据课程标准的要求，积极回应学生的学习困惑，应对带有发展性、普遍性的问题与挑战。因此，在教学中要重视学生内部学习动机的激发，但也不能忽视外部学习动机的作用，有时可以运用不同教学策略，同时激发内外部学习动机，以便更好地促进学生的深度学习。

2. 城市和农村之间的深度学习效果差异明显

学习互动、教学策略和深度学习在不同地区存在显著差异。通过事后两两比较结果显示，农村和乡镇在三个变量上不存在显著差异，但是城市和前两个地区在三个变量上都存在显著差异。

3. 各学段的深度学习效果差异明显

各学段在深度学习和学习互动上都存在显著差异。小学和初中学段在教师教学效果上没有显著差异，但是在高中和大学学段存在显著差异。其中，三个变量在小学和初中学段显示值最高，表现良好；在高中和大学学段显示值都较低，表现较差。其中，大学学段的教师教学策略的显示值最低，这也变相地说明了由于大学学段学生多采用以自学为主的学习模式，在网络学习环境下，教师只是简单地讲授课程而没有过多的交互和教学，这使得大学学段的深度学习效果对比中小学学段差距明显。深度学习是话语互动的内化，需要高质量的师生话语互动。

4. 建议

在线教学中，教师可通过增强教学交互来提高学生的深度学习水平：一是精心设计和组织教学；二是促进学生讨论，如激发学生兴趣，监督、引导与启发学生，参与学生讨论，及时反馈与评价等；三是优先选择微信、QQ、网络视频会议等实时交互工具，其互动效果更好；四是保证师生交互的频次和时长。同时，若要充分发挥网络学习平台在线上深度教学中的作用，就要着力解决网络平台的技术障碍问题，使网络学习平台从"帮手"的地位走上"主人"的地位，从而使网络平台从辅助教学走向促进师生互动的教学，以利于学生与教师、学生与学生之间产生深层次的交流。加强线上深度教学全流程与大数据的收集分析，精准识别师生、生生互动关系，提供更加匹配的互动组合方案，培育灵活的网络学习共同体，为师生互动和生生互动提供有利条件。不同的师生互动方式在一定程度上分别强化了混合式教学中探究学习的认知存在、教学存在和社会存在，进而影响学生的学习质量。混合式教学为师生互动提供了条件，诸如任务合作、课堂问答、集中讨论等方式增加了师生互动的机会。正因为混合式教学强调师生互动，切实促进教学的互动交流，才有效促进了学生学习。由于在线学习中学习者缺乏与教师和同伴的面对面对话，因此通过增进学习者与师生的交互，可以增强在线学习的实境感，这也是实现深度学习的有效路径。在本研究的结构方程模型中，交互是对在线深度学习直接效应影响最为显著的因素，这进一步说明了在线学习中交互的重要性。在线深度学习能否达成也由教师能否有效传递知识转变为教师能否有效支持学习过程，以提升学习服务质量。有效的教学是在师生互动与生生互动的过程中形成和发展起来的。

第五节　本章小结

本章将家庭环境、个人特征、学习行为和教育行为四个层面的因素纳入同一个线性回归方程，分析各个因素对在线深度学习表现的净影响效应，回归结果呈现出了以下一些积极因素。

第一，在家庭环境层面，父母情感支持对学生在线深度学习表现有显著的正向影响。

第二，在个人特征层面，性别、人格、内部学习动机、自我效能、学习主动性、自主学习能力均对在线深度学习表现有显著的影响；相对于其他学习行为偏好，学习上偏好"思考"的学生在线深度学习表现相对更好。

第三，在学习行为层面，网络学习经历、自我调节、元认知、师生互动、生生互动、学习中的互动氛围均对在线深度学习表现有显著的正向影响；学习投入中的"毅力"对在线深度学习表现有显著的正向影响；学习情绪中的"好奇"对在线深度学习表现有显著的正向影响，而"厌倦、焦虑、痛苦、愤怒"也对在线深度学习表现有显著的影响。

第四，在教学行为层面，教师反馈、教学策略中的"深度教学、辅导答疑、作业布置、测验考试"均对在线深度学习表现有显著的正向影响。

第八章

被调查者在线深度学习建议的文本分析

本调查研究在问卷的结尾用了一个开放题"对网络学习的过程及效果，您有什么意见和建议"来询问学生对在线学习的看法、感受和建议，90%以上的被调查者都作了回答。我们围绕关键词进行共现分析，采用词云呈现主要观点，并定性分析文本资料得出一些结论。

图 8-1 是对开放题文本资料的关键词共现分析结果的词云展示。可以看出，学生关注和谈及较多的词汇是学习、网络、回到学校、教师、回归课堂、效果不好、眼睛视力、师生互动、作业适量、自律自觉、理解知识、同学、专注、学习、氛围、思考、家长、辅导答疑、联系、分享观点、反思、应用等。

图 8-1　学生反馈意见和建议的词云展示

如果用一句话概括学生们的反馈，大致就是"学习"效果有人觉得好有人觉得不好，主要取决于"自律自觉"和"专注"程度；"网络"学习对"视力"有很大的不良影响；希望老师布置"作业适量"；多进行一些"辅导答疑"和"师生互动"，促使学生"思考"；期盼早日"回到学校""回归课堂"，与"同学"在一起才有更好的"学习氛围"，才能提高学习效果。

在词频分析中，尽管只有极少数学生提及了在知识学习中进行"联系、观点分享、反思、应用"，但我们可以认为，这些教学中的专业术语不大可能从学生口中频繁出现，这些词汇背后的学习活动可能更多地已经融入在线教学、辅导答疑、师生互动和课后作业等常态化教学活动中了。

　　将开放题文本资料的分析结果综合起来可以看到，被调查的学生主要有以下几类观点。

第一节　需要自律和自主学习

　　在线学习需要自律和自主学习能力，很多学生渴望回归学校课堂学习。

　　学生："网络学习主要还是要看学生的自主性，教师可以多提供资料供学生选择；可以定期对学生对知识的理解呈现进行检测；教师还是要适当地安排作业，感觉网课作业比学校作业多很多，难度也比较大。"

　　学生："要加强自律能力，合理按时间计划安排；每天制订计划表，规划好要完成的任务和不同的课表。"

　　学生："上网课比较松懈，有时笔记都没有好好做，在学校上课的时候笔记都是记得满满当当的。"

　　学生："网络学习过程不能像在学校的学习过程一样，学校里能与同学们互相学习，而网络学习不行。"

　　学生："在家过于放松，学习不够积极，希望到学校和同学们一起学习。"

　　学生："不能有效地学习，学不进去，跟在学校课堂学习的效果比不了。学习的积极性不高，很多视频都看不懂。"

　　学生："不能专心学习，不自觉地想玩手机，基本一天都抱着手机，写作业也看手机，效果一般。"

　　学生："对自制力强的学生来说，上网课可以更好地学习；而对自制力差的学生来说，上网课效果会很差。"

　　学生："已经坚持上了一段时间网课，学的知识点都是课本上的，光听老师讲，没有多读多记，还是不行，在家通过网络学习没有在学校认真。"

第二节　需要师生互动

教师要对知识进行加工并传授，多与学生互动，少布置点作业。

学生："希望老师让同学们在观看网课的同时，多在学科群内讲解当堂网课的要点并分析难点。网络学习的效果对我来说因学科和老师上课的方式而异，希望老师能够加强和同学们的交流。"

学生："上课时间不要过长，老师多与学生互动。"

学生："希望网络学习的进度可以自己调节。网络作业的布置形式可以多样化。"

学生："网络教学比较新奇、有趣，授课老师的讲解也很生动，不足之处就是我们和授课老师不能互动。"

学生："比较喜欢跟老师和同学多互动，网络学习缺少互动。"

学生："不光看视频，课后还应该有班级老师辅导讲解难点。"

学生："除个别老师很认真，坚持录课、提问等，部分老师只是发学习资料给我们自学，甚至有些老师会忘记上课。在家学习我们的确会懈怠，学习不够积极自主。"

学生："希望老师能每次上课都开摄像头。"

学生："希望老师开摄像头多与我们互动。"

学生："总是期待着下一堂课，期待着能与老师、同学分享自己的看法和观点。"

学生："在线学习感觉一般，但数学讨论提高了我的积极性。"

学生："还是在学校上课最好，有人跟我一起学习，老师可以纠正我的错误，在网上老师都不知道我做没做错！"

学生："老师会时常线上答疑，耐心教我们答题技巧，并且在同学们忘记交作业时提醒同学们，总之，线上答疑的效果非常不错。"

学生："老师可以取消慕课那么多的任务点吗？我们可以先观看录播的内容，做一些笔记，然后进行线上讨论。"

学生："老师与学生的互动需要增加，虽然没有期望能达到教室里学习的水平，但是老师不出镜又不提问，有的时候会觉得无法集中注意力。"

第三节　缺乏生生互动

长时间在线学习缺乏同伴的相互影响，对学习和身心都有负面影响。

学生："从没想过，自己有一天会整天盯着电脑。其一，网络学习，彼此见不到对方，看不到别人的学习状况，内心总是焦虑的。紧张、焦虑、不安时时刻刻折磨自己，内心不会同平常一样阳光。其二，网课安排的课程少，从早上8点开始到下午4点结束，跟学校里的学习进度差得不止一点点，作业也比平时少很多。其三，网络学习期间的学习资料几乎都是电子版，看着电脑屏幕做题总是认真不起来，还是纸质书散发出来的油墨香令人安心。总而言之，相较于学校的教学，网络学习的学习效果当然是逊色很多的。这也不是说网络学习没有好处，在家中学习，空间更宽敞，翻阅资料也会方便很多。"

学生："当以网课的形式上教学课、语文课的时候，老师会用屏幕来给我们显示上课的内容，跟学校里的差不多，但是见不到老师本人。虽然英语课上老师大部分用的都是英语，但是在屏幕上还是会显示中文。这样的学习方式，让我的成绩变成中等了。"

学生："在线学习还不错，但我更喜欢在学校学习，不但不伤眼睛，还可以在课间去玩耍，学习效率要高些。"

学生："长期在线学习对眼睛不好，运动量也减少很多，学习氛围不如课堂教学。"

学生："没有学习氛围，无法全身心投入。"

学生："没有在教室上课那种激情和积极性。"

学生："没有在教室上课有感染力。"

学生："没有在课堂的那种严肃感。"

学生："太不好了！在学校时同学们可以与我一起讨论和分享自己的观点，而上网课不行。"

学生："天真活泼是孩子的本性，圈在家里学习增添了孤独感，失去了原有的活跃气氛。"

第四节　需要有效的教学策略

在线学习中对知识的理解和应用深度不够，教师要采取有效策略。

学生："对知识的理解不够充分，运用不够自如。"

学生："希望课本内容能跟相关案例联系得紧密一些，上交的作业最好有批改，让我知道哪里不足以及怎样改正，以便以后能够更好地回答此类问题。"

学生："对学生自律性的要求比较高，希望老师提前告知学习计划、要求，方便学生知晓课程安排。"

学生："希望方式多样一点，多给点思考时间，作业尽量少一点。"

学生："观课＋课堂讨论＋课后小思考，这种形式比较好；课后小思考题目为开放式、多选一比较好。相比较而言，课堂教学效果更好些，希望尽快开学。"

学生："继续推进网络学习，多吸引同学们的注意力。"

学生："家长能够清楚地看到老师的教学和学生的学习，感觉应更加提高教师的教学热情以及改善教学方法。数学课老师应讲得更形象一些，语文在作文方面应该有更好的教学，英语课需要更多的督促。我本身挺喜欢网络教学，效果和在学校上学应该区别不大。"

学生："对于我们没有接触过的学科，老师一定要从头细致讲起，比如水粉画，应该从如何调颜色教起，而不是一上来就留作业让我们画画。另外，网络学习所做的笔记没有标注重点，搞不清楚重点就会做很多笔记，这样比较麻烦并且无用，返校考试也不知道相关内容。"

学生："建议视频内容不要太多，注重消化理解，太多的视频让人难以接受。"

学生："建议老师的教学内容丰富些，多和同学互动，此外还应及时讲解问题、进行答疑。"

学生："建议网络课程能够合理安排好时间，不要一上午或一下午都要上网课，这样精力不够，而且线上课和线下课毕竟有些不同，有时候线上课没有休息时间，所以希望上1小时线上课休息15～20分钟；希望线上课留的作业能够变成动笔拍照提交，不要全部都是线上打字操作；对于线上的作业讲解，希望可以专门录讲解视频，不必用直播课的时间来讲解习题。"

学生："讲得不够细致，知识点没有学校老师讲得透彻。"

学生："要控制观看屏幕的时间，长时间紧盯屏幕会让眼睛太过疲劳；要控制作业量，定时检查上课做的笔记，并开展随堂小考。"

学生："老师布置的作业与讨论实际上更有利于学生学习与反思，但数量应该稳定且适量。"

学生："作业可以少布置一点，然后根据我们的做题情况为我们进行答疑，或者进行针对性的直播教学，不然每天学习了大量的新知识，但其实没怎么学好。我觉得宁可学少点，也要把基础打好。"

学生："老师明确教学目标，同时加大作业落实力度，真正让学生做到对知识的全面掌握。"

学生："强制性的学习没啥意义，要勾起学生的兴趣。学生的主动参与很重要，老师要进行引导。"

学生："缺少课堂的互动，应加强老师与学生之间的交流，比如采用课堂讨论、小测试等形式。"

学生："网课比较难保证学习效果，我觉得师生之间应该多一些互动。同时老师应该更清晰地传达哪些是课程中重要的部分，帮助学生把握重点，另外还要合理安排时间。"

学生："网课学习很考验一个人的自控能力，通过这几个月的网络学习，我认识到很多自己的不足，通常只能应付老师布置的课堂作业，却很难将知识点串联在一起。由于时间规划不太好，所以常常低效学习。"

学生："我觉得网络学习更应该作为补充学习，而不应强制要求（疫情防控期间除外）。因为我认为网课的授课效果大多时候不如线下教学，需要强大的自制力和浓厚的兴趣，如果网课能提供更多的学习方面的深度内容，我觉得会更好。"

学生："希望除了在对话区输入问题以及老师点名之外，可以寻找一种更有参与感、更方便的发言方式，这样才能够激发同学更多的学习热情与参与意愿。"

第五节　设备的不良影响

在线学习中的设备条件可能对学习造成不良影响。

学生："网络学习中录制的视频画面不够清晰，并且网络学习的过程易受到网络状况的限制，使部分学生不能流畅地学习。我们学习的过程讲究状态，当画面感不好时，学生状态也跟着改变，容易导致走神和不想继续学习。这样的网络学习也就没什么意义了。"

学生："网络卡，网络学习效果没有实体课堂效果好。"

学生："利用电脑上课，有时候学习重要内容时就死机，直接退出了，所以在家上网课非常不好。"

学生："某某软件不好用，信息满天飞，眼睛都看花了。每天几个小时的教学视频包括答疑严重影响我们的视力。语文课后作业太多，周六周日都有作业。大多数家长处于复工复产阶段，难以抽出大量时间给我们检查作业。"

学生："我觉得网络学习没有学校教学好，因为有时网络不好，经常卡顿。"

学生："容易走神，太长时间对着电子产品对眼睛不好，易产生视觉疲劳。"

学生："网络信号差会影响学习质量，而且网络学习对学生的眼睛伤害大；同时，有些学生自律性差，有时候家长对此也是有心无力。"

学生："我不喜欢上网课，尤其是在群里回复老师的信息时，不仅浪费时间，而且还会吸引我看其他同学的信息，分散了注意力，从而不能专心听讲。另外，有时家里网络不稳定，特别容易掉线，有时老师讲的部分内容没看到，严重影响了学习效果。同时，长时间盯着电子产品学习还特别伤害眼睛，使我视力下降。"

学生："希望能够加强监督管理，提高学生的自觉性。可以设置更流畅的网络教学环境，增强学生和老师的应用训练，避免出现故障时无法及时跟上，从而对教学造成影响。"

第六节　自身的学习品格和身心投入

在线学习有利也有弊，学习效果取决于自身的学习品格和身心投入。

学生："在线学习很好，遇到不会的题时可以上网查阅，但是网络是把双刃剑，有好的一面，也有坏的一面。"

学生："有利有弊。利在于有个人思考的时间和空间，相对安静；弊在于没有一起学习的气氛，容易分神，不利于调动学习积极性！"

学生："很喜欢网络学习，通过网络学习，我不仅变得更专注了，而且自律性也增强了。"

学生："老师讲得很辛苦，学生却不知道要做什么。"

学生："没听懂的地方可以反复观看，直到搞懂为止。但相比课堂学习，少了一些乐趣与活力。"

学生："网络学习，对有些人有用，而对有些人一点用都没有。对于那些自控能力差的人来说，作业答案都可以在百度上搜到，考试成绩不真实。现在网络上越来越多好玩的、新奇的事物，会吸引同学们的注意力，导致他们的成绩一塌糊涂。"

学生："没有老师的监督，学习自觉性不太好，有不懂的新知识不能当面询问老师！"

学生："没有人督促时偶尔还是会走神，遇到问题无法及时解决。"

学生："网络教学没有身临其境的感觉，如果真正和老师面对面上课的话，注意力可以更加集中，学习效果也会更好。"

学生："网络教学没有线下课程的互动环节，学生的专注力相对差一点，学习效果没有线下好。"

学生："其实对于够自律、够努力的人来说，线下课或线上课的效果是一样的，有可能线上课会更好，因为线上的学习资源会更多。"

学生："网课学习是把双刃剑，自律的人可以显著提高成绩，而不自律的人必定会从山的顶端掉下来。"

学生："上网课可以体检不同老师的讲课风格，但是比较伤眼睛。"

学生："网络学习比较伤眼睛，不过挺有趣的。从学习效果来说，课堂教学更好，因为有老师的监督，而在网络上没有老师监督，可能会放松，没有原先的学习状态那么好。"

学生："我不喜欢网络学习，原因是：第一，它伤眼睛；第二，学习效果不是很好；第三，学习效率不是很高；第四，有问题不能及时向老师提出。我认为久而久之的话学习成绩会下降，我还是更喜欢在教室里上课。"

学生："我觉得网络学习的效果是不太好的，有些不懂的地方老师讲得也不是太清楚，对于想问的知识不能及时提问，只能在答疑的时候问。还有一些题目不会做，老师就直接把答案告诉我们了，这样的学习效果是不好的。而且也不能和同学交流，要交流只能用手机，而如果交流久了，家长就会说我们在玩手机。"

学生："我之前就经常上网课，对网课的学习效果非常满意。因为在上网课时，我们可以有更多的时间和空间去归纳整理知识，通过上网课，我认识了许多的老师，意识到了自己的许多不足，如自控力等。我觉得，如果没有网课，我会少很多知识储备量。所以线上和线下是各有长处的，我对这次的网课内容很满意。"

第七节　本章小结

本章对开放题文本资料进行了关键词共现分析，结果显示学生谈及较多的关键词汇依次是：学习、网络、回到学校、教师、回归课堂、效果不好、眼睛视力、师生互动、作业适量、自律自觉、理解知识、同学、专注、学习、氛围、思考、家长、辅导答疑、联系、分享观点、反思、应用。用一句话概括学生的反馈，大致就是："学习"效果有人觉得好，有人觉得不好，主要取决于"自律自觉"和"专注"程度；"网络"学习对"视力"有很大的不良影响，希望老师布置"作业适量"，多进行一些"辅导答疑"和"师生互动"，促使学生"思考"，期盼早日"回到学校""回归课堂"，与"同学"在一起才有更好的"学习氛围"，才能提高学习效果。

第九章

在线深度学习的提升策略

本研究基于理论分析框架和实证检验结果，围绕影响青少年在线深度学习的积极因素，提出了包含互动（Communication）、自我调节能力和毅力（Regulation & Perseverance）、学习能力（Learning-ability）、学习动机（Motivation）、元认知能力（Metacognition）、深度教学（Deep-teaching）六个方面的在线深度学习（CRPLMMD）策略提升框架，以此来提升学生在线深度学习的质量和效果，如下图9-1所示。

图 9-1　在线深度学习（CRPLMMD）策略提升框架

第一节　增进课堂师生互动和生生互动

第一，设计有利于增强课堂师生互动和生生互动的教学活动。课堂环境的营造是需要预先设计好的，在教学设计上应该给课堂留下足够的时间和空间，设计相应的需要互动的活动，要有进一步拓展的机会。首先，在教学活动设计中，设计出诸如发散性的、求异性的、适合思辨和讨论的问题是关键。问题是思考和讨论的源头，教学设计要用问题启发学生，推动生生互动和师生互动。其次，要想办法让问题情境化、生活化，抽象的问题很难引发互动讨论，因为学生可能缺乏对问题的实践经验和实践感知。教师将问题置于生动、具体的生活情境中，或者从情境中引出问题，这样不仅可以让学生有话可说、积极对话，而且也能激发学生的兴趣，增进情感体验，丰富生活认知。

第二，建立有助于增强师生互动和生生互动的课堂组织形式。学生愿意跟谁讨论，决定了互动的积极程度和互动的质量。两两结对或小组合作学习是促进群体互动的有效形式，因此教师要在教学设计中预先做好课堂组织形式的安排，可以让学生自己配对或自由组建小组，这往往会出现熟悉的、关系好的朋友或同学在一起讨论的局面。不过这是好事，能够促进学生围绕问题积极投入、充分交流，因为只有相互信任、彼此没有隔阂的人才能充分交流和沟通。

第三，在课堂互动中，教师要扮演一个恰当的角色。无论教师的个性和教学风格是什么样的，要促进课堂互动，教师必须把握好"严肃"与"轻松"、"民主"与"威严"、"鼓励"与"批判"等多个方面的平衡，要根据课堂氛围进行调控。如果学生讨论不热烈，就要多鼓励、表扬，营造轻松氛围；如果学生的讨论有些偏离主题，就要适当收紧，给予引导，让讨论回归主题。教师用语言的变化（包括语言内容和情感的变化）来调控，给予学生恰当的反馈，积极引导学生互动，让课堂氛围朝着有利于高效互动的方向变化。

第四，课堂采用的互动方式应该是多样化的。数字化、信息化手段正丰富着我们的课堂，在线课堂教学更是数字化、信息化跟传统课堂的深度结合，为课堂互动提供了丰富多样的方式，除了语言表达，还可以有视频、音频、文字等多种途径。教师在教学设计中，要充分利用这些媒体手段，丰富互动的途径和方式，激发学生参与的意识和积极性，推动课堂互动走向丰富和深入。

第二节　加强深度教学设计和教学策略

第一，要在教学设计中确立高阶思维发展的教学目标。要将教学目标放在布鲁姆教学目标分类体系中的"分析、评价和创造"这些层次，围绕这些层次的目标去设计教学活动，而不仅仅是停留在"记忆、理解、应用"的基础上去开展教学。要设计围绕"分析、评价和创造"维度目标的教学活动，需要教师有更强的主导性和创造性，在了解学生基础的前提下，循序渐进地设计高阶教学活动。比如，在设计"分析、评价、创造"的主题和内容时，学生要有基本的认知、体验和能力才能进行下去，这个是需要教师把握好的。最近发展区原则是教师应该遵循的原则，也就是设计的教学内容对学生具有一定的挑战性，但通过努力是可以达成的。如何努力，朝什么方向努力，是需要教师必须预设和提供的"脚手架"。

第二，要将学习内容进行意义阐释和连接，引导学生自我建构意义。教师在进行教学内容分析和设计时，要将教材中的知识内容打散，并建构情境化的教学活动，将这些知识植入情境中，让学生在情境化的教学活动中学习和体验；引导学生将孤立的知识要素连接起来，将知识以整合的、情境化的方式储存于记忆中；引导学生在新旧知识、概念、经验间建立联系，将他们的知识归纳到相关的概念系统中。这样就可以有效促使学生对知识及其意义进行深度理解，在批判反思的基础上建构属于自己的新的认知结构。

第三，教师要创设真实的问题情境，及时反馈，引导学生积极体验和深入反思。教师在设计教学活动时要把握一个原则，就是让学生在问题情境中自主探究并获得知识。在这个过程中，学生自我建构了对知识的理解体系。教师再设计类似的问题情境，让学生运用已获得的知识，加深对知识的应用和理解。教师还要重视对学生学习过程的形成性评价，给予学生及时、有效的反馈，引导学生根据自己的学习状况调整学习策略。研究表明，"学生学习的重要收获来源于外界经常向学生提供的有关他们学习的反馈，尤其是当反馈包含了可以引导学生不断努力的具体意见时。当反馈关注学生的学习过程而非最终成果时，反馈就会极大地促进学生深度学习"。

第三节　培养学生的元认知和思考能力

第一，教师要重视学生的反思过程和元认知训练。反思是一种基于真实情境的困惑、怀疑、批判和主动思考，是一种主动性学习活动。教师要创设有利于反思的学习环境，学生是否乐于评价别人，是否乐于接受别人的评价等，都需要教师的引导和氛围营造。

教师要注意调动各方面的积极性，控制各种可能的影响因素，创设一个良好的有利于反思的环境。反思什么，如何反思，这些内容需要教师提前设计和安排好，例如，有人提出"尝试教学法"，对学生"先试后导，先练后讲"，从准备、尝试、引申三个阶段来引导学生反思和训练学生的元认知；也有人提出使用过程启发式（探索式）学习、合作式学习等教学法，认为这些方法有利于元认知能力的培养，但很显然，这需要教师提前进行教学设计和安排。教师要基于学生的知识结构和认知结构，充分进行教学准备，要把元认知训练结合到教法改革中去开展教法改革。

第二，教师要充分运用元认知教学过程策略。教师要指导学生对问题解决过程进行合理的计划，例如，解决什么问题，达到什么目标，采取何种信息表征方式，如何合理分配有限的心理资源，采用何种解题策略等。教师要培养学生准确认识和监控自己思维过程的技巧，例如，引导学生思考自己的解题方法是否得当，思考自己在学习过程中的时间分配是否还有优化的可能等，这些技巧是学生积极主动监控和调节自己学习过程的基础。

第三，教师要培养学生监控与调节自己思维进程的能力。"实施—反思—改进"是认知过程改造的完整循环，元认知则是过程中的催化剂，精炼反思过程是此循环的核心。例如，让学生自己向自己解释理由，能引发控制加工过程；还有"出声思维"也有助于自我解释和自我调节。这些元认知训练活动，发展了学生的元认知控制和调节能力，能有效解除思维定式，不固守一个目标，当遇到学习困难和问题时，能合理解释和正确归因，自觉进行自我控制和有效调节，使自己成为学习的主人。

第四节　激发学生的内外部动机

第一，教师要通过激发学生的兴趣来激发其学习的内外部动机，引导学生养成积极的动机模式。积极的动机模式是指学生在头脑中所形成的有利于进一步主动学习的动机图式，主要包括学习目标的制定、对成败的归因和对能力概念的理解等。教师要引导学生把学习本身或提高自身能力设定为学习目标，这样有助于减少学生对失败归因等方面所花费的时间，从而更多地关注完成学习任务所必需的计划制订、策略实施等。有学者提出了提高学生动机状况的四个必要条件：建立归属感、形成态度、提高意义、产生胜任感。四个必要条件是由师生共同创造的，对学生的学习产生影响，教师需要思考如何建立和协调这些可能的条件。

第二，教师还要刻意进行归因训练，引导学生进行正确的学习成败归因。比如，将学业成败归因于自己的能力、努力等内部因素，尽量避免归结为背景、运气、任务难度、评分标准苛刻等外部因素。教师要用观念冲突激发学生的学习兴趣，例如，设置有争议和分歧的案例或活动，让学生对自己所知道的东西感到不满足（王建峰，2005）。教师可以结合学科特点和学生的知识基础来创设问题情境、设置认知冲突，以引起学生的好奇心并提高其学习兴趣。

第三，教师要注重培养学生的自我效能感。只有学习效能感高的学生才能有效掌握学习策略，提升学习成绩。长时间的负面反馈学习行为会使学生的学习效能感降低，因此教师要设法让学生从学习中获得成就感，建立自信心。例如，可以通过学习内容的选择（难易适度）、作业的完成、学习活动、单元测试，以及学习时间与学习进度的安排，让学习者有更多获得学习成功的机会和可能。这方面有很多策略可以采用，包括创设问题情境，把学习的主动权交给学生；在课堂教学中创造学生当众分享的机会，让学生当"老师"，变教学的组织和控制方式完全由教师调控为由教师与学生共同调控；刻意设计教师的"未知"和"失误"，让学生开动脑筋，主动发现问题和获取知识；分层布置作业，教师给予学生积极的反馈；让学生参与课堂中的评价，等等。

第五节　提高学生的自我调节能力和毅力

第一，教师要认识到学生学习毅力对学业表现的重要性。学习毅力是学生长期对目标的坚持，不惧怕困难和挑战，保持坚持的行为倾向及坚持不懈的态度和性格。研究表明，比起智力、学习成绩或者长相，毅力是最为可靠的预测一个人成就的重要指标。在学校教育中，学习毅力对学生的学业成绩和认知水平有重要影响，也能在一定程度上通过学习毅力预测学生的学业成就。年龄、课后反思、成长型思维方式、自我调节、学习动机、自我效能感以及内在情绪等与学习毅力存在相关关系；环境因素会影响学习毅力，包括家庭因素和教师支持，都会对学习毅力的培养和发展产生影响；在网络学习环境中，学生通过不断地接受挑战和努力，磨炼了心态意志，增进了毅力的持续性。总体而言，学习毅力受到学习者内在个人特质、非认知能力，以及外在环境因素的综合影响，是一种具有可塑性的能力，可通过自我反思、调节以及解决学习困难的反复练习来培养。

第二，教师要刻意训练和培养学生的学习毅力。学生个体的毅力通过行为、情感、认知活动体现出来，主要体现在三个方面：（1）目标导向，即学生个体设定目标和计划并长期坚持；（2）抗逆性，即能忍耐和克服任务执行过程中遇到的困难与挫折；（3）自我控制，即能对自己的心理和行为进行控制。基于这三个方面，学生在学习中通过调节自身学习行为、学习情感和认知，来克服学习困难与挫折，达到长期学习目标。就教师而言，一方面，要让学生意识到学习是需要坚持不懈地努力的过程，要加强这方面的思想教育和心理建设；另一方面，要营造一种刻苦、认真、坚持不懈地努力学习的氛围，好的外部环境是熏陶和培养学生学习动机和信念的关键因素。教师也要意识到，学习毅力的培养需要长期投入和持续训练，长时间、有意义的练习，包括失败练习，都是必要的。

第三，教师要帮助学生合理确定目标，提升自控力。教师要加强家庭与学校的合作，帮助学生厘清短期、中期、长期学习目标，引导学生树立专注学习、达成目标的信念，将个人志趣和学习内容结合，克服欲望和懈怠，积极投入学习中来。目标设定需要遵循两个原则：可实现性原则、尊重学生兴趣爱好原则。激励理论认为，个人的努力取决于目标的价值和目标实现的可能性，需要同时满足这两个条件，否则目标将不具有激励作用，因此帮助学生确定有价值的、可实现的目标非常重要。在线学习对学生的自控能力是一项严峻挑战，学生容易注意力分散，教师要充分运用"自我控制过程模型"策略，引导学生改变情境和认知，加强自控力。"自我控制过程模型"将控制策略分为情境选择、情境改变、注意分配、认知改变和反应调整五大策略。例如，在学习开始之前，教师可以让学生选择能够促进其自我控制的情境或同伴——鼓励学生自发形成学习小组，相互进行学习监督，营造良好的学习氛围。教师要控制学生学习环境中的显性干扰，有目的地改变物理或社会环境，比如，一开始学习时，就要移除一切可能会分散注意力的诱因。教师要改变学生对情境的评估，家长和教师要引导学生改变其对学习方式的消极评估，强调积极的一面，例如，学生可以有更多的学习时间，可以采用多样的学习方法，可以有更灵活的时间安排等。

第六节　培养学生的自主学习能力

第一，教师要采取相应的策略激发学生自主学习的内在动机。学生要做到自主学习，首先要满足的条件就是"他自己想学"，这属于激发内在动机的问题。激发这种动机的因素有很多，包括自我效能感、结果预期、学习的价值意识、学习归因、合适的目标设定等。教师要综合考虑，根据学生的具体情况有重点地选择一个或几个因素加以干预。自我决定理论认为，有形的奖励、竞争性评价等外部激励会削弱学生的内部动机，要满足学生自主学习的内在需求，教师要反思自己的教学行为，看是否会损害到学生的内部动机。一般认为，对学习结果的积极反馈能提高个体的内部动机，消极反馈则会损伤内部动机。自我决定理论的研究则进一步发现，积极的反馈并不会导致个体内部动机的提高，除非伴随着个体的自主感。因此，教师要在课堂上有意为学生创设自主学习的环境，提供一些自主选择的机会。例如，让学生自主选择课后作业内容及完成时间；鼓励学生自己设定学习目标；给学生自主支配时间等。总之，要让学生有机会练习对学习的自我规划、自我调控，体验学习的责任心和成就感，进而形成较强的学习自主性。

第二，教师要教给学生充分的认知策略。认知策略是学生对外部信息的加工方法，主要包括三类：（1）记忆策略，用于记忆事实性知识，包括复述、利用表象、记忆术等；（2）精细加工策略，用于深入理解学习内容，包括释义、小结、类比、概括、提问等；（3）组织策略，用于深入理解学习材料，包括选择要点、列提纲、组织观点等。教师要让学生了解这些认知策略，并有机会运用这些认知策略，达到熟练的程度。这既是一种自主学习的能力，也是一种提升学生自主学习自信心和效能感的有效途径。

第三，教师要帮助学生认知学习的意义和价值，促进学习动机的内化和整合。不是所有的学习任务都能激发学生的内部动机，这种情况下，教师除了在较小的压力下给学生提供选择的机会外，还应做到三点：（1）让学生理解学习内容对现实生活和未来的意义与价值；（2）容许学生在完成一些他们不喜欢的学习任务时，坦诚地说出自己的感受；（3）鼓励学生树立长期个人发展目标，并引导学生将当前的学习活动跟个人长远目标建立联系，使学生产生学习责任感，感受到学习的意义及价值，促进学习动机的内化和整合。

第七节 本章小结

本章基于理论分析框架和实证检验结果，围绕影响青少年在线深度学习的积极因素，提出了包含互动（Communication）、自我调节能力和毅力（Regulation & Perseverance）、学习能力（Learning-ability）、学习动机（Motivation）、元认知能力（Metacognition）、深度教学（Deep-teaching）六个方面的在线深度学习提升策略框架，并基于这六个方面提出相应的教育对策和建议。

第十章

在线深度学习在教师教育领域的运用研究

第一节 CDIO 学习评价对教师教育的启示

CDIO 是由麻省理工学院、瑞典皇家工学院、瑞典查尔莫斯工业大学、瑞典林雪平大学共同创立的工程教育改革模式。迄今为止，已有数十所世界著名大学加入了这个改革项目。该项目基于一个严谨的工程过程，即"构思（Conceive）—设计（Design）—实施（Implement）—运行（Operate）"（简称 CDIO）来设计教学模式，它包括三个核心文件：一个愿景，一个大纲和 12 条标准。CDIO 的大纲通过需求评估来吸收利益相关者（学生、工业界、大学教师和社会）的意见，并经过同行审查，最后形成涵盖"知识、能力与态度"的学生学习需求和具体的学习目标。为了满足这些需求和目标，CDIO 构建了一系列一体化学习经验，并通过稳健的学习评价和专业评估来改进课程计划、教与学、实践场所与条件。本研究通过分析 CDIO 的学习评价框架，探讨其对教师教育学习评价的启示。

（一）CDIO 教育模式改革

工程教育的目的是让学生成为一名成功的工程师，具备专门技术、社会意识和创新精神。CDIO 工程教育改革有三个总目标：掌握深厚的技术基础知识；领导开发和运行新产品、过程和系统；理解科研与技术开发对社会的重要性和战略影响。

为了实现这些目标，需要回答两个中心问题：一是"当工科学生毕业时，他们学到的全部知识、能力和态度应该有哪些，应掌握到什么水平"，二是"如何才能更好地保证学生学习到这些知识"。为了回答第一个问题，CDIO 广泛征集了来自工程师、学生、工业界代表、大学审查委员会、校友和资深学者等利益相关群体的意见，并将得到的结果与工业界、政府和学者对本科毕业生的期望等一起整理成学习效果，即 CDIO 教学大纲。它是针对工程教育目标的一般性描述，对具体教学计划的制订起指导作用。第二个问题要求四个方面的改革：课程计划、教与学的环境、教学方法、考核评估方法。这些方面的改革勾勒了一个完整的 CDIO 教学模式，最后形成 CDIO 的 12 条标准。CDIO 的大纲和标准分别回答了 CDIO 教育改革"教什么"和"如何教"两大问题。

CDIO 通过一体化的课程计划设计来培养个人、人际交往能力以及产品、过程和系统的建造能力，从而实现培养目标。课程计划的最终成果包括一门导论性课程、各种学科课程、专业课程，以及与能力学习效果高度交叉的总结性实践项目。为了满足知识学习和能力提升的双重目标，CDIO 认为必须整合学生的学习时间，在两个方面进行改进：（1）增加主动学习和经验学习；（2）创造能够同时获得学科知识和能力的一体化学习经验。

CDIO 的教学方法基于经验学习理论，根植于建构主义和认知发展理论。建构主义假定"学习者所学到的内容是他的背景环境、活动和目标的函数"。CDIO 教学模式以经验学习为核心内容，通过诸如基于项目的学习、仿真和案例学习等方式来创造经验，并将其转化为知识、能力、态度、价值观、情感、信仰和感受。经验学习促使学生学习技术知识，将理论与实践相结合，明确各学科之间的联系，同时加强对工程科学的理解，使学生有机会在日益复杂的学习环境中担当各种工程实践的角色。这些经验学习需要精心设计的工程实践场所来支持。CDIO 还运用"主动学习"的方法促使学生学习。研究表明，主动学习能够显著提高学生的学习质量，当学生参与操作、应用和评价想法，以及积极思考和公开回答问题时，他们就在进行主动学习。在以讲授为主的课程中，主动学习包括在讲课过程中适当留出时间让学生反思、进行小组讨论，以及反馈其学习情况等。当学生模拟职业工程师的角色时，主动学习就变成了经验学习。通过主动学习和经验学习，CDIO 把能力的培养融入学科知识的学习过程中，也让工程对学生更具吸引力。这些整合与改变的效果与质量最后都是通过一个稳健的"学习评价和专业评估"体系来监控并改进的。

CDIO 不仅是一个可直接参考利用的教育模式，而且包含着一个动态的教育革新过程。它要求持续通过评价来决定做什么、不做什么、如何改善、如何形成规范。CDIO 评价学生个体的学习效果、教师的教学和 CDIO 实施的整体效果。评价过程允许评价 CDIO 大纲中的 80 个属性，学生采用很多评价工具，负责自评和相互评价，不仅评价技能还评价态度。

（二）CDIO 学习评价框架

1. 学习评价的理念：以学为中心

传统的观点认为评估是独立于教学的。教师认为评估占用了教学时间，而学生通常对评估有所担心和畏惧。但是，CDIO 教学模式的评估是以学习为中心的，也就是说，它是整个教学过程的一部分，在学生和教师共同学习的氛围中促进学习。胡巴和弗里德

（Huba and Freed，2000）比较了"以教为中心的评估"和"以学为中心的评估"之间的区别（见表 10-1）。

表 10-1　以教为中心的评估和以学为中心的评估

以教为中心的评估	以学为中心的评估
教学和评估相互分离	教学和评估相互关联
强调正确的答案	评估用来促进和诊断学习
评估用来监控学习	强调产生更好的答案和在错误中学习
通过客观的评分测试来间接评估学习	通过试卷、计划、表现和投资搭配等直接评估学习
文化是有竞争性的和个人主义的	文化是相互合作、协作和支持的
只有学生被认为是学习者	教师和学生一起学习

资料来源：克劳雷等．重新认识工程教育：国际 CDIO 培养模式与方法 [M]．顾佩华，沈民奋，陆小华，译．北京：高等教育出版社，2009：143.

以学为中心的评估，是与学习效果相结合的，并使用多种方法收集学习效果的证据，注重收集学生在知识、能力等方面熟练程度的证据，且在相互支持和协作的环境中促进学习。它强调在教学活动"开始之前""进展之中"和"完成之后"三个时期对学生进行学习效果评估。

2. 学习评价的模式：四个阶段的循环

CDIO 将学习评价分为四个主要阶段：（1）设定学习效果的具体要求；（2）使评估方法与课程计划、学习效果和教学方法相一致；（3）使用多种评估方法收集学生所取得的成绩的证据；（4）使用评估结果改进教学和学习（见图 10-1）。整个过程以评价结果改进教与学来结束一次循环，然后在对学习效果重新描述的基础上开始下一次循环。

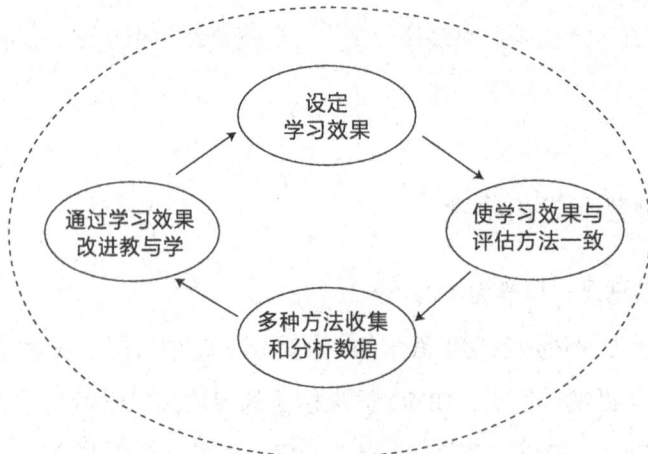

图 10-1　CDIO 学习效果评价的四个阶段

CDIO学习评价的独特之处在于对学习效果进行清晰的描述并将其整合到课程计划中，学习评价从学习效果的具体标准出发，对预期的学习效果进行分类，并选择合适的评价方法，再从多方面收集反映学习效果的证据。事实上，这一学习评价过程可用于任何教育项目中。

3. 学习评价的方法：选择与匹配

CDIO事先对预期学习效果进行了清晰的表述，并将其整合到课程中。不同类别的学习效果要求采用不同的教学方法（如主动学习、经验学习等），这些教学方法产生了不同的学习经验，从而需要不同的评价方法来确保评价数据的可靠性和有效性。例如，与学科知识相关的学习效果可以通过口试或笔试来进行，而那些与"设计—实现"相关的能力则最好通过实际的观察和记录来考察。在学习效果的评价中，CDIO非常强调评价方法与学习效果的一致性。表10-2中显示了不同类型学习效果与不同评价方法之间的匹配，它强调的是在学习考核中选择评估方法的重要性和采用这种方法收集学生学习效果相关证据的适应性。采用多种考核方法可以适用于更广泛的学习风格，并增加考核数据的可靠性和有效性，这样对学生学习效果的判定就具有更高的可信度。

表 10-2　学习效果与评价过程的一致性

	笔试和口试	表现评分	产品审查	学习日志和卷案	其他自我评测的方法
概念理解	√				
问题解决和程序性知识	√			√	
知识创新和综合		√	√	√	
能力和过程		√	√	√	√
态度			√	√	√

资料来源：克劳雷等.重新认识工程教育：国际CDIO培养模式与方法[M].顾佩华，沈民奋，陆小华，译.北京：高等教育出版社，2009：144

从表10-2可以看到，笔试和口试在评估学生对概念的理解、解决问题的能力和对程序性知识的掌握方面比较有效。对概念理解的测试可以包含在考试、面谈或与学生的信息互动过程中，而对问题解决能力和程序性知识的测试可以采用口头提问、书面报告以及定期刊物、要求学生解决简单和复杂的问题等方式。对"能力和过程"的评价可采用表现评分、产品审查、学习日志和卷案，以及其他自我评测方法。"知识创新和综合"虽然不易评估，但仍可以采用与评估"能力和过程"相同的方法。例如，可以要求学生构思和设计一个工程产品，以满足客户的需求或评价运行的系统并提出改进意见。"态度"属于情感方面的学习效果，可以通过大部分的自我评测方法（包括学习日志和卷案）来进行评估。表 10-2 是将评估方法与学习效果相匹配的一个指导性方案，它没有规定精确的匹配方法。评估方法的具体选择取决于教师对某一方法的了解和运用，以及可用于数据采集和分析的条件。

笔试的优点在于，可以在同一时间对大批学生进行评估，并对学生的学习成绩进行存档。但是，理想的笔试题目很难设计，而且学生给出的答案也不一定揭示其出错的原因或误解的根源。口试要求学生独立思考和合理讲解，但与笔试相比，口试的测试效率明显低得多。

表现评分是通过学生在诸如口头演讲和团队工作等特定任务中的表现情况，对学生的预期学习效果进行评估。在表现评分中，运用评分表有助于收集和分析评估数据。评分表对于观察记录和判断是一种有效的方法，但它们的构建比较费时而且具有挑战性。表 10-3 是一个评分表的例子，它展示了评分表设计的具体化、可操作性强和可测量等特点。

表 10-3　口头演讲和技术介绍评分表

报告的质量	差	中	好	非常好	评论
清晰地表达演讲主题					
同听众保持较好的眼神交流					
有效地应用语音技巧（音量、清澈度、语调）					
举止和职业形态（外表、姿态、手势）					
平稳、有效地过渡到下一位演讲者					
对演讲者演示技巧的评论					

资料来源：克劳雷等.重新认识工程教育：国际 CDIO 培养模式与方法 [M]. 顾佩华，沈民奋，陆小华，译. 北京：高等教育出版社，2009：148.

学习日志和卷案对学生在"设计—实现"项目和实验研究以及在团队协作方面所付出的努力进行了记录，能够揭示学生严谨的思维能力和推理能力，并记录学生在工程过程中经历的各个阶段。学习日志有助于明确个人对团队项目和活动的贡献，虽然需要花费时间对学习日志和卷案进行阅读和评估，但对学生而言，定期的反馈是保证学习有效的关键。

产品审查是一种包含他评和综合评价的方法。例如，在一些专业计划中，每一个学生团队都要完成这样一个任务：通过口头和书面的形式对班里至少一个团队的表现和产品进行评审。学生可以通过审核和评论他们自己和同伴的工作，参与到评估过程中来。这些评估可能使用一些评分表，这与其他表现方面的评分表、开放性的叙述或反思卷案等方式相类似。

（三）CDIO 对教师教育学习评价的启示

1. 教师教育与工程教育的共同点

现代工程教育同时强调两个关键目标：一是把学生培养成某一领域的专家，熟练掌握职业所需的专业知识；二是把学生培养成通识家，形成某一领域的个人、人际交往能力以及产品、过程和系统的建造能力。前者是专业知识，后者是实践能力。

现代教师教育强调专业化，目的是把学生培养成专业素养和实践智慧兼备的专业教育工作者（或者说专家型教师），它同时包含两大培养目标：专业知识和实践能力。一方面，教师要掌握包括学科专业知识、教育学和心理学知识、教育交叉学科（如教育统计学、教育测量学、教育心理学等）知识等；另一方面，教师教育又应具有极强的应用性，必须紧密联系和服务于教育教学实践。正如 Wise（1994）所说，"教学既不是一种生搬硬套的工作，也不是从有关'如何做'的教学手册中就能学会的手艺。教学是一门专业，这门专业需要通过对复杂环境的操控，为在多种情况下具有不同发展需求的人创造学习机会"。有效的教师教育始终要以实践为导向，其专业知识课程源于对实践的研究，并为教学实践提供诊断和解决问题的基础性知识；其实践性教学则是提供专业知识内化的应用情境，让师范生在复杂环境中学会利用相关知识进行专业判断和实施专业行动。当前各国主要是通过"大学—中小学校合作模式、中小学校本模式和职前职后一体化模式"促使教师教育走向实践（如美国），或者通过现有大学本位教师教育模式框架中强化实践课程走向实践（如中国）。

工程教育与教师教育并没有本质的不同，二者都以培养具备专业知识和实践能力的专业人员为目标，工程师和教师都要面对变化的工作对象，在工作中需要融入智慧与创新。除了专业知识外，两者也都需要实践能力和悟性，这需要通过经验学习和实践训练形成。这种共同性使工程教育与教师教育具有一定的可比性和相互借鉴的基础。教师教育教学的有效性取决于三个方面：一是基于教师能力标准的培养大纲；二是课程计划设置和教学实施；三是对学习效果的准确评价并反馈改进。它与工程教育改革强调的四个任务，即"课程计划——哪些需要教；教与学计划——这些课程计划如何贯彻执行；教与学的评估——预期的目标应当如何考评和如何改进；工作场地和物资配备——学习环境"，在本质上是一致的。

（四）CDIO 学习评价对教师教育的启示

1. 建立完善和具体的教学大纲

在考虑利益相关者意见的基础上确立的 CDIO 大纲使得对学习效果的评价有据可依、有的放矢，学习效果的精确描述为学习评价提供了可操作性的具体目标。对教师教育而言，完善的、清晰的、具体的教学大纲是基础，它不应该是纯粹理论研究的产物，而应包含所有利益相关者（包括国家、社会、学生、家长、学者、教师本人）的意见；它不应是一系列"理想教师"的特征集合，而要基于实践要求。我国颁布的"中小学教师专业标准"比较全面地描述了一个合格的中小学教师应具备的专业知识与能力，但与 CDIO 大纲相比，其可操作性和明确性仍不强，需要进一步细化。表 10-4 以"交流沟通能力"的描述为例比较了"中学教师专业标准"与 CDIO 大纲在可操作性上的差异。

表 10-4 **"中学教师专业标准"与 CDIO 大纲的学习效果描述比较示例**

	交流沟通能力
中学教师专业标准	• 了解中学生，平等地与中学生进行沟通交流； • 与同事合作交流，分享经验和资源，共同发展； • 与家长进行有效沟通与合作，共同促进中学生发展； • 协助中学与社区建立合作互助的良好关系
CDIO 大纲	• 交流的策略（分析交流环境，选择交流策略）； • 交流的结构（突出逻辑和具有说服力的论点，建立概念间合理的结构和关系，选择相关、可信和准确的有利证据，采用简练、明了、精确和清晰的语言，分析修辞因素，如考虑听众的偏好等，理解跨学科和跨文化的交流）； • 书面交流（展示文章内容的连贯性和流畅性，以正确的拼写、标点符号和语法教学写作，对文件进行格式化，展示技术写作能力，使用不同的写作风格，如备忘录、报告等）； • 电子及多媒体交流（能制作电子演示材料，认识电邮、电话留言和视频会议中的工作惯例，应用各种电子表达形式，如图形、网页等）； • 图表交流（能画草图和正式的图纸，制作图表，解释正式技术图纸和图像效果）； • 口头表达和人际交流（能够使用适当的语言、风格、时间、流程准备报告和相应的支撑媒介，应用适当的非语言交流方式，如手势、眼神接触、姿态等，能有效回答问题）； • 使用外语进行交流（阅读、理解、书面和口头）

数据来源：CDIO 大纲和中华人民共和国教育部"中学教师专业标准（试行）"。

2. 选择与学习效果一致的评价方法

有效教学包括：（1）用表现术语清晰地表述对学生学习的期望；（2）设计与期望的学习成果相匹配的教学活动；（3）运用与预期学习成果和教学活动相协调的评测程序。传统的学习成效评价过于强调纸笔测验，有人主张使用其他评测（如口头表达、演示、档案评价等）来取代部分纸笔测验，还有人主张应更加关注学生的实际表现，重视对更直接的、基于真实世界中任务解决的评测。简言之，如果你想知道他们是否能完成某项任务，就让他们去完成那项任务。毫无疑问，表现评测在教师教育教学中能更好地评测预期的学习效果。事实上，笔试、口试、表现评分、产品审查、学习日志和卷案、以及其他自我评测的方法在评价知识和能力方面各有利弊。CDIO 强调效果目标与评价方法的科学匹配，目的是要保证评价的有效性。甚至 CDIO 教学模式强调在学习的过程中使用某些评估方法，可以获得与教学方法一样的效果。不同的评价方法实质上代表不同的数据来源。评价中的数据收集兼顾时机、方法和对象，如在教学活动开始之前、进展之中以及完成之后的三个时期分别收集评价数据；在教学过程中运用形成性评估方法，在教学过程结束时采用总结性评估方法；对利益相关者（包括毕业后的校友）收集评价数据等。

3. 倡导一种质量文化

以学生为中心的教育和以学生的学为中心的教学必然形成一种新的质量文化。学习评估和专业评估旨在帮助学生和学校培养及展示一种质量文化，正如 Massy 所描述的一系列核心的质量原则，这些原则定义了高等教育的质量过程：（1）根据学生取得的学习效果定义教育质量；（2）关注教学、学习和学生评估的过程；（3）努力使课程计划、教育过程和评估结果相一致；（4）通过协调工作去实现共同参与和相互支持；（5）尽可能根据实际情况做出决定；（6）通过最佳实践进行分析和学习；（7）首要任务是不断提高学术水平。CDIO 也正力求在专业计划和教学的持续改进过程中使用这些原则来体现质量文化。同样，对本科师范生的教学可以借鉴 CDIO 的做法，以评价体系为保障，完善基于上述质量原则的教与学的过程。

第二节　手机辅助教学对学生学业表现的影响

大学课堂教学正普遍面临"手机入侵、课堂失守"的挑战，让课堂上的"低头族"抬起头成为很多教师内心难以言说的期盼甚至奢求。国内外不少大学尝试采用诸如"堵拦、引导"等措施遏制手机进课堂，但收效甚微。事实上，"遏制手机进课堂"的合理性依然是一个值得商榷的问题。在"互联网+"时代，忽视"技术改造人类行为"的潜在力量，忽视网络时代知识与学习的新特性，在传统教育教学模式和管理主义思维方式下做出的任何实践努力可能都难以取得真正的成效。忽视移动互联技术和移动学习的快速发展对高等教育的积极影响可能根本就是一种错误。

2019年，爱立信在其发布的《移动市场报告》中称，全球约有57亿移动终端用户，约占全球总人口的76%。研究表明，高等教育已成为移动学习应用的主阵地，也是不同教育层次中应用移动设备最多的群体，在移动学习技术使用上呈不断增长的趋势。在麦格劳希尔教育集团和汉诺威研究中心调查的2600余名美国大学生中，约2/3的人在使用智能手机进行学习。一项调查显示，中国大学生智能手机的使用也呈现"普及率高和依赖程度高"两大特征，基本实现了不同群体和各种区域的全覆盖。全球移动学习市场预计每年将以36%的速度增长。一项研究显示，至少42%的美国高校实施了自带设备（BYOD）策略，即允许学生把智能手机、平板电脑等移动设备带到学习场所。BYOD策略不仅可以减少设备投资，还顺应了现代生活方式，因而备受欢迎。

移动设备的普及被认为可以让学习者随时随地访问学习资源，增加人们受教育的机会。教师利用移动设备，可以随时随地传送视频和互动课程资料，创设机会促进学生在学习中的互动交流，帮助学生与课程内容建立联系，构建深层学习方法。那么，移动设备（或手机）辅助教学究竟能否提升大学本科生的学习成绩？本研究试图采用准实验设计，基于中国高校教学实践回答该问题。

（一）信息技术应用于教学实践的有效性

信息技术运用于教育领域，催生了一些新的教学模式（如远程教育、混合学习、移动学习、在线学习等），慕课、翻转课堂、微课、智慧教育、云端大学等新名词和新事物也不断涌现。这些都向社会彰显了技术对教育的巨大影响潜能——引发新的学习机会和改变传统教学模式。以信息技术为基础的新教学模式的有效性，常常通过与传统面对面教学模式的比较来加以判断。

　　远程教育是信息技术应用于教育最早的教学模式之一，它被证明是非常成功的，至今还广泛应用于培训等领域。大量实证研究表明，与传统课堂教学相比，远程教育在提升学生学业成绩方面更为有效或者至少不逊色。但也有不少研究表明，远程教育的教学满意度相对而言略低于传统模式的教学。在线学习被认为是第五代远程教育，与远程教育的共同之处在于都能提供"随时随地"的学习，解决师生间的地理间隔障碍，借助技术来访问学习内容；不同之处在于远程教育一直注重内容传递和独立学习，而在线学习注重交互性。研究发现，在线学习和面对面学习模式对学习效果的影响是各不相同的，不同教学模式适合不同的任务类型。好的在线设计可以有效促进事实和陈述性知识的学习，而基于问题的学习有助于能力的培养，却对知识的获取有负面影响。大多数研究都证明在线学习至少跟面对面学习一样有效。

　　混合学习将传统面对面教学与在线学习结合起来，给学生的学习带来了积极影响，成为一种很有吸引力的教育模式。对混合学习有效性的多数研究文献都有比较一致的结论：无论是以"在线为主、面授为辅"还是"面授为主、在线为辅"的课程中，学生的学习成绩都比纯面授或纯在线学习更好。尽管混合学习的有效性几乎得到一致认同，但由于缺乏对复杂因素的有效控制，所以很难确定具体的因果关系。混合学习一般需要更多时间、更多教学资源、更多互动等，其中任何一种因素都可能用来解释混合学习为什么更有效。研究并没有提供足够的证据证明混合教学法的哪个具体方面对学习效果产生了影响。明斯（Means B）等人发现混合学习中运用的教学法对学生的学习效果有积极的影响，合作互动学习和教师指导比自定进度的自主学习更有效。博拉德（Bernard R. M）等人也把教学相关的因素作为调节变量，发现三种交互类型（学生与学生、学生与老师、学生与内容）中，当两种或三种互动同时出现时比一种更有效。斯奇米德（Schmid R. F）等人发现，在课堂教学中，少用或中度使用技术比高度使用技术对教学更有效，技术使用程度对学习的不同影响还与课程内容有关。混合学习中不同交互类型结合的有效性也验证了交互等价理论，该理论假设"高水平的、多种类型的互动有可能带来更为满意的学习经历"。

　　移动学习是更深入融合技术、学习者和学习科学的新型教学模式。英国密德萨斯大学（Middlesex University）在一年级解剖课程中设计了一项移动学习的实验研究，实验组在课堂上使用 iPad 开展学习活动（包括测验和游戏功能），结果显示实验组的成绩更好，而相比讲授形式，学生更喜欢从这种实践经历中去发现和学习知识。王小根等人用iPad 设计了在博物馆实地学习的实验方案，实验组在博物馆中进行移动学习，控制组采用传统的多媒体教学在课堂里学习，结果发现实验组的学习成绩、学习兴趣和对本土传统文化的认同感都明显高于控制组的学生。苏陈等人利用智能手机开展对植物学学习的实验研究，发现利用智能手机开展基于游戏的学习能显著提高学生的学习成绩和学习动机。李丹等人通过对临床医学专业的学生进行移动学习的实验研究发现，参与移动学习的实验组的课程理论考试成绩显著高于采用传统教学形式的对照组；在提高学生的学习兴趣、课堂参与积极性、自主学习、交流沟通表达能力、创新及思辨能力等方面，实验组也显著好于对照组。郑兰琴等人对 2011—2017 年国际英文期刊 92 项移动学习实验和准实验研究的元分析显示，利用移动学习确实能显著提升学生的认知类学习绩效，总效应量高达 0.85。但也有研究发现移动学习对学生成绩的负面影响。一项采用移动学习策略引导五年级小学生在田野中学习本土文化的实验研究发现，采用 iPad 学习本土文化的组别相对于采用传统方式（即教师引导）学习的组别而言，学习成绩更差。类似的结果在杜利特（Doolittle）和马里亚诺（Mariano）的随机实验研究中也有出现。

有研究发现，信息技术（移动设备、互联网等）的普及使社会各阶层都能平等享有信息资源，但对其利用却存在娱乐和学习两种不同偏好，用于学习可能提高学习期间的教育获得，用于娱乐则会抑制学业表现的提高，信息技术运用上的分化会造成新的社会分化和数字鸿沟。尽管如此，信息技术辅助教学的未来价值和提升教学有效性的积极作用一直备受重视，但基于事实的证据还不够充分。尤其是利用移动终端设备辅助课堂教学的有效性方面，绝大多数实证研究来自国外，基于中国教育教学实践的研究较少，研究结论也不一致。因此，有必要利用中国的实验数据做进一步的检验。

（二）研究设计

1. 准实验设计

本研究考察手机辅助教学对学生学习成绩的影响效应，严格的实验设计是将学生随机分为实验组和控制组，让这两组学生学习同一课程，对课程成绩实施前测与后测，比较处理效应。这是一个典型的实验室设计模式。但限于问题情境与研究条件，本研究重点关注在自然班级状态下，实施手机辅助教学这样的改革是否对学生成绩有积极影响，因此本研究拟采用准实验设计。

研究选取某省属高校大一本科新生（非数学专业）作为实验对象，因为这些非数学专业的本科新生都需要在大一期间修同样的公共数学课程（由本校数学学院开设，包括高等数学和线性代数），这便于我们在一个较大样本的基础上对学习成绩进行统一测量和比较。在需要学习"高等数学"的 19 个班级中，我们随机选择了 8 个班级作为实验组，另外 11 个班级作为控制组。在实验组，我们让授课教师运用"雨课堂"手机 App 辅助教学，采用手机与传统课堂讲授相结合的混合教学模式；在控制组，教师仍然沿袭传统的课堂讲授教学。实验期限为一个学期。

实验组和控制组在成绩评定、考勤记录等方面都统一做出要求，确保一致。实验组和控制组授课教师的差异，通过性别、学历层次来进行匹配并予以控制。为了确保实验组师生熟练使用雨课堂软件，我们对实验组的师生进行了专门的软件使用培训，并建立专门的 QQ 群提供技术支持与服务。为了确保实验组教师认真使用手机辅助教学，我们采取了两种措施：一是组织实验组教师围绕"手机辅助高等数学教学"进行集体备课，让实验组教师使用相同的教学设计方案；二是利用雨课堂手机 App 自带的后台记录功能，监控授课教师的教学行为，督促教师每堂课都使用手机辅助教学。

在实施了一个学期的实验后，我们对实验组和控制组的全部学生进行了统一的同卷期末笔试测试，同时对他们的课堂学习、课外学习性投入等方面进行了问卷调查。考虑到有效测量数学水平的难度以及同卷测试会存在练习效应，本研究没有对实验对象进行前测，而是在分析中直接将高考数学成绩、高考总分作为控制变量。最后，在排除少量无效样本后，用于分析的有效样本量是 775 人，其中实验组 307 人，控制组 468 人。

2. 计量模型

（1）传统最小二乘法（OLS）估计下的计量模型

为了探究实验过程中的手机辅助教学能否有效提升学生的学习成绩，本研究将基于以下模型进行实证分析：

$$y_i=\beta_0+\beta_1\mathrm{Treat}_i+\beta_2\vec{X}_i+\varepsilon$$

其中，y_i 是学生第一学期公共数学课的期末考试成绩，属于处理变量，即学生所在班级是否采用了手机辅助教学，如果使用了手机辅助教学，则为 1，反之则为 0。β_1 为处理变量的效应，若为正数，表明手机辅助教学能提升学生的学习效果；若为负数，表明手机辅助教学降低了学生的学习效果。该项目为随机误差项，为了控制变量的向量，其包括以下四类变量。

一是基础性变量，如性别、院系等（分别以男性、管理学院为参照组），用来控制学生的结构性差异。

二是生源变量，含高考数学成绩、高考总分、生源类型（含文科和理科两类，以文科为参照组）、生源地（分为两类，湖北和非湖北生源，以非湖北生源为参照组），用以控制学生的生源差异。

三是学生学习投入变量，主要从两方面考察：一方面反映学生日常时间分配的变量，用来控制整体上学生学习投入性差异；另一方面反映学生对公共数学课的投入与兴趣的变量，用于控制学生对公共数学课的投入性差异。这两种类型的变量均通过四点量表来测度，分别为"非常少""较少""较多""非常多"。在统计分析时将前两者合并为一组作为参照组，取值为 0；后两者合并为另一组，取值为 1。

四是班级层面的变量，包括专业类别和任课教师两种变量，用以控制因班级学生构成的差异和任课教师的教学差异等造成的影响。在本研究中将以固定效应模型来控制班级层面的变量差异。

（2）反事实分析框架下的计量模型

用上述 OLS 方法估计实验效果的前提假定是已经控制了足够多的外生因素，不存在遗漏变量问题。然而，现实中的研究通常并不满足这一假设，所观察的对象并不是随机分配的，会产生内生性或样本选择偏误等问题。就本研究而言，由于影响学生公共数学课成绩的因素太多，实验组与对照组的学生差异较大，无法直接进行比较。解决此问题一般有两种方法。一是使用倾向得分匹配法，通过寻找影响学生是否参与实验的协变量来改变研究对象的随机性，从而将实验组与对照组个体进行一一匹配，准确衡量出实验效果。然而，本研究设计的实验是以自然班级为单位进行的，学生是否参与实验的随机性不强，无法寻找这样的协变量来改变随机性。二是基于反事实分析框架，预测实验组学生在对照组时的"反事实"公共数学课成绩，然后将其与真实的公共数学课成绩的差值为依据来衡量实验效果。

本研究拟采用反事实分析框架对实验效果进行分析，具体步骤如下。

第一步，利用对照组样本数据，拟合以下方程，得到各解释变量的拟合系数：

$$y_{ic}=\beta_0+\beta_1\vec{X}_{ic}+\varepsilon$$

其中，y_{ic} 为对照组学生的公共数学课成绩，是对照组学生的特征指标，如性别、文理科、生源地、高考数学成绩、高考综合成绩、专业、对公共数学课的兴趣和投入等；

第二步，利用上一步的拟合系数，计算出实验组样本在对照组时的"反事实"成绩，结果如下：

$$\hat{y}_{it}=\beta_0+\beta_1\vec{X}_{it}$$

其中，$\hat{y}_{it}$ 是实验组学生的"反事实"成绩，是实验组学生 i 的特征指标。

第三步，利用实验组学生的真实成绩减去"反事实"成绩，计算出实验组学生的分数增长情况：

$$\Delta = y_{it} - \hat{y}_{it}$$

其中，Δ 为实验组学生的分数增长情况，反映的是手机辅助教学对学生学习效果的影响程度，其数值越大，表明实验效果越好。

3. 研究结果

（1）实验结果的描述性统计分析

表 10-5 呈现了各相关变量的描述性统计分析结果。由表中结果可知，实验组学生的期末考试成绩均值为 70.69 分，高于对照组学生的期末考试成绩均值（63.65 分），方差分析显示两组均值的这种差异具有统计显著性（$F=21.85$，$P<0.001$）。粗略地看，手机辅助教学能够提升学生的公共数学课成绩。但这个结果是在未控制其他变量的情况下进行的简单比较，研究结果的可靠性仍不足。从表 10-5 还可以看出，实验组和对照组在各个控制变量上的差异并不是很大，这说明实验组和控制组学生的特征非常接近，用这两组学生来做手机辅助教学的对照实验，得到的这个实验结果是有意义的。

表 10-5　各变量的描述性统计分析

变量	全样本			对照组			实验组		
	N	均值	标准差	N	均值	标准差	N	均值	标准差
期末考试成绩	774	66.44	17.77	467	63.65	17.29	307	70.69	17.68
性别（以"男性"为参照）	775	0.641	0.480	468	0.660	0.474	307	0.612	0.488
高考数学成绩	767	99.06	13.18	461	99.39	12.19	306	98.56	14.56
高考总分	763	491.0	25.93	456	493.6	19.32	307	487.1	33.06
高考类型（以"文科"为参照）	775	0.724	0.447	468	0.737	0.441	307	0.704	0.457
生源地（以"非湖北"为参照）	775	0.786	0.411	468	0.814	0.389	307	0.743	0.438
化生（以"管理学院"为参照）	775	0.234	0.423	468	0.387	0.488	307	—	—
计算机	775	0.0555	0.229	468	0.0919	0.289	307	—	—
建工	775	0.209	0.407	468	0.0791	0.270	307	0.407	0.492
数经	775	0.119	0.324	468	0.197	0.398	307	—	—
每周课外学习投入	725	0.509	0.500	434	0.477	0.500	291	0.557	0.498
每周兼职投入	722	0.123	0.329	433	0.118	0.323	289	0.131	0.339

变量	全样本			对照组			实验组		
	N	均值	标准差	N	均值	标准差	N	均值	标准差
每周课外活动投入	721	0.519	0.500	432	0.509	0.500	289	0.533	0.500
每周玩游戏投入	724	0.631	0.483	433	0.617	0.487	291	0.653	0.477
每周健身投入	724	0.316	0.465	433	0.305	0.461	291	0.333	0.472
公共数学课——师生互动	725	0.474	0.500	433	0.478	0.500	292	0.469	0.500
公共数学课——课外师生交流	721	0.305	0.461	431	0.278	0.449	290	0.345	0.476
公共数学课——课外学术交流	718	0.628	0.484	430	0.612	0.488	288	0.653	0.477
公共数学课——课外时间投入	718	0.655	0.476	428	0.619	0.486	290	0.707	0.456
公共数学课——兴趣	722	0.530	0.499	433	0.531	0.500	289	0.529	0.500
是否参加实验	775	0.396	0.489						

（2）传统 OLS 估计下的实验效果分析

在进行 OLS 估计之前，先简单对比不同组别下实验组与对照组学生的公共数学课期末考试成绩差异，图 10-2、10-3、10-4、10-5、10-6 呈现了不同组别下实验组和对照组学生的期末考试成绩分布情况。

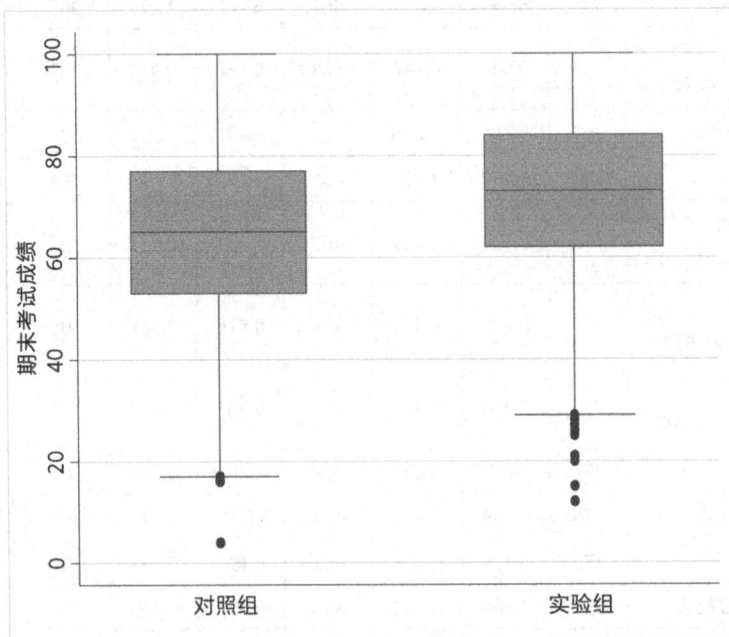

图 10-2　实验组与对照组的成绩对比（一）

由图 10-2 可知，实验组学生的中位数高于对照组学生的中位数；从整体分布上看，实验组学生的期末考试成绩高于对照组学生的期末考试成绩，表明实验组学生的成绩相对更好；从集中程度上看，实验组学生的期末考试成绩分布更为集中。

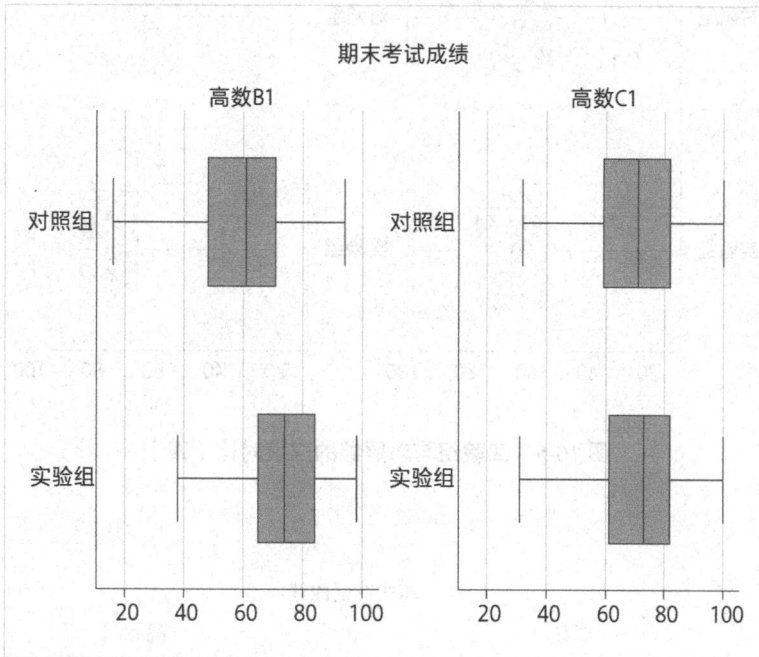

图 10-3　实验组与对照组的成绩对比（二）

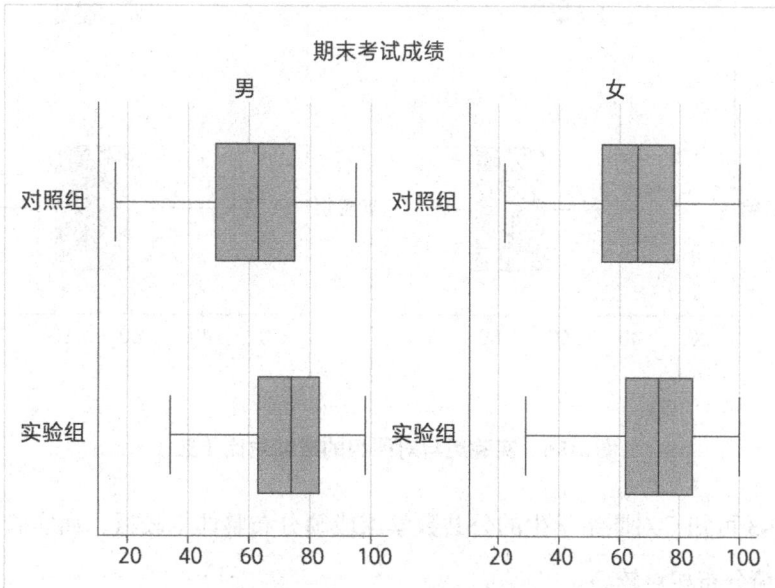

图 10-4　实验组与对照组的成绩对比（三）

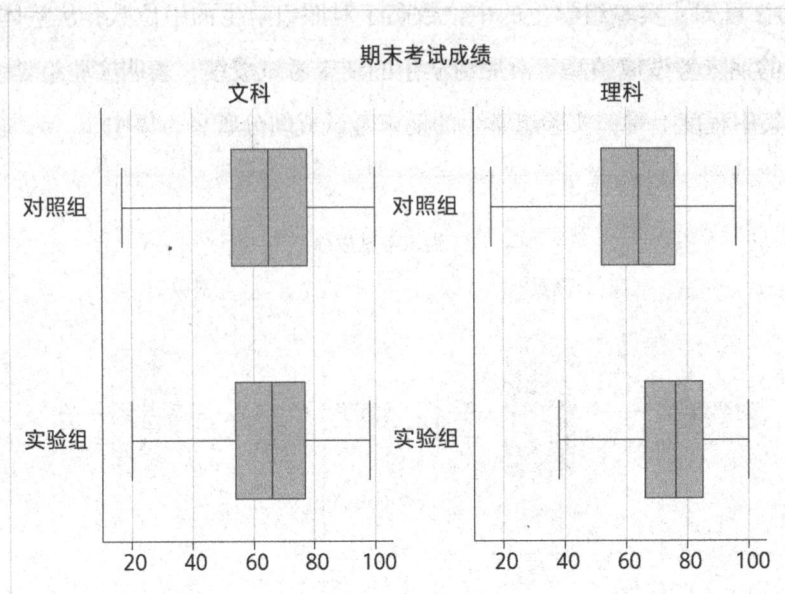

图 10-5　实验组与对照组的成绩对比（四）

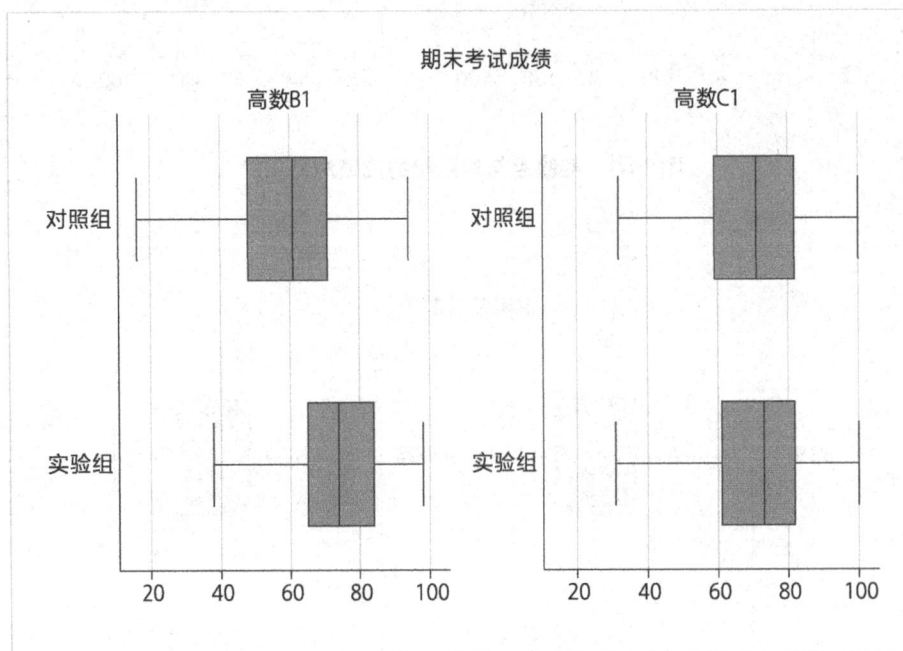

图 10-6　实验组与对照组的成绩对比（五）

由图 10-3 可知，对照组学生的公共数学课成绩分布整体上较低，而实验组学生的公共数学课成绩分布相对较高。

由图 10-4 可知，无论从男性样本还是女性样本来看，实验组学生的公共数学课成绩的中位数高于对照组学生，且实验组学生成绩分布更为集中。

由图 10-5 可知，文科类学生的公共数学课成绩在实验组与对照组中并无明显差异；而理科类学生的公共数学课成绩中，相比对照组学生而言，实验组学生的公共数学课成绩的中位数更高，且分布更为集中。这表明理科类学生在手机辅助教学实验中的提升更明显。

由图 10-6 可知，高数 B1 类课程下实验组学生成绩的中位数明显高于对照组学生，且分布更为集中。但在高数 C1 类课程中，实验组与对照组学生成绩的中位数并无明显差异。这表明，相对而言高数 B1 类课程在手机辅助教学下学生成绩提升更明显。

上述比较分析并未控制其他变量的影响，接下来利用传统 OLS 回归模型控制其他变量进行拟合分析，分析结果见表 10-6。模型的拟合优度为 30.9%，回归分析是有意义的，能够解释学生公共数学课期末考试成绩 30.9% 的差异。从回归系数来看，手机辅助教学实验能够显著提高学生公共数学课成绩，在控制其他变量的影响下，实验组学生的公共数学课成绩比对照组学生的公共数学课成绩显著高出 8.913 分。从标准化系数上看，在控制其他变量的影响下，参与手机辅助教学实验后，学生公共数学课期末考试成绩能够提高 24.47% 个标准差。由此可见，手机辅助教学是有效的，能够显著提升学生的学习成绩。

表 10-6 传统 OLS 估计下手机辅助教学的实验效果分析

	期末考试成绩	
	未标准化系数	标准化系数
女（以"男性"为参照）	1.886	0.0508
	（1.407）	
高考数学成绩	0.266***	0.1975
	（0.0494）	
高考总分	0.0264	0.0384
	（0.0289）	
理科（以"文科"为参照）	7.262***	0.1822
	（1.728）	
生源地（以"非湖北"为参照）	3.629*	0.08243
	（1.863）	

（续表）

	期末考试成绩	
	未标准化系数	标准化系数
化生（以"管理学院"为参照）	−6.120	−0.1477
	（3.747）	
计算机	0.398	0.0051
	（5.041）	
建工	−2.042	−0.04637
	（3.711）	
数经	11.90***	0.2046
	（3.954）	
每周课外学习投入	0.410	0.01145
	（1.336）	
每周兼职投入	0.0695	0.0013
	（1.888）	
每周课外活动投入	0.901	0.0252
	（1.237）	
每周玩游戏投入	−0.464	−0.0125
	（1.245）	
每周健身投入	−2.219	−0.0578
	（1.368）	
公共数学课——师生互动	−2.546*	−0.071
	（1.360）	
公共数学课——课外师生交流	0.618	0.016
	（1.502）	
公共数学课——课外学术交流	2.369*	0.0639
	（1.377）	
公共数学课——课外时间投入	4.017***	0.1066
	（1.471）	
公共数学课——兴趣	7.027***	0.1961
	（1.275）	
是否参加实验	8.913**	0.2447
	（3.851）	
任课教师	YES	YES
班级	YES	YES

（续表）

	期末考试成绩	
	未标准化系数	标准化系数
常量	7.507	
	（15.00）	
N	690	
R^2	0.309	

注：括号中的数字为标准误差；*** $P<0.01$，** $P<0.05$，* $P<0.1$；研究模型中纳入任课教师和班级类别的固定效应，由于受篇幅限制，故上表中用"YES"表示。

（3）反事实分析框架下的实验效果分析

为对实验结果做进一步的稳健性检验，本研究在反事实分析框架下利用增值分析法来分析手机辅助教学能否提高学生的学习成绩。按照研究设计中的分析步骤，首先利用对照组学生样本拟合出估计系数，然后基于各变量的拟合系数估计实验组学生在对照组时的"反事实"公共数学课期末考试成绩，最后用实验组学生的公共数学课的真实成绩减去"反事实"成绩，所得的差值为手机辅助教学的实验效果。图 10-7 呈现了实验组学生公共数学课的真实、"反事实"成绩及其差值的分布情况。

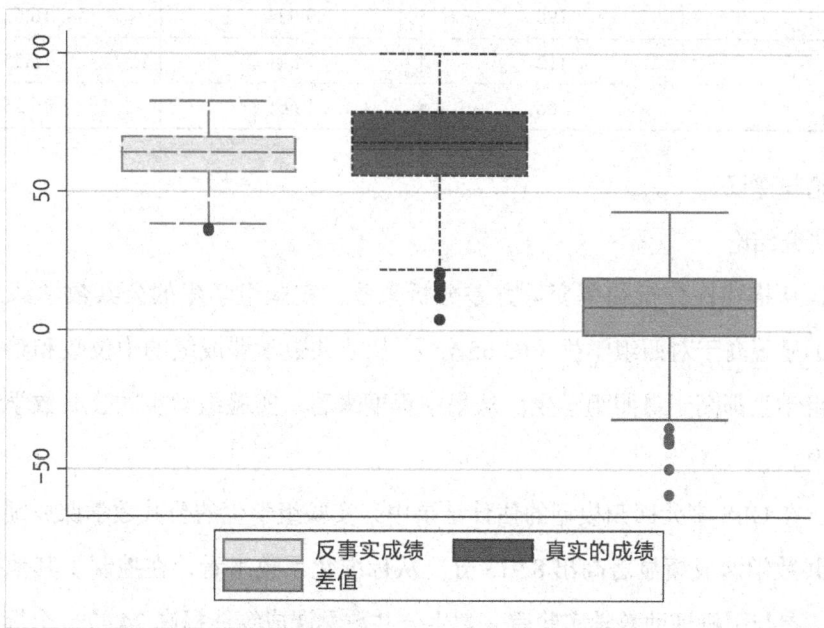

图 10-7　实验组学生公共数学课的真实成绩、"反事实"成绩及其差值的分布情况

从图 10-7 可知，预测的实验组学生的"反事实"成绩相对更为集中，但中位数较低，整体上小于实验组学生的真实公共数学课成绩。从实验组学生公共数学课真实成绩与"反事实"成绩的差值分布情况看，绝大部分学生的公共数学课成绩的差值大于零，表明手机辅助教学实验的确提高了学生的成绩。

表 10-7 呈现了反事实分析框架下手机辅助教学的实验效果，从整体来看，实验组学生公共数学课成绩提高了 6.759 分，男生公共数学课成绩提高了 9.347 分，而女生的公共数学课成绩只提高了 5.059 分，这表明手机辅助教学实验的效果存在性别差异。文科学生的公共数学课成绩降低了 0.549 分，而理科学生的公共数学课成绩提高了 9.944 分，这表明手机辅助教学实验的效果存在明显的生源类型差异。从课程类别来看，高数 B1 类课程的学生成绩提高了 14.41 分，而高数 C1 类课程的学生成绩仅提高了 1.661 分，这表明手机辅助教学实验对不同类型数学课程下学生学习成绩的影响存在差异。

表 10-7　反事实分析框架下手机辅助教学的实验效果分析

	N	均值	标准误差
整体	280	6.759	17.13
男生	111	9.347	17.35
女生	169	5.059	16.81
文科	85	-0.549	16.12
理科	195	9.944	16.61
高数 B1	112	14.41	15.55
高数 C1	168	1.661	16.25

4. 结论与建议

（1）研究结论

第一，从描述性分析和单变量方差分析来看，实验组学生的公共数学课成绩均值（70.69 分）显著高于对照组学生（63.65 分）。从公共数学课成绩的中位数和整体分布来看，实验组学生都高于对照组学生。从集中程度来看，实验组学生的公共数学课成绩分布更为集中。

第二，在 OLS 多元回归模型的估计结果中，实验组学生的公共数学课成绩比对照组学生的公共数学课成绩显著高出 8.913 分。从标准化系数来看，在控制了其他变量影响的情况下，参与手机辅助教学实验后，学生公共数学课成绩能提高 24.47% 个标准差。

第三，在反事实分析框架下运用增值分析法。结果显示，实验组学生真实的公共数学课成绩高于控制组的"反事实"成绩，从整体上来看，实验组学生公共数学课成绩提高了 6.759 分。

综上所述，无论是单变量方差分析、OLS 回归分析，还是反事实分析框架下的增值分析，其结果都支持一个结论：在大学公共数学课课堂中采用手机辅助教学能有效提升学生的学习成绩。

（2）政策建议

第一，高校应积极利用手机等移动设备来支持学生课堂内外的有效学习。不断有实证研究表明手机辅助课堂教学能有效提升学生的学习兴趣、增强师生互动、提高课堂学习效率，能为实现自主学习和合作学习提供必要条件，也能有效提升学生的学习成绩，成功地在课堂内外支持有效学习。无线互联网技术的发展及移动终端设备的普及为移动学习奠定了技术基础，移动设备的便利性有助于个人将学术追求纳入自己的日程中，还有助于锻炼 21 世纪技能，如沟通、合作和创建内容等方面的能力。学习者可以借助移动设备（如手机、平板电脑等）随时随地访问教育资源，培养自身独立性，建立终身学习的习惯；还可以在社交媒体上分享信息、获取领域最新发展动态，与同伴实时交流，提高学习效率。教师利用移动设备开展教学，可以与学习者进行实时互动，及时给予对方反馈；还可以创建丰富的学习内容，实时搜集、分享信息，增加学生参与度（如帮性格内向的学生发表自己的观点），增加课程学习中的师生互动与高峰体验，更加快捷、高效地完成教学任务。总之，既然学生在课堂上"玩"手机已成普遍之势，与其"堵"不如"疏"。大学应革新观念，积极变革，在课堂教学中大胆采用手机辅助教学，借助"互联网＋"的浪潮推动手机在课堂教学和课程学习中广泛而深入的运用，借助技术促进学生学习成效，提高人才培养质量。

第二，高校应推进移动互联网技术在教育教学中的应用及教育教学生态重构。新技术、新媒体和互联网的发展对行为主义、认知主义和建构主义三大传统学习理论提出了新挑战，诸如不断缩短的知识半衰期、非正规学习、多领域学习、技术工具对思维的影响、持续终身学习等。加拿大学者西蒙斯（Siemens）提出被视为"适应数字时代"的关联主义学习理论，他认为知识存在于学习者之外的实体上（如网络、组织、他人），学习就是在不同实体之间建立关系，编织个人社会知识网络。"我们正从正式的、严格的学习向非正式的、基于连结的、缔结网络的学习转变。与知识源建立连结远比自己掌握的那点知识重要得多"。这种社会网络学习的思想在各种社交媒体网络的应用方面得到了很好的印证。将其用于教育教学，就是要借助技术手段搭建专门的协作学习平台和网络环境，引导学生构建属于自己的个人社会知识网络和知识生态圈。从这个意义上来讲，智能手机等互联网移动终端设备不仅不应成为妨碍教学的负面因素，而且应扮演促进学习的关键性技术角色。

第三，高校应重视学习科学和教育技术在优化教学设计中的作用。科丁格（Koedinger）等人在《科学》（Science）杂志上撰文认为，教学很复杂，并且得到科学的帮助也非常少。优化教学设计需要将学生的学习行为和学习成就等作为事实基础，把学习科学引入教学设计也需要对学生的学习过程进行科学分析。很显然，不依赖移动学习终端等技术手段来采集和积累数据是很难实现这个目标的。主流的教学模式正在实现从面对面学习到混合式学习的转变，以学习科学为基础的线上学习和线上线下混合式学习将为高等教育的教学模式带来变革。研究表明，移动学习与其他学习方式（如合作式学习、探究式学习、基于游戏的学习等）的有效结合，对学习成绩的正向影响会更大。郑兰琴等人通过对国外 92 项研究的分析发现，移动学习与合作式学习的结合使用对学习成绩的效应量大于 0.4，而与探究式学习、基于游戏的学习和自主学习结合使用的效应量均大于 0.8，其中采用探究式学习的效应量最大，自主学习的效应量最小。很显然，将移动设备与教学法进行有效融合非常重要，它依赖于基于信息技术的有效教学设计。教师不仅需要掌握信息技术，而且需要对学习和教学的理论有深入的理解，这是一个挑战。麻省理工学院的一份报告提出，培养"学习工程师"，其职责不是做学术研究，也不是做教师，而是帮助教师和学生运用学习科学及教育技术来设计最佳学习体验方案，并成为推动未来大学教育教学变革的主体。这可能是未来的一个解决之道。

第三节　大数据视角下师范生数据素养能力培养策略研究

随着大数据时代的到来，数据正在成为推动课堂教学改革和创新的关键性力量。未来的教师不仅应具有学科专业知识，还应具备对教育数据进行采集、处理、分析和决策的能力。然而，纵观已有教师数据素养的研究成果，它们大多集中在在职教师的数据素养的培训和提升上，鲜有关注师范生数据素养培育的问题。师范生作为未来教师的储备力量，拥有双重角色，不仅是知识的学习者，还是知识的传播者。可以说师范生的能力和发展水平直接影响教育教学技能与管理水平的提高。增强师范生自身的数据素养是大数据环境下的趋势，基于此，立足于大数据的视角，如何有效地培养师范生的数据素养能力值得本研究重点关注。

（一）大数据下师范生数据素养能力培养存在的问题

1. 师范生数据素养能力培养的目标不够明确

教育领域内大数据技术的广泛应用得到了社会各界的关注，教师的数据素养越来越受到学校的重视并有了明显的进步，但作为师范院校，针对未来教师的师范生数据素养能力发展得比较缓慢，具体表现在师范生数据素养能力培养的目标并不够明确、师范生的数据意识和态度整体程度不高、教育数据的获取能力有限、分析和处理数据的能力不高等。特别是近些年，学生的学习形式发生了翻天覆地的变化，在线学习平台发展迅猛，数据素养成为大数据领域的重点研究问题。师范生作为基础教育的后备军面临的是以数据驱动的教育教学环境，因此要重点明确师范生数据素养的培养目标，这样才可以更好地培育师范队伍。

2. 数据素养教育课程体系不够健全

针对师范生数据素养的教育研究，目前还停留在起步阶段，即便强调了师范生入职后作为中小学教师在信息技术应用能力方面提升的重要意义，可是在培养师范生的过程中，大多数师范院校的课程内容设置不够完善，因此在后续的分析中要结合中小学教学环境，明确师范生数据素养能力的培养标准，针对师范生在其入职之前以及入职之后进行针对性的培训教育，让师范生可以及时形成良好的数据采集、分析和处理等习惯，增强师范生的数据应用实践能力。

3. 数据文化素养教育匮乏

在国内外的诸多文献中，更多关注的是数据素养运用能力的提升研究，以及数据使用者对数据挖掘能力和数据决策能力使用的研究，并没有过多地开展大数据环境下数据思维发展的相关研究活动。在信息技术不断创新的背景下，数字文化有所生成，对应的数据认知理论以及数据行为准则都是不够完整的，然而文化素养是数据素养的重点组成部分，在培养师范生数据素养能力时要强调数据文化素养教育。

（二）师范生数据素养的内涵

我国中小学工作主要以日常教学为主，在一定程度上和高校教师的工作呈现出巨大差异，这就要求师范生需要参与教育理论的知识学习和教育实践的学习活动。在师范生数据素养能力的培养上，要时刻结合中小学教学需求，从基础教育数据入手，给师范生打造数据素养能力发展的良好环境，让师范生可以在教师专业的学习和发展过程中不断提升和完善自己。在大数据技术以及云计算技术的背景下，中小学教师的数据素养能力要关联教学的应用特征，贯穿数据采集、数据管理和数据处理等层面，对师范生的数据素养能力进行模型构建，具体如图 10-8 所示。

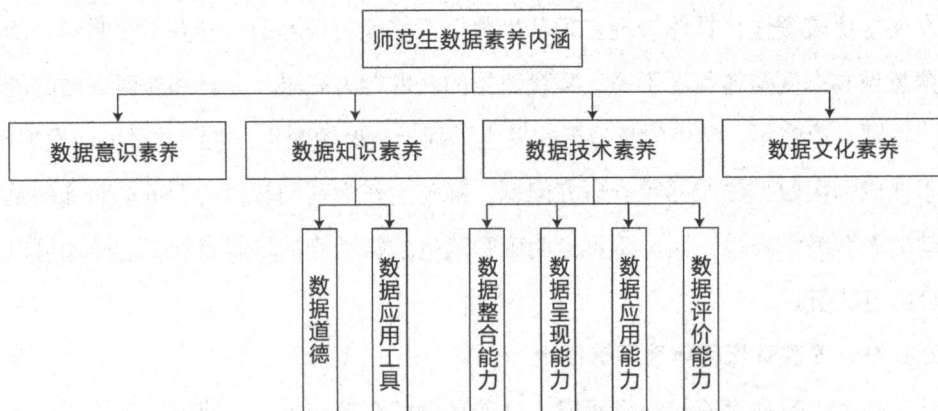

图 10-8　师范生数据素养能力模型

1. 数据意识素养

数据意识作为数据素养的基本条件，对于教师来讲是教学阶段接触数据信息。研究数据信息的变化趋势，本质上数据意识还是师范生进行教学内隐行为和外显行为创新的机制，更是师范生对教学行为和信息相关性的研究能力的体现。对师范生进行数据意识培养，应该是长时间的过程，会在一定程度上受到师范生学习环境的影响。若学校教育教学拥有诸多的信息化条件支持，教师积极地在教学活动中运用数据，那么可以潜移默化地影响师范生，使师范生的数据思维习惯和数据认知能力得以提升。所以对于师范生而言，数据意识素养的培育是十分重要的，师范院校要强调信息化建设，围绕教学活动，为师范生打造与信息技术密切结合的良好环境。

2. 数据知识素养

（1）数据道德与保护方面：数据理论知识主要是教师可以灵活安全地运用数据，对数据信息进行有效保护。网络信息安全是国家发展的关键问题，教师掌握着较多与学生相关的数据，所以培养师范生数据知识素养，要强调师范生对隐私数据的有效处理和保护。在教学实践中组织师范生明确道德标准，在生活中贯彻教师的职业准则，利用数据对学生的学习情况进行研究，并不能全面地对学生的情绪和行为进行分析，如数据表象，那么师范生要存在正确的认知，能够从多个维度整体权衡教学过程。

（2）数据工具知识方面：数据工具知识是数据知识素养的一个组成部分。数据技术的高效率发展使得教学装备更加先进，使得传统的课堂教学具备了数字化优势。对师范生进行数据工具知识的培养，可以使其从整体上掌握分析和运用数据库的方法以及运用电子报表记录软件的方法，学生可以利用移动终端以及电子设备的优势，有时效性地采集数据信息。

3. 数据技术素养

（1）数据整合能力：教师自身的数据整合分析能力，主要是利用研究工具对相关的数据加以整合，对存在关系的数据组成成分进行统计，按照时间维度挖掘数据变化的影响因素。师范生应具备一定的数据研究能力，有针对性地挑选分析工具，围绕不同的信息维度和问题进行数据推理，识别教与学的有效模式，有效地组织学生参与学习活动。对师范生进行数据分析能力的培养，应结合高校课程教学的实际情况，遵循简便的原则，按照学科的不同形式来使用数据研究工具。比如，我们经常使用的 Excel 与 SPSS 软件，或者关联计算机等级考试二级数据库相关课程进行师范生数据分析能力的培养。

（2）数据呈现能力：对于此种能力的分析，即通过数据可视化工具以及研究结果绘制表格，对实际情况进行整体化描述。教师要把数据分析结果直观地展现在学生面前，对学生进行个性化指导。数据呈现能力的培养与数据分析能力的培养之间存在密切关联，相关的数据处理软件都具备图表制作的功能以及报告生成的功能，教师通过 Excel 中的图表制作模块开展教学演示，学生直观地被相关数据所吸引，以此生成自动化报告，不断提高数据分析质量。

（3）数据应用能力：研究数据应用能力，也就是教师以教育数据为着手点，处理具体问题。教师在遇到困难时，需要有意识地利用数据信息突破困境，因此教师应拥有一定的数据应用能力，将数据应用当作教学持续发展的范式，把数据和自己的教学工作结合起来，让教学工作更加有效。在实际的教学中，师范生要利用数据应用能力，开展有效的教学设计、教学实践、教学评估、教学决策等。

（4）数据评价能力：数据评价能力主要体现在教师把数据分析结果作用在教学评价的过程中，即教师研究数据报告的内容、分析教学过程中存在的问题、及时指点和鼓励学生转变不良的学习情绪、树立学生的学习信心。利用数据评价能力，教师可以端正学生的学习态度、改进教学方案、全面保证教学过程可以适应学生的成长需求、推动课堂教学反思。教师可依据自身的数据评价能力，结合学生的学习情况，对学生后续的发展趋势进行评估，优化学生现有的学习能力。学校要把师范生数据评价能力的培养和数据素养相关课程密切结合起来，在教学策略中运用大量的数据信息，创设合作性的学习共同体，提高不同规模学习群体的可塑性以及可管理性，让师范生的数据评价能力真正得到强化。

4. 数据文化素养

分析数据文化素养，也就是教师结合教学目标打造良好的数据运用环境，根据教学条件和教学需求，灵活地运用数据信息，明确数据思维对自身教学能力的提高是有重要作用的，在日常的实践和探索中强化师范生数据文化素养，从而奠定培养师范生数据素养能力的基础。

（三）大数据视角下师范生数据素养能力培养的相关策略

1. 明确数据素养教学课程的基本内容

总体而言，师范生具备的数据素养是应用信息技术能力的拓展形式，诸多师范院校已经意识到师范生数据素养能力培养的意义，增加以信息技术类课程为前提的相关学习内容，引导师范生参与专项训练。

（1）重视信息技术内容模块的拓展。目前诸多院校设置了计算机应用基础课程、程序设计课程与教育信息处理课程，甚至带领学生学习现代教育技术课程。引导师范生培养数据素养能力，要灵活地通过信息技术课程来拓展和补充知识点，让师范生的数据应用能力得以提高。在计算机应用基础课程的补充方面，围绕 Excel 模块与 PowerPoint 模块引进数据分析工具的应用课程和 PPT 报告自动化生成课程；在现代教育技术课程中，增加数据化工具处理的学习内容；在教育信息处理课程中，适当运用 SPSS 软件，组织师范生进行专项训练，鼓励学生参加计算机等级考试，获取对应的资格证书，提高师范生数据素养能力的培养效果。

（2）关注教育指导实践活动。最近几年，教育部门结合师范学院教育实践的过程，与传统的教育实践进行比较，发现目前的教育实践体现出了两个趋势：第一个趋势是时效性，鼓励每个学年的学生参与教育实践活动；第二个趋势是差异性，任何阶段的实践主题都是存在差异的，教师要围绕具体的实践主题开展教育实践指导活动，致力于师范生数据素养能力的提升。需要重视的是，对数据素养课程的教学指导应该及时地与实践环节互相融合，要使师范生在实践阶段掌握数据素养发展的真实需求，发现自己在学习活动中存在的问题，及时端正自己的学习态度。教育实践活动要给师范生运用信息技术的实践机会，这在本质上是培养师范生数学素养的关键途径。

（3）关注教学形式创新。在研究的深入化进展过程中，要逐步丰富数据素养的内涵。对于数据素养的课程体系建设，应重视技术的发展，对现有的教学形式进行创新。比如，设计数据分析能力的培养课程；组织学生研究数据分布的实际意义；掌握数据基本分类规则和编码规则，使其能够在烦琐的图表中有针对性地处理数据。对应的课程有计算机应用基础、教育信息处理、数据平滑、描述性统计与字段计算等。对于数据应用能力培养的课程设计，可以组织学生归纳数据传递的规律，灵活通过技术手段开展教学活动，围绕数据信息拟定教学互动应用、教学评价应用的教学方案。课程以班级管理课程、教育实践课程和现代教育技术课程为主。对于数据意识的课程设计，教师要引导学生具备数据敏锐度，养成良好的思维习惯，研究大数据在教育领域内的应用案例。对应的课程有信息检索课程和现代教育技术课程。对于数据伦理的课程设计，以培养学生信息道德意识以及安全保护意识为主旨，带领学生学习信息安全保护知识和信息安全法律知识。课程以计算机应用基础课程和教师职业道德课程为主，围绕开设构建更为全面的师范生数据素养课程机制。

2. 优化数据素养教学体系

培养师范生数据素养能力，需要重视数据素养教学体系的优化，运用数字化技术给学生渗透多方位的学习评价机制，提高师范生的数据意识，使其养成分析数据和运用数据的良好学习习惯。

（1）搭建数字化分析空间。在师范院校的教学发展中，信息技术产生的影响存在于两个方面。一方面是诸多院校目前已经形成数字化校园的建设方案，可以初步利用信息技术进行教学管理和科研管理。现阶段院校信息化的发展朝向智慧化校园的方向转变，应用信息技术为学校改善日常管理工作带来了便利条件。另一方面是利用互联网技术的优势，把智慧教室当作典型依据，构建线下学习空间以及线上学习空间，给学生创设灵活的创客空间，组织师范生进行数据素养的相关课程学习，身临其境地感受大数据技术的力量，逐步培养师范生良好的数据行为习惯。在教学过程中融入新型技术，培养师范生的数学素养能力，依托先进的技术优化教学环境，借助传感器设备和先进的技术，给学生打造虚拟化的学习场景，带领师范生在情景化的学习环境中探索真知。在教学实践中，学校的图书馆是数据管理单位，应该结合学生在学习中的具体表现来提升学生对数据的体验感，提高师范生对数据素养相关课程学习的积极性。教学中及时运用混合式教学模式和慕课教学模式，拓展学生的学习空间和时间，鼓励学生研究数据信息的内在价值，帮助他们更好地提高数据素养能力。

（2）执行多元化的评价方案。在大数据技术背景下，学校应在师范生的课程学习中融入多元化评价机制，逐步提升学生的数据素养能力。在学习阶段，通过数字化信息平台记录师范生的行为数据，关联学生的行为表现和情绪变化，全面评价学生的学习状态，这不仅给教师指明了教学改进的方向，而且可以让师范生在数据素养相关课程的学习中发挥更多的主观能动性。

3. 整合数据素养课程的引导周期

对于师范生进行数据素养能力的培养，需要把数据素养的课程开设和人才培养的每一个环节结合起来，充分打造多学科交叉的教学队伍，把数据驱动视作入手点，以此形成良好的文化气氛。

（1）数据素养课程有序进展的基础是组建强有力的教学队伍。设置师范生数据素养能力的培养结构，整合现有的数据素养相关课程，这些目标的实现应建立在强有力的教学队伍基础之上。这就要求我们一方面要补充信息技术课程团队，另一方面要发挥图书馆信息服务工作者的职能。图书馆在数据素养知识渗透方面有着得天独厚的优势，其内在的数据资源以及信息素养是比较丰富的，所以学校要通过数据资源的内涵，规范化地分配资源，使得师范生数据素养能力的培养存在可实施性。与此同时，按照学科专业的发展趋势，在师范生学科专业的学习中贯穿数据素养元素，全方位进行生命周期的演化更新，满足不同学科的教学发展规律。由此，学科教育团队培养与专业教师培养都是培养师范生数据素养能力的一个条件，新时期下每一所高校都要重视数据素养需求的动态变化，打造完整的数据素养课程结构体系。

（2）数据素养课程逐步完善的动力是数据文化建设。众所周知，大数据技术能够转变人们的思想行为和价值观念。将大数据技术与教育教学深层次融合是必然趋势，不仅可以提高教育质量，还可以促进教育治理工作。培养师范生的数据素养能力，应重视良好的数据文化气氛构建，因为数据素养的培养以及数据文化气氛建设是互相促进的。通过培养数据素养，可以形成良好的文化气氛，让师范生形成数字化生活理念，从而提升师范生的数据素养能力。

（四）结语

综上所述，在人们的素质和能力的提升要素中，数据素养占据重要地位，培养师范生的数据素养能力本质上是对学生加以数据指导和数据素养培养的过程。进行数据素养的教学活动，能够广泛地响应大数据技术在教育领域内的应用方针，还是培养数字化教师的重点途径。师范生作为基础教育的传播者，在很大程度上影响着社会发展趋势，每一所高校都要重视师范生数据素养能力的培养，采取相关的培养手段，大力创新数据素养的相关课程，健全数据素养的课程结构体系，不间断地让师范生拥有数据素养意识，使得师范生可以更好地适应未来工作岗位的需求，培育出祖国建设需要的人才。

第四节　从师范生培养到教师需求的信息素养研究的文献分析

数据素养的概念是对媒介素养、信息素养等概念的一种延续和扩展，至少包括以下五个方面的维度：对数据的敏感性，数据的收集能力，数据的分析、处理能力，利用数据进行决策的能力，对数据的批判性思维。师范生信息素养培养一直是教育信息技术领域的热点，随着国家信息化 2.0 战略的提出以及疫情防控期间对教师网上授课能力要求的提高，数据素养能力开始成为热点词汇，相关学者也对数据素养的论文做过文献计量分析。但是对于中小学教师随时代跨越而具备的信息素养能力是否升级为数据素养能力，以及随之对师范生在数据素养能力上的培养工作如何开展，研究的方向和进展情况如何，还没有进行全方位的文献计量分析。

CiteSpace 是一款基于引文可视化的分析软件，通过可视化的手段来呈现文献科学知识的结构、规律和分布情况。本研究运用 CiteSpace 软件，分别对中国知网（CNKI）在 2012—2021 年十年间刊载的关于"师范生"和"中小学教师"的信息素养、数据素养、媒介素养、数字素养等能力的期刊论文为研究对象进行文献计量分析。分析结果反映出该领域近十年来的研究热点、研究趋势等信息，为"师范生信息素养以及数据素养"领域的发展、研究方向以及研究趋势提供了一定的参考。

（一）数据采集

本研究以中国知网（CNKI）作为数据采集的来源，在期刊选项栏中选择"专业搜索"，输入的搜索语法为 SU='师范生'＊（'信息素养'＋'数据素养'＋'媒介素养'＋'数字素养'），以及'中小学'＊'教师'＊（'信息素养'＋'数据素养'＋'媒介素养'＋'数字素养'），发表时间为 2012—2021 年。同时，搜索 2012—2021 年所有主题中包含"师范生"和"中小学教师"的文献，还搜索包含信息素养、数据素养、媒介素养、数字素养这几种能力的文献。其中 SU 表示主题，文献主题包含文献的题名、关键词、摘要这些信息。将信息不全的数据去除，最后获得师范生方向的有效数据 279 条，中小学教师方向的有效数据 228 条。然后将数据以 Refworks 格式导出并进行保存，供 CiteSpace 软件进行数据分析。

（二）关键词共现和研究热点的可视化分析

在 CitesSpace 软件中，首先进行合并去重；再选择分析时间从 2012 年到 2021 年；选择 g-index，k:25 的方式进行节点筛选；在裁剪功能区选择"Pathfinder"和"Pruning the Merged Network"，绘制关键词的知识图谱。通过以上筛选，共计得到节点 428 个，连线 11011 条。从数据的结果可以看出，在进行合并网络裁剪后连线的数量仍然远远大于节点的数量；Modularity 值网络聚类度的 Q 值为 0.8873，值越大表示网络的聚类结果越好。Mean Silhouette 衡量网络同质性指标的 S 值为 0.9622，反映出网络的同质性较高。

上述数据说明各个关键词之间的关联性极强。一方面说明所使用数据的可靠性较高，另一方面说明学者们针对师范生以及教师在信息素养和数据素养等方向上做相关研究时，其研究的领域、方法以及研究对象的同类型很强，并且学者们研究得非常深入。这表明这些作者对师范生以及教师在信息技术能力和素养方面进行了非常深入的研究。

CiteSpace 软件分析的关键词共现知识图谱如图 10-9 所示。

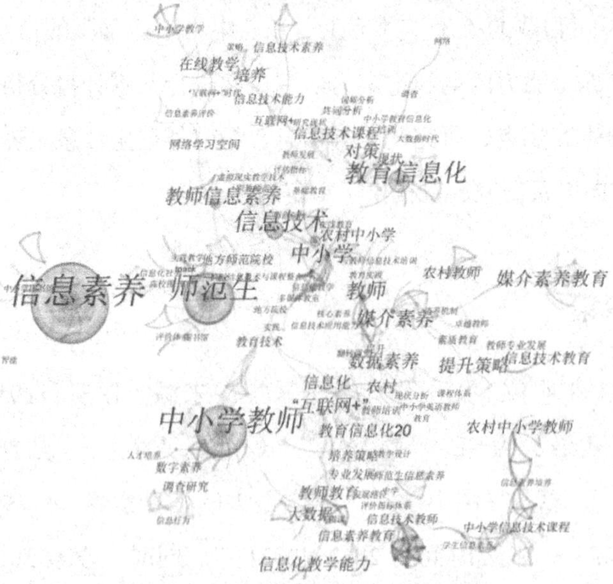

图 10-9　关键词共现知识图谱

CiteSpace 分析出了所有论文里出现的关键词的频次排名，去掉排名前 3 的关键词——"信息素养""师范生""中小学教师"，重新设定了排名前 20 的高频关键词，具体如表 10-8 所示。

表 10-8　排名前 20 的高频关键词

序号	关键词	频次	序号	关键词	频次
1	教育信息化	33	11	对策	10
2	信息技术	26	12	信息化	8
3	中小学	18	13	信息化教学能力	8
4	教师	16	14	培养	8
5	媒介素养	15	15	教师教育	7
6	教师信息素养	14	16	农村中小学	7
7	媒介素养教育	12	17	大数据	7
8	数据素养	11	18	在线教学	7
9	"互联网＋"	10	19	农村中小学教师	7
10	提升策略	10	20	农村	7

对这些高频关键词进行分析可以看出：近年来发表的研究论文的研究对象覆盖了"教育信息化""信息化教学能力"这些方向，并且学者们还对师范生和中小学教师的能力进行了研究。

对高中介中心性关键词进行排名，具体如表 10-9 所示。

表 10-9　排名前 10 的高中介中心性关键词

频次	中介性	出现年份	关键词
4	0.37	2013	专业发展
80	0.35	2012	师范生
15	0.34	2012	媒介素养
26	0.33	2012	信息技术
71	0.29	2012	中小学教师
164	0.23	2012	信息素养
7	0.20	2013	教师教育
3	0.18	2016	翻转课堂
11	0.17	2017	数据素养

由表 10-9 可以看出，虽然"信息素养"是近十年来出现频次最多的关键词，但是该

关键词的中介效应并不高。

由关键词共词网络可以看出，对信息素养的研究主要集中于中小学教师运用信息技术教学的能力以及中小学信息化教育的普及等方面，具体如图 10-10 所示。

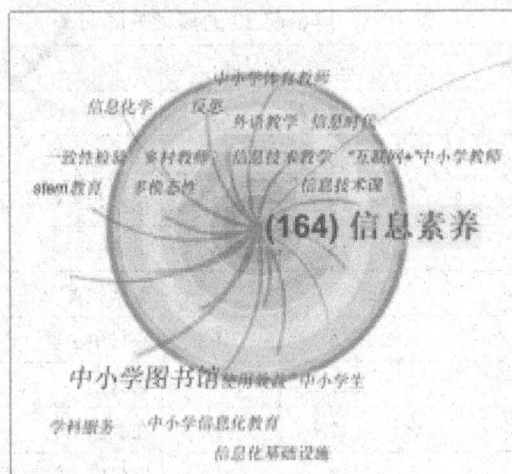

图 10-10　关键词共词网络

同时，媒介素养也是高频和高中介中心性的词汇。对于中小学教师如何在海量的媒介中应对各种信息的选择、理解、质疑、评估，应变能力、创造和制作媒介信息能力成为学者们探索研究的重点。

由表 10-9 可以看出，相较于早期出现的信息素养和媒介素养等关键词，虽然关键词"数据素养"只出现了 11 次，出现年份（2017 年）也较晚，但是其中介效应却排进了前十，这说明该方向成为近年来学者们研究的重点。通过对相关论文的分析，随着大数据时代的到来，近年来作者们对中小学教师数据素养能力的提升越来越重视，大家对教师数据素养能力的现状进行了广泛的实证研究，并对提升评价体系进行了研讨。学者们进一步深入地对在校师范生的数据素养能力的培养路径研究、培养体系构建、培养课程的设计与实践也进行了探讨，以此为今后师范生数据素养能力的培养提供了很好的理论和实践依据。

（三）突变关键词和研究前沿分析

运用 CiteSpace 软件可以检测出突变性，即在某个特定时间段内共现次数突然增加或减弱的关键词，从而辅助确认研究前沿。因为研究总时长为 10 年，所以作者将最小突变间距设置为 2 年，对所有关键词进行引用突现分析后得出表 10-10 所示的突变关键字。

表 10-10 突变关键词

关键词	开始时间	结束时间	2012—2021 年
信息技术教育	2012 年	2014 年	
调查研究	2012 年	2015 年	
教学改革	2013 年	2014 年	
现代教育技术	2013 年	2015 年	
实践教学	2013 年	2014 年	
图书馆	2013 年	2014 年	
教育实践	2014 年	2015 年	
农村教师	2015 年	2018 年	
中小学图书馆	2015 年	2017 年	
信息行为	2015 年	2017 年	
专业发展	2016 年	2017 年	
信息技术课程	2016 年	2019 年	
地方师范院校	2016 年	2019 年	
教育信息化	2016 年	2017 年	
中学	2016 年	2017 年	
大数据	2017 年	2021 年	
培养机制	2017 年	2018 年	
中小学教育信息化	2017 年	2018 年	
教师专业发展	2017 年	2018 年	
教育信息化 2.0	2018 年	2021 年	
"互联网 +"	2018 年	2019 年	
数据素养	2019 年	2021 年	

从表 10-10 可以得到以下结论。

（1）2012—2015 年，学者们主要关注中小学教师和师范生如何运用现代教育技术来促进教育教学改革，比较多地体现在宏观层次的调查研究和改革理论层面，并强调图书馆的建设和运用的作用。

（2）2015—2018 年，学者们围绕农村中小学教师的信息技术处理能力和地方师范院校中师范生的培养进行了深入的研究，主要强调的是信息技术课程以及教育信息化的重要性。

（3）2018—2021 年，随着互联网在教育教学领域的大规模的普及，以及大数据时代的到来，学者们对教师专业发展的方向进行了更加细致的研究。自 2019 年起，对师范生和教师的数据素养能力的要求和培养成了学者们研究的热点。

（四）共现词聚类可视化分析

本研究采用 LSI 算法进行聚类分析，该算法提取出的词语强调的是相关领域的研究主流，得出如图 10-11 所示的结果。

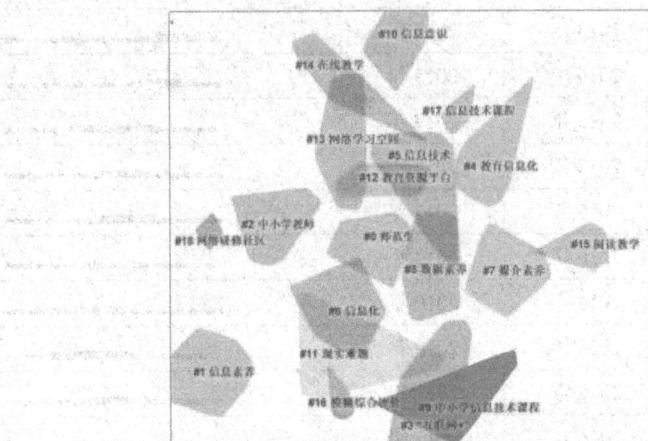

图 10-11　关键词聚类

规模最大的聚类为"师范生"。其中主要的关键词是微格教学，其各年的发文情况如图 10-12 所示。从图中可以看到，10 年来的发文量达到了 80 篇。

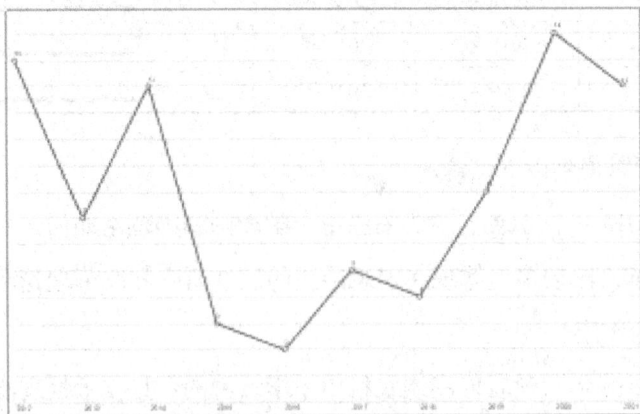

图 10-12　关键字"师范生"的发文历史统计图

通过关键词聚类我们可以明显地看出以下几点。

2012—2014年是一段文章发表的高峰，这期间的文章多是围绕师范生信息素养能力的现状调查、培养方式建立、评价体系研究等方向开展。2019年后，随着互联网在教育领域的快速、深入的普及，对新层次的师范生信息技术应用能力的要求相较于之前发生了很大的变化。随着STEAM教育的兴起和反转课堂的运用，诸如数据素养这类新兴要求的培养和实施成为学者们研究的重点。

第二大聚类是"中小学教师"。10年来的发文量达到了71篇，各年的发文情况如图10-13所示。

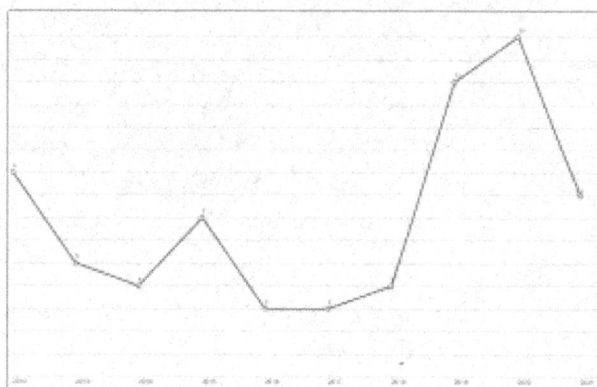

图 10-13 关键字"中小学教师"的发文历史统计图

"中小学教师"这一关键词每年都会出现，但是在2019年出现了大幅上升。经深入分析发现，2019年疫情开始后，许多中小学课程转到了线上，并且大多数原先线下开展的活动也转到了线上。这给中小学教师的信息技术应用能力带来了极大的挑战，相关的研究文章也迅速增加。学者们围绕中小学教师的在线学习、信息素养能力的现状进行了大量的实证分析，得出的结论是当前形势下数据素养能力很重要，并基于中小学教师的数据素养能力在疫情环境下缺乏的这一现状，提出必须加快师范生数据素养能力的培养和机制建设。

通过聚类名称也可以分析出，围绕着师范生和中小学教师所做的研究是在在线学习、教育信息化等多个层面展开。这也表明，随着新时代的到来，数据素养近几年成为学者们在中小学教师和师范生等领域重点研究的素养能力。

（五）研究结果

本研究以10年来关于"师范生"和"中小学教师"的信息素养、数据素养、媒介素养、数字素养等能力的期刊论文为研究对象，结合计量可视化与科学知识图谱研究的统计分析得出的结论如下：我国相关领域的研究重点为"教育信息化""教师信息素养""媒介素养""信息化教学能力""农村中小学教师"。随着互联网在教育教学领域的大规模普及，以及大数据时代的到来，学者们对教师专业发展的具体方向进行了更加细致的研究。随着线上教育、网络授课的普及，学者们对师范生和教师在信息素养的基本要求已经明显提高到对数据素养能力的要求及其培养落实，这成了最近数年来学者们研究的热点。

青少年在线学习状况调查问卷

问卷题项	变量
疫情防控期间，你大部分时间在哪里进行网络学习 □农村或乡镇　□城市（含省会或直辖市、市、县城）	家庭所在地
在进行网络学习时，你通常以什么设备为主 □电脑（笔记本或台式机）　□平板电脑　□手机　□其他	家庭学习设备
在进行网络学习时，你的网络速度及稳定性如何 □非常不好　□不太好　□比较好　□非常好	家庭网络速度
你父亲的文化程度 □初中及以下　□高中或高职　□专科　□本科　□硕士　□博士	父亲受教育程度
你母亲的文化程度 □初中及以下　□高中或高职　□专科　□本科　□硕士　□博士	母亲受教育程度
我父母非常希望我在学习上表现优异 □非常不符合　□不太符合　□比较符合　□非常符合	父母教育期望
我父母总是鼓励我要自信 □非常不符合　□不太符合　□比较符合　□非常符合	父母情感支持
你的性别 □男　□女	性别
在日常学习或生活中，我喜欢独处 □非常不符合　□不太符合　□比较符合　□非常符合	内向人格
我很喜欢与别人交往聊天 □非常不符合　□不太符合　□比较符合　□非常符合	外向人格

（续表）

问卷题项	变量
我希望自己将来有个美好前途（升学、工作等），因此我努力学习 □非常不符合　□不太符合　□比较符合　□非常符合	外部学习动机
我对未知事物及未知知识感兴趣，因此我努力学习 □非常不符合　□不太符合　□比较符合　□非常符合	内部学习动机
如果我网络学习得了低分或没达到预期结果，主要是因为 □学习能力不够强　□运气差　□不够努力　□学习内容难度大	归因
我确信自己能很好地完成网络学习任务 □非常不符合　□不太符合　□比较符合　□非常符合	自我效能：学习效能
我能处理网络学习过程中的大多数技术操作问题 □非常不符合　□不太符合　□比较符合　□非常符合	自我效能：技术效能
我觉得自己能完成富有挑战性的学习任务 □非常不符合　□不太符合　□比较符合　□非常符合	自我效能：任务效能
我相信我能通过网络学习取得很好的学习效果 □非常不符合　□不太符合　□比较符合　□非常符合	自我效能：成绩效能
遇到学习困难时，我通常主动向老师、同学、家长求助 □非常不符合　□不太符合　□比较符合　□非常符合	学习主动性
比较而言，你更偏好下面哪种方式来进行学习 □观看　□聆听　□思考　□动手操作或练习	学习行为偏好
我的自主学习能力很强 □非常不符合　□不太符合　□比较符合　□非常符合	自主学习能力
你过去经常通过网络进行在线学习吗 □完全没有　□很少　□比较少　□比较多　□非常多	网络学习经历
当学习状态不佳时，我会自我调整继续完成学习任务 □非常不符合　□不太符合　□比较符合　□非常符合	自我调节
我知道怎么进行网络学习会有更好的学习效果 □非常不符合　□不太符合　□比较符合　□非常符合	元认知：策略
每次在进行网络学习前，我清楚自己要学什么、做什么 □非常不符合　□不太符合　□比较符合　□非常符合	元认知：计划
在进行网络学习后，我通常能知道哪些地方学得好、哪些地方学得还不够好 □非常不符合　□不太符合　□比较符合　□非常符合	元认知：反思
在网络学习中，你最常进行的几种学习活动包括（最多选三项） □观看在线课程　□做笔记　□浏览和阅读网页　□搜索和下载学习资料　□完成作业并上传　□参与辅导答疑　□在线提问　□在线发表观点	学习活动

（续表）

问卷题项	变量
在进行网络学习时，我总是精力充沛 □非常不符合　□不太符合　□比较符合　□非常符合	学习投入：精力
在进行网络学习时，我看一会儿就会走神 □非常不符合　□不太符合　□比较符合　□非常符合	学习投入：专注
在进行网络学习时，我总抵制不住网上无关内容的诱惑 □非常不符合　□不太符合　□比较符合　□非常符合	学习投入：自制力
在进行网络学习时，我需要别人督促才能完成学习任务 □非常不符合　□不太符合　□比较符合　□非常符合	学习投入：自觉性
当学习内容比较难时，坚持完成学习对我来说是件比较容易的事情 □非常不符合　□不太符合　□比较符合　□非常符合	学习投入：毅力
我经常跟老师在线交流互动（如答题、提问、讨论、分享等） □非常不符合　□不太符合　□比较符合　□非常符合	学习互动：师生互动
我经常与同学在线分享或讨论学习中的问题 □非常不符合　□不太符合　□比较符合　□非常符合	学习互动：生生互动
在进行网络学习时，下面哪几个词最能代表你大多数时候的感受 □好奇　□愉悦　□充满活力　□无聊　□厌倦　□焦虑　□痛苦　□愤怒	学习情绪
我觉得班上的同学学习都很努力 □非常不符合　□不太符合　□比较符合　□非常符合	学习氛围：同伴氛围
班级同学参与网课答疑和讨论时很积极 □非常不符合　□不太符合　□比较符合　□非常符合	学习氛围：互动氛围
你的年级 □小学三年级　□小学四年级　□小学五年级　□小学六年级　□初一 □初二　□初三　□高一　□高二　□高三　□大一　□大二　□大三 □大四	年级
在当前班级（或专业），你的学习成绩大概处于什么位置 □中下　□中等　□中上　□名列前茅	班级成绩排名
在你学习的网课视频中，教师入镜多吗 □非常少　□比较少　□比较多　□非常多	教师入镜
我能感受到授课老师喜欢给我们上课 □非常不符合　□不太符合　□比较符合　□非常符合	教师情感投入
授课老师的热忱激励着我认真学习 □非常不符合　□不太符合　□比较符合　□非常符合	教师情感投入
我学校的老师非常关注我的学习 □非常不符合　□不太符合　□比较符合　□非常符合	教师期望

（续表）

问卷题项	变量
授课老师给我们设置了清晰的学习目标 □非常不符合　□不太符合　□比较符合　□非常符合	教师教学策略：目标设置
授课老师经常提出问题激发学生学习和思考 □非常不符合　□不太符合　□比较符合　□非常符合	教师教学策略：启发诱导
授课老师会通过提问来检查我们是否理解了知识 □非常不符合　□不太符合　□比较符合　□非常符合	教师教学策略：口头测评
授课老师经常帮助我们将课程内容与生活联系起来 □非常不符合　□不太符合　□比较符合　□非常符合	教师教学策略：深度教学
总体来讲，网络学习中老师经常开展辅导答疑或在线讨论 □非常不符合　□不太符合　□比较符合　□非常符合	教师教学策略：辅导答疑
总体来讲，网络学习中老师会定期布置课程作业 □非常不符合　□不太符合　□比较符合　□非常符合	教师教学策略：作业布置
总体来讲，网络学习中老师会定期开展小测验或考试 □非常不符合　□不太符合　□比较符合　□非常符合	教师教学策略：测验考试
如果我有学习任务没完成，老师会及时提醒我 □非常不符合　□不太符合　□比较符合　□非常符合	教师反馈
老师会告诉我哪些学得好、哪些还需要改进 □非常不符合　□不太符合　□比较符合　□非常符合	教师反馈
老师会告诉我该如何改进我的学习 □非常不符合　□不太符合　□比较符合　□非常符合	教师反馈
疫情防控期间，你平均每天上几节网课 □1节　□2节　□3节　□4节　□5节　□6节　□7节　□8节 □8节以上	学业负担：每天课时
疫情防控期间，你每周上几天网课 □1天　□2天　□3天　□4天　□5天　□6天　□7天	学业负担：每周天数
网络学习期间，你每天大约需多长时间做完老师布置的家庭作业 □1小时　□2小时　□3小时　□4小时　□5小时　□6小时 □7小时　□8小时以上	学业负担：作业时长

调查数据中的样本及变量描述

家庭环境层面的变量				
变量	编码值	值标签	样本数	样本百分比
家庭所在地区	0	农村或乡镇	4033	40.2%
	1	城市（含省会或直辖市、市、县城）	5995	59.8%
家庭学习设备	1	电脑（笔记本或台式机）	2398	23.9%
	2	平板电脑	1590	15.9%
	3	手机	5882	58.7%
	4	其他	158	1.6%
家庭网络速度	1	非常不好	239	2.4%
	2	不太好	2261	22.5%
	3	比较好	5962	59.5%
	4	非常好	1566	15.6%
父亲受教育程度	1	初中及以下	3874	38.6%
	2	高中或高职	3389	33.8%
	3	专科	1060	10.6%
	4	本科	1440	14.4%
	5	硕士	167	1.7%
	6	博士	98	1.0%

（续表）

家庭环境层面的变量				
变量	编码值	值标签	样本数	样本百分比
母亲受教育程度	1	初中及以下	4480	44.7%
	2	高中或高职	3038	30.3%
	3	专科	1179	11.8%
	4	本科	1126	11.2%
	5	硕士	123	1.2%
	6	博士	82	0.8%
父母期望	1	非常不符合	85	0.8%
	2	不太符合	345	3.4%
	3	比较符合	3913	39.0%
	4	非常符合	5685	56.7%
父母情感支持	1	非常不符合	617	6.2%
	2	不太符合	1551	15.5%
	3	比较符合	4579	45.7%
	4	非常符合	3281	32.7%
个人特征层面的变量				
变量	编码值	值标签	样本数	样本百分比
性别	1	男	4801	47.9%
	2	女	5227	52.1%
内向人格	1	非常不符合	947	9.4%
	2	不太符合	3101	30.9%
	3	比较符合	4002	39.9%
	4	非常符合	1978	19.7%
外向人格	1	非常不符合	455	4.5%
	2	不太符合	2599	25.9%
	3	比较符合	4719	47.1%
	4	非常符合	2255	22.5%
外部学习动机	1	非常不符合	107	1.1%
	2	不太符合	644	6.4%
	3	比较符合	4686	46.7%
	4	非常符合	4591	45.8%
内部学习动机	1	非常不符合	142	1.4%
	2	不太符合	1422	14.2%
	3	比较符合	5125	51.1%
	4	非常符合	3339	33.3%

（续表）

个人特征层面的变量				
变量	编码值	值标签	样本数	样本百分比
归因	1	学习能力不够强	3552	35.4%
	2	运气差	108	1.1%
	3	不够努力	5944	59.3%
	4	学习内容难度大	424	4.2%
学习效能	1	很不符合	337	3.4%
	2	不太符合	2285	22.8%
	3	比较符合	5277	52.6%
	4	非常符合	2129	21.2%
技术效能	1	非常不符合	431	4.3%
	2	不太符合	2242	22.4%
	3	比较符合	4830	48.2%
	4	非常符合	2525	25.2%
任务效能	1	非常不符合	302	3.0%
	2	不太符合	3027	30.2%
	3	比较符合	4885	48.7%
	4	非常符合	1814	18.1%
成绩效能	1	非常不符合	479	4.8%
	2	不太符合	2924	29.2%
	3	比较符合	4629	46.2%
	4	非常符合	1996	19.9%
主动性	1	非常不符合	469	4.7%
	2	不太符合	2283	22.8%
	3	比较符合	4960	49.5%
	4	非常符合	2316	23.1%
学习偏好	1	观看	1823	18.2%
	2	聆听	1108	11.0%
	3	思考	1677	16.7%
	4	动手操作或练习	5420	54.0%
自主学习能力	1	很不符合	455	4.5%
	2	不太符合	3565	35.6%
	3	比较符合	4601	45.9%
	4	非常符合	1407	14.0%

（续表）

学习行为层面的变量				
变量	编码值	值标签	样本数	样本百分比
网络学习经历	1	完全没有	1961	19.6%
	2	很少	2664	26.6%
	3	比较少	2249	22.4%
	4	比较多	1672	16.7%
	5	非常多	1482	14.8%
自我调节	1	非常不符合	262	2.6%
	2	不太符合	1704	17.0%
	3	比较符合	5518	55.0%
	4	非常符合	2544	25.4%
元认知：策略	1	非常不符合	403	4.0%
	2	不太符合	2796	27.9%
	3	比较符合	4702	46.9%
	4	非常符合	2127	21.2%
元认知：计划	1	很不符合	213	2.1%
	2	不太符合	2071	20.7%
	3	比较符合	5353	53.4%
	4	非常符合	2391	23.8%
元认知：反思	1	很不符合	211	2.1%
	2	不太符合	1904	19.0%
	3	比较符合	5548	55.3%
	4	非常符合	2365	23.6%
学习活动：观看在线课程	0	未选中	545	5.4%
	1	选中	9483	94.6%
学习活动：做笔记	0	未选中	1760	17.6%
	1	选中	8268	82.4%
学习活动：浏览和阅读网页	0	未选中	7505	74.8%
	1	选中	2523	25.2%
学习活动：搜索和下载学习资料	0	未选中	6075	60.6%
	1	选中	3953	39.4%
学习活动：完成作业并上传	0	未选中	820	8.2%
	1	选中	9208	91.8%
学习活动：参与辅导答疑	0	未选中	6241	62.2%
	1	选中	3787	37.8%

学习行为层面的变量				
变量	编码值	值标签	样本数	样本百分比
学习活动：在线提问	0	未选中	7449	74.3%
	1	选中	2579	25.7%
学习活动：在线发表观点	0	未选中	8050	80.3%
	1	选中	1978	19.7%
学习投入：精力	1	非常不符合	322	3.2%
	2	不太符合	2053	20.5%
	3	比较符合	5307	52.9%
	4	非常符合	2346	23.4%
学习投入：专注	1	非常符合	613	6.1%
	2	比较符合	3303	32.9%
	3	比较不符合	3890	38.8%
	4	非常不符合	2222	22.2%
学习投入：自制力	1	非常符合	771	7.7%
	2	比较符合	2460	24.5%
	3	比较不符合	3355	33.5%
	4	非常不符合	3442	34.3%
学习投入：自觉性	1	非常符合	866	8.6%
	2	比较符合	2641	26.3%
	3	比较不符合	3361	33.5%
	4	非常不符合	3160	31.5%
学习投入：毅力	1	非常不符合	395	3.9%
	2	不太符合	2921	29.1%
	3	比较符合	4844	48.3%
	4	非常符合	1868	18.6%
师生互动	1	非常不符合	674	6.7%
	2	不太符合	3698	36.9%
	3	比较符合	3872	38.6%
	4	非常符合	1784	17.8%
生生互动	1	非常不符合	682	6.8%
	2	不太符合	3449	34.4%
	3	比较符合	4152	41.4%
	4	非常符合	1745	17.4%

（续表）

学习行为层面的变量				
变量	编码值	值标签	样本数	样本百分比
学习情绪：好奇	0	未选中	3760	37.5%
	1	选中	6268	62.5%
学习情绪：焦虑	0	未选中	6729	67.1%
	1	选中	3299	32.9%
学习情绪：愤怒	0	未选中	9585	95.6%
	1	选中	443	4.4%
学习情绪：无聊	0	未选中	6451	64.3%
	1	选中	3577	35.7%
学习情绪：愉悦	0	未选中	5669	56.5%
	1	选中	4359	43.5%
学习情绪：厌倦	0	未选中	7627	76.1%
	1	选中	2401	23.9%
学习情绪：痛苦	0	未选中	9329	93.0%
	1	选中	699	7.0%
学习情绪：充满活力	0	未选中	5641	56.3%
	1	选中	4387	43.7%
同伴氛围	1	非常不符合	138	1.4%
	2	不太符合	1097	10.9%
	3	比较符合	5548	55.3%
	4	非常符合	3245	32.4%
互动氛围	1	非常不符合	368	3.7%
	2	不太符合	2260	22.5%
	3	比较符合	4884	48.7%
	4	非常符合	2516	25.1%
教学行为层面的变量				
变量	编码值	值标签	样本数	样本百分比
年级	1	小学三年级	1046	10.4%
	2	小学四年级	1327	13.2%
	3	小学五年级	1172	11.7%
	4	小学六年级	1309	13.1%
	5	初一	855	8.5%
	6	初二	1157	11.5%

（续表）

教学行为层面的变量				
变量	编码值	值标签	样本数	样本百分比
年级	7	初三	814	8.1%
	8	高一	569	5.7%
	9	高二	563	5.6%
	10	高三	162	1.6%
	11	大一	223	2.2%
	12	大二	254	2.5%
	13	大三	442	4.4%
	14	大四	135	1.3%
学段	1	小学	4854	48.4%
	2	初中	2826	28.2%
	3	高中	1294	12.9%
	4	大学	1054	10.5%
班级成绩排名	1	中下	2077	20.7%
	2	中等	4099	40.9%
	3	中上	3069	30.6%
	4	名列前茅	783	7.8%
教师入镜	1	非常少	2902	28.9%
	2	比较少	2573	25.7%
	3	比较多	3042	30.3%
	4	非常多	1511	15.1%
教师期望	1	非常不符合	216	2.2%
	2	不太符合	1574	15.7%
	3	比较符合	4936	49.2%
	4	非常符合	3302	32.9%
教学策略：目标设置	1	非常不符合	137	1.4%
	2	不太符合	807	8.0%
	3	比较符合	5159	51.4%
	4	非常符合	3925	39.1%
教学策略：启发诱导	1	非常不符合	145	1.4%
	2	不太符合	661	6.6%
	3	比较符合	5047	50.3%
	4	非常符合	4175	41.6%

（续表）

教学行为层面的变量				
变量	编码值	值标签	样本数	样本百分比
教学策略：口头测评	1	非常不符合	129	1.3%
	2	不太符合	668	6.7%
	3	比较符合	4952	49.4%
	4	非常符合	4279	42.7%
教学策略：深度教学	1	非常不符合	167	1.7%
	2	不太符合	1076	10.7%
	3	比较符合	4993	49.8%
	4	非常符合	3792	37.8%
学习负担：每天课时	1	1节	166	1.7%
	2	2节	561	5.6%
	3	3节	1222	12.2%
	4	4节	1345	13.4%
	5	5节	1570	15.7%
学习负担：每天课时	6	6节	1889	18.8%
	7	7节	988	9.9%
	8	8节	1148	11.4%
	9	8节以上	1139	11.4%
学习负担：每周天数	1	1天	64	0.6%
	2	2天	62	0.6%
	3	3天	159	1.6%
	4	4天	291	2.9%
	5	5天	6413	64.0%
	6	6天	2092	20.9%
	7	7天	947	9.4%
学习负担：完成作业时间	1	1小时	2210	22.0%
	2	2小时	3938	39.3%
	3	3小时	2332	23.3%
	4	4小时	899	9.0%
	5	5小时	362	3.6%
	6	6小时	112	1.1%
	7	7小时	45	0.4%
	8	8小时以上	130	1.3%

后记 [①]

本书的写作历时三年，虽然写作过程中有很多困难，但最终仍然成功完成了这本书的写作。本书的写作得以完成，是湖北第二师范学院、华中科技大学、湖北工业大学、南昌工学院的教育同仁们共同努力的结果，在此一并表示感谢！

此外，在写作过程中，我受到了许多文章作品的启发，其中包括许多国内外知名学者的著作论文，他们的思想为我的写作提供了很大的帮助和支持。在此，我要对他们表示衷心的感谢。

本书由湖北第二师范学院计算机学院徐兆佳老师，湖北工业大学职业技术师范学院教授、南昌工学院经济与管理学院特聘教授张和平老师，华中科技大学教育科学研究院、湖北第二师范学院教育科学学院尹霞博士，湖北第二师范学院教师教育学院刘婷老师等教育学及教育技术相关专业教师和教务工作者编著而成。本书的第一章、第二章、第三章、第四章、第五章、第六章由徐兆佳和张和平共同编写，第七章由张和平及尹霞（第一节）、李诗琪（第二节）、尹霞（第三节）、徐兆佳（第四节、第五节）编写，第八章、第九章由张和平、徐兆佳共同编写，第十章由张和平（第一节、第二节）、刘婷（第三节）、徐兆佳（第四节）编写，全书由徐兆佳、张和平、尹霞整体设计、规划和统稿。感谢湖北第二师范学院教务处处长刘永存教授对本研究的鼓励支持并为本书作序。

由于时间、精力和水平有限，本书中的不当之处在所难免，恳请专家和读者批评指正，共同提高我国教育领域深度学习教学与研究的水平。

徐兆佳

2023 年 7 月于武汉

---

① 本专著是"武汉市社科联 2023 年一般课题成果"。

参考文献

[1] 沈霞娟，张宝辉，曾宁. 国外近十年深度学习实证研究综述——主题、情境、方法及结果 [J]. 电化教育研究，2019，40（5）：111-119.

[2] 何玲，黎加厚. 促进学生深度学习 [J]. 现代教学，2005（5）：29-30.

[3] 刘万海，靳荫雷. 近十年国内教育领域深度学习研究综述——基于 CNKI 的文献计量可视化分析 [J]. 教育理论与实践，2020，40（16）：54-59.

[4] 常立娜. 深度学习文献综述 [J]. 开放学习研究，2018，23（2）：30-35.

[5] 张浩，吴秀娟. 深度学习的内涵及认知理论基础探析 [J]. 中国电化教育，2012（10）：7-11，21.

[6] 安富海. 促进深度学习的课堂教学策略研究 [J]. 课程·教材·教法，2014，34（11）：57-62.

[7] 章璇，王娟，顾雯，王梦娜. 深度学习的影响因素与策略研究——基于蓝墨云班课分析 [J]. 软件导刊，2020，19（7）：245-248.

[8] 杨丽娜，颜志军，孟昭宽. 虚拟学习社区有效学习发生影响因素实证研究 [J]. 中国远程教育，2012（1）：52-57，95-96.

[9] 杨珍，王爱玲. 学生有效学习的影响因素及实现路径 [J]. 教育理论与实践，2016，36（10）：56-59.

[10] 李利，顾卫星，叶建敏，杨帆. 混合学习中大学生教学情境感知对深度学习的影响研究 [J]. 中国电化教育，2019（9）：121-127.

[11] 赵宗金，王小芳，宋文红. 高校大学生深度学习水平及相关因素研究——基于中国海洋大学学情调查的分析 [J]. 教育研究与实验，2013（1）：73-77.

[12] 吴亚婕. 影响学习者在线深度学习的因素及其测量研究 [J]. 电化教育研究，2017，38（9）：57-63.

[13] 李志河，刘丹，李宁，李粉琴，杨玉霞. 翻转课堂模式下的深度学习影响因素研究 [J]. 现代教育技术，2018，28（12）：55-61.

[14] 钱薇旭, 伊亮亮, 马芳, 董玉琦. 信息技术课程深度学习影响因素研究——以"信息可信度评估"学习内容为例 [J]. 中国电化教育, 2018 (11): 87-93.

[15] 王永花. 深度学习理论指导下的混合学习模式的实践与研究 [J]. 中国远程教育, 2013 (4): 73-77.

[16] 朱文辉, 李世霆. 从"程序重置"到"深度学习"——翻转课堂教学实践的深化路径 [J]. 教育学报, 2019, 15 (2): 41-47.

[17] 马云鹏. 深度学习的理解与实践模式——以小学数学学科为例 [J]. 课程·教材·教法, 2017, 37 (4): 60-67.

[18] 李广. 小学语文深度学习: 价值取向、核心特质与实践路径 [J]. 课程·教材·教法, 2017, 37 (9): 60-66.

[19] 余凯, 贾磊, 陈雨强, 徐伟. 深度学习的昨天、今天和明天 [J]. 计算机研究与发展, 2013, 50 (9): 1799-1804.

[20] 詹姆斯·A. 贝兰卡. 深度学习: 超越 21 世纪技能 [M]. 赵健, 译. 上海: 华东师范大学出版社, 2020.

[21] 张浩, 吴秀娟. 深度学习的内涵及认知理论基础探析 [J]. 中国电化教育, 2012 (10): 7-11, 21.

[22] 安德森, 等. 学习、教学和评估的分类学 [M]. 皮连生, 译. 上海: 华东师范大学出版社, 2008.

[23] 杨翊, 赵婷婷. 中国大学生高阶思维能力测试蓝图的构建 [J]. 清华大学教育研究, 2018, 39 (5): 54-62.

[24] B.S. 布鲁姆, 等. 教育目标分类学第一分册: 认知领域 [M]. 罗黎辉, 译. 上海: 华东师范大学出版社, 1986: 19.

[25] 安德森, 索斯尼克. 布鲁姆教育目标分类学: 40 年的回顾 [M]. 谭晓玉, 译. 上海: 华东师范大学出版社, 1998: 23

[26] 洛林·W. 安德森, 等. 布鲁姆教育目标分类学: 分类学视野下的学与教及其测评 (完整版) [M]. 蒋小平, 译. 北京: 外语教学与研究出版社, 2009: 4.

[27] 洛林·W. 安德森, 等. 布鲁姆教育目标分类学: 分类学视野下的学与教及其测评 (完整版) [M]. 蒋小平, 译. 北京: 外语教学与研究出版社, 2009: 21.

[28] 洛林·W. 安德森, 等. 布鲁姆教育目标分类学: 分类学视野下的学与教及其测评 (完整版) [M]. 蒋小评, 译. 北京: 外语教学与研究出版社, 2009: 22-23.

[29] 董奇, 林崇德. 当代中国儿童青少年发育特征: 中国儿童青少年心理发育特征调查项目总报告 [M]. 北京: 科学出版社, 2011: 68-83.

[30] 李慧勤，李晓双，王晓航. 城乡学生认知能力差异的实证研究——基于云南五个县市的报告 [J]. 教育研究，2017，38（7）：115-121.

[31] 张奇林，李鹏. 家庭背景、父母期望与子女认知能力——来自中国教育追踪调查的经验证据 [J]. 武汉理工大学学报（社会科学版），2017，30（3）：97-106.

[32] 周世军，李清瑶，崔立志. 父母学历与子女教育——基于 CGSS 微观数据的实证考察 [J]. 教育与经济，2018（3）：46-53，74.

[33] 类淑河，类淑萍，刘振华. 小学生学习成绩的年龄与性别差异分析 [J]. 教育理论与实践，2004（22）：45-46.

[34] 孙志军，彭顺绪，王骏，原莹. 谁在学业竞赛中领先——学业成绩的性别差异研究 [J]. 北京师范大学学报（社会科学版），2016（3）：38-51.

[35] 刘路，郭冬生. 大学生深度学习的性别差异分析 [J]. 中华女子学院学报，2016，28（4）：23-27.

[36] 唐金娟. 网络环境下大学生深度学习的研究 [D]. 浙江师范大学，2011.

[37] 高洁. 外部动机与在线学习投入的关系：自我决定理论的视角 [J]. 电化教育研究，2016，37（10）：64-69.

[38] 张琪. E-Learning 环境中大学生自我效能感与深度学习的相关性研究 [J]. 电化教育研究，2015，36（4）：55-61.

[39] 陆露梦，黄雪燕，董玉红. 护士在线学习自我效能感与深度学习的关系研究 [J]. 护士进修杂志，2018，33（21）：2006-2008，2015.

[40] 佐斌，谭亚莉. 初中生学业自我效能、学习动机与学业成绩的关系 [J]. 应用心理学，2002（4）：24-27，46.

[41] 邓国民，韩锡斌，杨娟. 基于全球开放教育资源的自主学习环境概念框架及其有效性 [J]. 远程教育杂志，2016，35（3）：88-95.

[42] 郝晓鑫. 基于媒体交互的自我调节对深度学习的影响研究 [D]. 天津师范大学，2019.

[43] 程芬. 元认知与大学生在线英语深度学习研究 [J]. 兰州教育学院学报，2018，34（9）：138-140，143.

[44] 张宏如，沈烈敏. 学习动机、元认知对学业成就的影响 [J]. 心理科学，2005（1）：114-116.

[45] 陆璟. PISA 学习参与度评价 [J]. 上海教育科研，2009（12）：4-9.

[46] 张和平，刘永存，吴贤华，张青根. 家校合作对学业表现的影响——学习投入的中介作用 [J]. 教育学术月刊，2020（1）：3-11.

[47] 朱亮，顾柏平. 人本主义理论视阈下大学生专业兴趣、深度学习与学习效果的关系研究——基于 N 校学习投入度调查结果分析 [J]. 中国成人教育，2018（16）：66-70.

[48] 何进军，刘华山. 10～14 岁优差生的认知策略及发展研究 [J]. 心理科学，1996（3）：189-190，165.

[49] 辛涛，李茵，王雨晴. 年级、学业成绩与学习策略关系的研究 [J]. 心理发展与教育，1998（4）：3-5.

[50] 杨亚威，张敏强，漆成明. 小学生学业负担与数学成绩的关系研究：基于潜在剖面分析 [J]. 心理科学，2017，40（6）：1372-1376.

[51] 孙美荣. 初中生学业负担与学业成绩的关系研究——基于 C 市 4210 名学生的调查分析 [J]. 现代中小学教育，2017，33（11）：69-73.

[52] 林曾. 夕阳无限好——从美国大学教授发表期刊文章看年龄与科研能力之间的关系 [J]. 北京大学教育评论，2009，7（1）：108-123，191.

[53] 刘月霞，郭华. 深度学习：走向核心素养 [M]. 教育科学出版社，2018.

[54] 莫妮卡·R. 马丁内斯，丹尼斯·麦格拉恩. 深度学习：批判性思维与自主性探究式学习 [M]. 唐奇，译. 北京：中国人民大学出版社，2019.

[55] 今井睦美. 深度学习：彻底解决你的知识焦虑 [M]. 罗梦迪，译. 北京：北京联合出版有限公司，2018.

[56] 侯剑华，陈悦. 战略管理学前沿演进可视化研究 [J]. 科学学研究，2007，（6）：16-17.

[57] 张璐，苏楠，杨红岗，房小可. 2000—2011 年国际电子政务的知识图谱研究——基于 CiteSpace 和 VOSviewer 的计量分析 [J]. 情报杂志，2012，（12）：51-57.

[58] 李杰，陈超美. CiteSpace 科技文本挖掘及可视化（第二版）[M]. 北京：首都经济贸易大学出版社，2016：93.

[59] 孟祥增. 微课设计与制作的理论与实践 [J]. 远程教育杂志，2014，32（6）：24-32.

[60] 牟占生. 基于 MOOC 的混合式学习模式探究——以 Coursera 平台为例 [J]. 现代教育技术，2014，24（5），73-80.

[61] 高地. MOOC 热的冷思考——国际上对 MOOCs 课程教学六大问题的审思 [J]. 远程教育杂志，2014，32（2），39-47.

[62] 李红美. 后 MOOC 时期高等学校教学新模式探索 [J]. 高等工程教育研究，2014（6）：58-67.

[63] 曾明星. 从 MOOC 到 SPOC：一种深度学习模式构建 [J]. 中国电化教育，2015（11）：28-34.

[64] 冯思怡. 基于 CiteSpace 的在线学习投入研究可视化分析 [J]. 现代信息科技，2023，7（6）：181-185.

[65] 尹睿，徐欢云. 在线学习投入结构模型构建——基于结构方程模型的实证分析 [J]. 开放教育研究，2017，23（4）：101-111.

[66] 刘繁华，易锡添. 在线学习投入的分析模型构建及应用研究 [J]. 电化教育研究，2021，42

（9）：69-75.

[67] 贾非. 混合学习与在线学习对学生投入度的影响——以学习环境为视觉 [J]. 复旦教育论坛，2019，17（5）：55-61.

[68] 周媛. 混合学习活动中学习者学习投入的研究 [J]. 电化教育研究，2018，39（11）：99-105.

[69] 李逢庆. 混合式教学质量评价体系的构建与实践 [J]. 中国电化教育，2017（11）：108-113.

[70] 李晓文. 翻转课堂的学生满意度评价演技 [J]. 高教发展与评估，2015，31（3）：98-105，116.

[71] 上超望. 大数据背景下在线学习过程性评价系统设计研究 [J]. 中国电化教育，2018（5）：90-95.

[72] 薛艳肖. 互联网在线学习行为研究的热点及趋势 [J]. 中国教育信息化，2021（7）：14-19.

[73] 胡艺龄. 在线学习行为分析建模及挖掘 [J]. 开放教育研究，2014，20（2）：102-110.

[74] 张进良，魏立鹏，刘斌. 智能化环境中基于学习分析的学习行为优化研究 [J]. 远程教育杂志，2020，38（2）：69-79.

[75] 宗阳. MOOCs 学习行为与学习效果的逻辑回归分析 [J]. 中国远程教育，2016，（5）：14-22，79.

[76] 黄荣怀，张慕华. 超大规模互联网教育组织的核心要素研究——在线教育有效支撑"停课不停学"案例分析 [J]. 电化教育研究，2020，41（3）：10-19.

[77] 余胜泉，王慧敏. 如何在疫情等极端环境下更好地组织在线学习 [J]. 电化教育研究，2020，（5）：6-14，33.

[78] 梁林海. 疫情之下的中小学在线教学：现实、改进策略与未来重构——基于学习视角的分析 [J]. 电化教育研究，2020，41（5）：5-11.

[79] 曹叔亮. 改革开放以来我国高等教育管理领域学者学术影响力研究——基于 1979—2017 年 CNKI 的实证分析。[J]. 高等教育研究学报，2019，（1）：23-31，120.

[80] 郭华. 深度学习及其意义 [J]. 课程·教材·教法，2016，36（11）：25-32.

[81] 卜彩丽，冯晓晓，张宝辉. 深度学习的概念、策略、效果及其启示——美国深度学习项目 SDL 的解读与分析 [J]. 远程教育杂志，2016，34（5）：75-82.

[82] 李新房，李静，刘名卓. 新兴技术在高等教育中的应用、发展趋势与挑战研究——《2017 地平线报告（高等教育版）》解读与启示 [J]. 现代远距离教育，2017（4）：3-11.

[83] 曾明星，李桂平. 指向深度学习的教学策略研究 [J]. 教育科学研究，2017（9）：54-58.

[84] 吴秀娟，张浩. 基于反思的深度学习：内涵与过程 [J]. 电化教育研究，2014，35（12）：23-28，33.

[85] 曾明星，李桂平，周清平. 从 MOOC 到 SPOC：一种深度学习模式建构 [J]. 中国电化教育，2015（11）：28-34.

[86] 张晓娟，吕立杰. SPOC 平台下指向深度学习的深度教学模式建构 [J]. 中国电化教育，2018（4）：96-101，130.

[87] 张浩，吴秀娟，王静. 深度学习的目标与评价体系构建 [J]. 中国电化教育，2014（7）：51-55.

[88] 刘哲雨，郝晓鑫. 深度学习的评价模式研究 [J]. 现代教育技术，2017，27（4）：12-18.

[89] 庞敬文. 深度学习视角下智慧课堂评价指标的设计研究 [J]. 现代教育技术，2017，27（2）：12-18.

[90] 郑东辉. 促进深度学习的课堂评价：内涵与路径 [J]. 课程·教材·教法，2019，39（2）：59-65.

[91] 郭元祥. 课堂教学改革的基础与方向——兼论深度教学 [J]. 教育研究与实验，2015（6）：1-6.

[92] 郭元祥. 论深度教学：源起、基础与理念 [J]. 教育研究与实验，2017（3）：1-11.

[93] 伍远岳. 论深度教学：内涵、特征与标准 [J]. 教育研究与实验，2017（4）：58-65.

[94] 张侨平，陈敏，金轩竹. 理解深度学习与促进深度教学 [J]. 教育科学研究，2021（4）：50-54.

[95] 崔友兴. 基于核心素养的深度学习 [J]. 课程·教材·教法，2019，39（2）：66-71.

[96] 杨玉琴，倪娟. 深度学习：指向核心素养的教学变革 [J]. 当代教育科学，2017，（8）：43-47.

[97] 郑葳，刘月霞. 深度学习：基于核心素养的教学改进 [J]. 教育研究，2018，39（11）：56-60.

[98] 叶东连，胡国庆，叶鹏飞. 面向核心素养发展的课堂深度学习设计与实践——基于知识深度模型的视角 [J]. 现代教育技术，2019，29（12）：35-40.

[99] L·约翰逊. 2015 年地平线报告（基础教育版）：技术驱动教育变革 [J]. 人民教育，2015（17）：71-74.

[100] 李新房，李静. 新兴技术在基础教育中的应用分析与深度融合策略思考——历年《地平线报告（基础教育版）》内容分析 [J]. 教育科学研究，2017（6）：26-31.

[101] 高媛，黄荣怀.《2017 新媒体联盟中国高等教育技术展望：地平线项目区域报告》解读与启示 [J]. 电化教育研究，2017，38（4）：15-22.

[102] 李京杰. 基于沉浸理论的成人在线深度学习策略探究 [J]. 成人教育，2019，39（3）：18-22.

[103] 王佑镁. 高校精品课程网络资源教学有效性的缺失与对策 [J]. 中国电化教育，2010，（8）：80-84.

[104] 唐伟志，李兴敏. 高校网络精品课程可用性的调查研究——基于用户（学习者）体验及需求的视角 [J]. 远程教育杂志，2014（4）：54-64.

[105] 张琪，陈琳. 我国基础教育网络教育资源现状研究与归因分析 [J]. 中国电化教育，2011（4）：77-81.

[106] 陈园园，马颖峰，陈晓燕. 在校大学生网络自主学习能力及现状研究 [J]. 电化教育研究，2009（3）：48-52.

[107] 徐恩芹，胥旭. 活动理论指导下的网络自主学习研究———大学生网络自主学习行为现状的个案调查 [J]. 远程教育杂志，2012（4）：87-92.

[108] 王陆，冯红. 远程教学 / 学习系统中影响学习质量的五种因素 [J]. 电化教育研究，2000（7）：22-25.

[109] 童金皓，边玉芳. 网络学习中的自我效能感 [J]. 现代远距离教育，2005（3）：25-27.

[110] 尹睿，许丹娜. 网络学习环境与大学生学习自我效能感的相关性研究 [J]. 中国远程教育，2011（10）：50-53.

[111] 李文波，胡凡刚. 管窥在线学习之影响因素——文化的视角 [J]. 现代远距离教育，2009（1）：17-20.

[112] 卢忠耀，陈建文. 大学生批判性思维倾向与学习投入：成就目标定向、学业自我效能的中介作用 [J]. 高等教育研究，2017（7）：69-77.

[113] 袁梦. 学生学习投入的影响因素及提升路径 [J]. 教学与管理，2020（15）：72-74.

[114] 罗刚. 网络情境下成人深度学习策略的培养 [J]. 成人教育，2006（10）：16-17.

[115] 王辞晓，吴峰. 成人在线学习自我效能感量表的编制及测量 [J]. 远程教育杂志，2015，33（6）：47-53.

[116] 张静波. 略论网络环境下大学生自我教育能力的培养 [J]. 思想理论教育导刊，2017（12）：139-141.

[117] 卢净. 中职学生在线学习的专注力培养浅议 [J]. 教师，2021（30）：56-57.

[118] 卢强. 教学交互层次对大学生在线深度学习的影响研究 [J]. 电化教育研究，2021（3）：34-41.

[119] 徐锦芬，范玉梅. 社会认知视角下的外语学习者投入研究 [J]. 外语教学，2019（9）：39-56.

[120] 周琰. 网络学习投入影响因素与应对策略——基于自我决定理论的视角 [J]. 中国电化教育，2018（6）：115-122.

[121] 叶甲生，朱祖林，郭允建. 现代远程教育质量测评：学习性投入的视角 [J]. 中国电化教育，2015（7）：60-65.

[122] 汤春玲，马跃如，彭一峰，刘红，熊曦. 基于归因理论的大学生网络学习行为和学习效果研究 [J]. 当代教育论坛，2017（2）：85-92.

[123] 陈吉荣. 国外慕课研究最新发展述评 [J]. 外语教学与研究，2016，48（1）：118-127.

[124] 魏顺平. 在线学习行为特点及其影响因素分析研究 [J]. 开放教育研究，2012，18（4）：81-90，17.

[125] 吕剑晨，张琪. 网络与现实：人际关系的质量差异 [J]. 应用心理学，2017，23（1）：31-39.

[126] 段朝辉，洪建中. 网络视频课程中师生交互与大学生网络学习绩效的关系：学习自我效能感

与学习动机的序列中介作用 [J]. 心理发展与教育，2019，35（2）：184-191.

[127] 刘智，康令云，粟柱，孙建文. 学习者社会网络交互、情绪表征与学习成效的关系研究 [J]. 中国远程教育，2020（6）：31-39，59，77.

[128] 李艳燕，彭禹，康佳，包昊罡，苏友. 在线协作学习中小组学习投入的分析模型构建及应用 [J]. 中国远程教育，2020（2）：40-48，77.

[129] 范春林，董奇. 课堂环境研究的现状、意义及趋势 [J]. 比较教育研究，2005（8）：61-66.

[130] 李森云，宋乃庆，盛雅琦."因班施教"：课堂人际知觉对学生学习兴趣影响的多水平分析 [J]. 华东师范大学学报（教育科学版），2019，37（4）：94-103.

[131] 彭聃龄. 普通心理学 [M]. 北京：北京师范大学出版社，2013：149

[132] 董妍，俞国良. 青少年学业情绪问卷的编制及应用 [J]. 心理学报，2007，39（5）：852-860.

[133] 马婧. 混合教学环境下大学生学习投入影响机制研究——教学行为的视角 [J]. 中国远程教育，2020（2）：57-67.

[134] 张思，刘清堂，雷诗捷，王亚如. 网络学习空间中学习者学习投入的研究——网络学习行为的大数据分析 [J]. 中国电化教育，2017（4）：24-30，40.

[135] 徐恩芹. 师生交互影响网络学习绩效的实证分析 [J]. 电化教育研究，2016，37（9）：61-68.

[136] 高洁. 在线学业情绪对学习投入的影响——社会认知理论的视角 [J]. 开放教育研究，2016，22（2）：89-95.

[137] 赵丹. 大学生学习自主性的特点及其与学业情绪的关系 [J]. 中国健康心理学杂志，2013，21（10）：1564-1566

[138] 张兴旭，郭海英，林丹华. 亲子、同伴、师生关系与青少年主观幸福感关系的研究 [J]. 心理发展与教育，2019，35（4）：458-466

[139] 刘小红. 论教学"软环境"在教学中的作用 [J]. 当代教育论坛，2006（23）：32-34.

[140] 夏洋，徐忆. 英语专业课堂环境因素对学生消极学业情绪的影响研究 [J]. 外语与外语教学，2018（3）：65-76，144-145.

[141] 丁锐. 中国内地小学数学课堂环境探究 [M]. 长春：东北师范大学出版社，2010.

[142] 赵淑媛，蔡太生. 大学生学业情绪量表（AEQ）中文版的修订 [J]. 中国临床心理学杂志，2012，20（4）：448-450，447.

[143] 方凤，张哲伟，王亚莉，林爱芬，许仁美，张茹玉，刘桂艳，潘虹. 儿童 d2 注意力测验中抑制参数的性别差异 [J]. 中国医学创新，2011，8（28）：16-17.

[144] 李京杰. 基于沉浸理论的成人在线深度学习策略探究 [J]. 成人教育，2019，39（3）：18-22.

[145] 刘月霞. 指向"深度学习"的教学改进：让学习真实发生 [J]. 中小学管理，2021（5）：13-17.

[146] 李松林，张燕. 基于因素分析的深度学习测量模型研究 [J]. 教育科学研究，2022（3）：58-63

[147] 胡航，杨旸. 公共危机中在线教育的反思 [J]. 终身教育研究，2020，31（4），37-43.

[148] 曹培杰. 在线教育需要一场结构性变革 [J]. 人民教育，2020（2），34-37.

[149] 孙绵涛，郭玲. 线上深度教学的局限性探讨———一种学科知识深度教学的视角 [J]. 复旦教育论坛，2020，18（6）：47-54.

[150] 梁林梅. 中小学在线课程混合学习实施：国际进展、本土探索与政策建议 [J]. 教育科学研究，2022（1）：92-96.

[151] 满娜. 指向深度学习的高中物理深度教学研究与实践 [J]. 中国教育学刊，2023（2）：110-114.

[152] 柴少明，赵建华. 面向知识经济时代学习科学的关键问题研究及对教育改革的影响 [J] 远程教育杂志，2011，29（2）：3-10.

[153] 迈克尔·霍恩，希瑟·斯特克. 混合式学习：用颠覆式创新推动教育革命 [M]. 聂风华，徐铁英，译. 北京：机械工业出版社，2015：33-35，37-51.

[154] 党建强. 师生互动理论的多学科视野 [J]. 当代教育科学，2005（11）：14-17，35.

[155] 宋佳，冯吉兵，曲克晨. 在线教学中师生交互对深度学习的影响研究 [J] 中国电化教育，2020（11）：60-66.

[156] 祁神军，詹朝曦，肖争鸣，叶秀品，张泳. 混合式教学环境下师生互动对学生学习能力的影响——以工程经济学课程教学为实证 [J] 大学教育，2020（5）：46-49.

[157] 朱伟强，黄山，盛慧晓. 教学中的人际关系与师生课堂互动、学习结果的相关性研究 [J]. 全球教育展望，2017，46（12）：24-34.

[158] 胡科，刘威童，汪潇潇. 混合式教学课堂中师生互动的影响因素分析 [J]. 高教探索，2021（3）：72-79.

[159] 张鹏，郭恩泽. 指向"深度学习"的教学策略研究 [J]. 驾驭科学研究，2017（9）：54-58.

[160] 徐振国，赵春雨，王悦，谢万里，高英朋. 智慧学习环境下大学生深度学习的影响因素 [J]. 现代教育技术，2023，33（1）：58-65.

[161] 田浩，武法提. 基于SOBC模型的在线深度学习达成路径与干预研究 [J]. 现代远距离教育，2022（4）：62-72.

[162] 杨洁，白雪梅，马红亮. 探究社区研究述评与展望 [J]. 电化教育研究，2016，37（7）：50-57.

[163] 周小燕. 基于深度学习的开放性教学策略 [J]，思想政治课教学，2022（9）：27-30.

[164] 吴明隆. 结构方程模型——AMOS实务进阶 [M]. 重庆：重庆大学出版社，2013：244.

[165] 陈春芳. 不同教学策略影响深度学习的比较研究——以小学"循环小数"教学为例 [J], 山海教育科研, 2020（11）: 85-87, 67.

[166] 张光陆. 促进深度学习的师生话语互动结构的重建 [J]. 教育理论与实践, 2022, 42（4）: 58-63.

[167] 刘晓明, 周楚, 黄丽娜. 共同学习: 促进学生互动的教学策略 [J]. 外国教育研究, 2003（10）: 9-13.

[168] 克劳雷, 等. 重新认识工程教育: 国际 CDIO 培养模式与方法 [M]. 顾佩华, 沈民奋, 陆小华, 译. 北京: 高等教育出版社, 2009.

[169] 钟秉林, 宋萑. 专业化与去专业化: 美国教师教育改革悖论 [J]. 高等教育研究, 2011（4）: 56-61

[170] 宋萑, 钟秉林. 走向实践与技艺化危险: 中美教师教育模式改革研究 [J]. 高等教育研究, 2011（9）: 64-69.

[171] 顾佩华, 陆小华. CDIO 大纲与标准 [M]. 沈民奋, 译. 汕头: 汕头大学出版社, 2008: 18.

[172] 诺曼·E. 格伦隆德, C. 基斯·沃. 学业成就评测（第 9 版）[M]. 杨涛, 边玉芳, 译. 北京: 教育科学出版社. 2011: 1-2.

[173] 杨频萍, 王拓. "零手机"能否拯救大学课堂 [N]. 新华日报, 2015-5-4（6）.

[174] 刘敏娜, 张倩苇. 国际高等教育领域移动学习研究: 回顾与展望 [J]. 开放教育研究, 2016（6）: 81-92.

[175] 赵希. 大学生手机网络使用现状的调查与分析 [J]. 电化教育研究, 2014（4）: 43-47.

[176] 韩锡斌, 等. 迎接数字大学: 纵论远程、混合与在线学习 [M]. 北京: 清华大学出版社, 2016.

[177] 王小根, 王梦如, 陈心仪. 基于移动设备的场馆教育对学生传统文化知识学习的影响研究 [J]. 现代远距离教育, 2014（5）: 74-79.

[178] 李丹, 刘冰, 宋高臣, 王颖. 移动学习辅助传统教学模式的教学效果研究 [J]. 中国高等医学教育, 2016（8）: 60-61.

[179] 郑兰琴, 崔盼盼, 李欣. 移动学习能促进学习绩效吗——基于 2011—2017 年国际英文期刊 92 项研究的元分析 [J]. 现代远程教育研究, 2018（6）: 45-54.

[180] 方超, 黄斌. 信息技术促进了学生的学业表现吗——基于中国教育追踪调查数据的实证研究 [J]. 开放教育研究, 2018（6）: 88-99.

[181] 薛胜兰. 智能手机融入课堂教学的应用研究 [J]. 电化教育研究, 2018（1）: 86-91.

[182] 张秀梅. 关联主义理论述评 [J]. 开放教育研究, 2012（3）: 44-49.

[183] 李明华. 教育变革的新职业: 学习工程师——美国麻省理工学院最新研究报告评述 [J]. 开放

教育研究, 2016（3）: 24-36.

[184] 梅海莲, 刘小璇, 彭晓敏. 美国教师数据素养教育及对我国中小学教师数据素养培训的启示 [J]. 现代中小学教育, 2021, 37（12）: 74-79, 84.

[185] 张鑫, 万梦婷, 王珺. 师范生数据素养现状调查与培养策略研究 [J]. 中小学电教, 2021（11）: 11-15.

[186] 马媛媛, 孙全党. 面向智慧教育的教师数据素养的内涵界定及培养模式构建 [J]. 河南教育（高等教育）, 2021（11）: 26-28.

[187] 肖肖. 数学师范生数据素养教育的思考和建议 [J]. 科教文汇（上旬刊）, 2021（8）: 81-85.

[188] 郭星. 师范生数字素养特征、影响因素及培养策略研究 [D]. 四川师范大学, 2021.

[189] 杨现民, 李新. 中小学教师数据素养的现状、评价及意义 [J]. 教师教育学报, 2021, 8（3）: 12-20.

[190] 孙经纬, 李斌, 吴静涛. 大数据背景下教师数据素养内涵及培养策略研究 [J]. 软件导刊（教育技术）, 2019, 18（12）: 68-70.

[191] 王丽媛, 张岩, 郭赛楠. 大数据时代英语师范生数据素养培养路径研究 [J]. 信息与电脑（理论版）, 2019（11）: 242-243, 246.

[192] 伍海波. 大数据时代师范生数据素养教育创新策略研究 [J]. 大学图书情报学刊, 2020, 38（3）: 18-20, 124.

[193] 付蓉. 数据支持教学决策背景下中小学教师数据素养指标体系构建研究 [D]. 西南大学, 2020.

[194] 田华. 基于数据驱动教学的师范生数据素养培育体系构建 [J]. 中国教育信息化, 2020（6）: 68-72.

[195] 林秀清, 杨现民, 李新. 中小学教师数据素养的发展路径与培养策略 [J]. 现代教育技术, 2020, 30（1）: 59-65.

[196] 金锴琰. 大数据时代高中思想政治课教师数据素养的培育研究 [D]. 扬州大学, 2020.

[197] 段朝辉, 洪建中. 网络视频课程中师生交互与大学生网络学习绩效的关系: 学习自我效能感与学习动机的序列中介作用 [J]. 心理发展与教育, 2019, 35（02）: 184-191.

[198] 郑海燕, 张敏强. 初中生教师期望知觉评定量表的编制 [J]. 心理发展与教育, 2008（3）: 113-118.

[199] 边玉芳. 学习自我效能感量表的编制 [J]. 心理科学, 2004（5）: 1218-1222.

[200] 熊红星, 张璟, 叶宝娟, 等. 共同方法变异的影响及其统计控制途径的模型分析 [J]. 心理科学进展, 2012, 20（5）: 757-769.

[201] 梁宁建, 殷芳, 等. 教师鼓励与学生的自我期望心理品质关系的研究 [J]. 心理科学, 1999

（3）：218- 221.

[202] 郑海燕. 教师期望的改变对初中生自我价值感及动机信念影响的实验研究 [J]. 心理发展与教育，2005（1）：43-47.

[203] Anderson T. *Getting the mix right again: an updated and theoretical rationale for interaction*[J/OL].The international review of research in open and distance learning，2003，4（2）.

[204] Anderson T. *Getting the Mix Right Again: An Updated and Theoretical Rationale for Interaction*[J]. *International Review of Research in Open & Distance Learning*，2003（2）：153-161.

[205] Anderson T，Dron J. *Three Generations of Distance Education Pedagogy*[J]. *Distance Education in China*，2011（3）：80-97.

[206] Arbaugh J. B. *What Might Online Delivery Teach Us about Blended Management Education? Prior Perspectives and Future Directions*[J]. Journal of Management Education，2014（6）：784-817.

[207] Bandura A. *Perceived Self-efficacy in Cognitive Development and Functioning*[J]. Educational Psychologist，1993，（28）：117-148.

[208] Bandura A. *Self-efficacy: Toward a Unifying Theory of Behavior Change*[J]. Psychological Review，1977，84，（2）：191-215.

[209] Bassi M，Steca P，Fave A. D，*Caprara G. Academic Self Efficacy Beliefs and Quality of Experience in Learning* [J]. Youth Adolescence，2007，（36）：301-312.

[210] Beattie V，Collins B，Mcinnes B. *Deep and surface learning: a simple or simplistic dichotomy?*[J]. Accounting Education，1997，6（1）：1-12.

[211] Bernard R. M，Borokhovski E，Schmid R. F，et al. *A Meta-analysis of Blended Learning and Technology Use in Higher Education: from the General to the Applied*[J]. *Journal of Computing in Higher Education*，2014（1）：87-122.

[212] Biggs J，Kember D，Leung D. Y. P. *The revised two-factor Study Process Questionnaire: R-SPQ-2F*[J]. British Journal of Educational Psychology，2001，71（1）：133-149.

[213] Biggs J. B. *Learning Process Questionnaire Manual.Student Approaches to Learning and Studying*[M]. Melbourne：Australian council for educational research Ltd.Radford House，Frederick St. Hawthorn 3122，Australia，1987.

[214] Biggs J，Tang C. *Teaching for quality learning at university: what the student does (3rd Ed)* [M]. UK：McGraw-Hill education，2007.

[215] Boling E. C，Hough M，Krinsky H，Saleem H，Stevens M. *Cutting the distance in distance education: Perspectives on what promotes positive, online learning experiences*[J].The Internet and Higher Education，2012，15（2）：118-126.

[216] C. H Su, C. H Cheng. *A mobile gamification learning system for improving the learning motivation and achievements*[J]. *Journal of Computer Assisted Learning*, 2015（3）: 20-25.

[217] Chan C. K. K. *Co-regulation of learning in computer-supported collaborative learning environments: A discussion*[J]. *Metacognition and Learning*, 2012, 7: 63-73.

[218] Chen P. S. D, Lambert A. D, Guidry K. R. *Engaging online learners: The impact of Web-based learning technology on college student engagement*[J]. *Computers & Education*, 2010, 54（4）: 1222-1232.

[219] Chu H. C. *Potential Negative Effects of Mobile Learning on Students' Learning Achievement and Cognitive Load—A Format Assessment Perspective*[J]. *Journal of Educational Technology & Society*, 2014（1）: 332-344.

[220] Costa A. L. *Components of a Well Developed Thinking Skills Program*[J]. *New Horizons Online Journal*, 2002（1）.

[221] Crawley E. F. *The CDIO Syllabus: A statement of goals for undergraduate engineering education*[R]. MIT CDIO Report, 2001: 10.

[222] Crawley E. F, Malmqvist J, Lucas W. A, et al. *The CDIO Syllabus v2. 0. An Updated Statement of Goals for Engineering Education*[C].Proceedings of 7th International CDIO Conference, Copenhagen, Denmark. 2011: 1-23.

[223] Deng R, Benckendorff P. *A contemporary review of research methods adopted to understand students' and instructors' use of massive open online courses (MOOCs)* [J].International Journal of Information and Education Technology, 2017, 7（8）: 601-607.

[224] Dixson M. D, *Creating effective student engagement in online courses: What do students find engaging?*[J]. Journal of Scholarship of Teaching & Learning, 2010, 10（2）: 1-13.

[225] Dochy F, Segers M, Bossche P. V. D, et al. *Effects of Problem-based Learning: A Meta-analysis*[J]. *Learning & Instruction*, 2003（5）: 533-568.

[226] Doolittle P. E , Mariano G. J. *Working Memory Capacity and Mobile Multimedia Learning Environments: Individual Differences in Learning While Mobile*[J]. *Journal of Educational Multimedia & Hypermedia*, 2008（4）: 511-530.

[227] Duff, Angus. *The Revised Approaches to Studying Inventory (RASI) and its Use in Management Education*[J]. Active Learning in Higher Education, 2004, 5（1）: 56-72.

[228] Ennis R. H. *A Logical Basis for Measuring Critical Thinking Skills*[J]. *Educational Leadership*, 1985, 43（2）: 44-48.

[229] Ennis R. H. *Critical Thinking and Subject Specificity: Clarification and Needed Research*[J].

Educational Researcher, 1989, 18（3）：4-10.

[230] Entwistle N , Mccune V. *The Conceptual Bases of Study Strategy Inventories*[J]. Educational Psychology Review, 2004, 16（4）：325-345.

[231] F. MARTON & R. SALJO. *On Qualitative Differences In Learning—II Outcome As A Function of The Learner's Conception of The Task*[J]. British Journal of Educational Psychology, 1976（46）：115-127.

[232] Fredricks J. A. *Eight myths of student disengagement: Creating classrooms of deep learning*[M]. Corwin Press, 2014.

[233] Fredricks J. A, Blumenfeld P. C, Parls A. H.*Schoolengagement: Potentialoftheconcept, stateoftheevidence*[J]. *Reviewof Educational Research*, 2004, 74（1）：59-109.

[234] Fredricks, J.A, Blumenfeld, P.C., &Paris, A.H.（2004）. *School engagement: Potential of the concept, state of the evidence*[J]. Review of Educational Research, 74（1）, 59-109.

[235] Fredrickson B. L. *The role of positive emotion broaden the scope of attention and thanght-action repertoires*[J].Cognition and Emotion, 2001, 19（3）：313-332.

[236] Freed J. E, Huba M. E. *Learner-centered assessment on college campuses: Shifting the focus from teaching to learning*[J]. *Needham Heights*, MA：Allyn &Bacon, 2000：1-8.

[237] Galla B. M, Wood J. J, Tsukayama E, et al. *A longitudinal multilevel model analysis of the within- person and between- person effect of effortful engagement and academic self- efficacy on academic performance*[J].*Journal of School Psychology*, 2014,（3）：295-308.

[238] Ganzach Y. *Parents' education, cognitive ability, educational expectations and educational attainment: Interactive effects*[J]. *Br J Educ Psychol*, 2000, 70（3）：419-441.

[239] Garrison D. R, Vaughan N. D. *Blended learning in higher education: Framework, principle and guidelines*[M]. San Francisco：Jossey-Bass, 2007.

[240] Glick, J., & Rieber, R.W. The Collected Works of L. S.Vy-gotsky[M].Germany：Springer, 2011, 375-383.

[241] Gorrese A. *Peer attachment and youth internalizing problems: a meta -analysis*[J].*Child Youth Care Forum*, 2016, 45：177-204.

[242] Hall Giesinger C, Ananthanarayanan V. *NMC Horizon Report: 2017 Higher Education Edition*[R]. Austin, Texas：The New Media Consortium, 2017.

[243] Heflin H, Shewmaker J, Nguyen J. *Impact of mobile technology on student attitudes, engagement, and learning*[J].Computers & Education, 2017, 107：91-99.

[244] Henrie C. R, Halverson L. R, Graham C. R. *Measuring student engagement in technology-*

mediated learning: A review[J].Computers & Education，2015，（90）：36-53.

[245] Hew K. F，Cheung W. S. *Students' and instructors' use of massive open online courses (MOOCs): Motivations and challenges*[J]. Educational Research Review，2014，12：45-58.

[246] HINTON P R. *The Psychology of Interpersonal Perception*[M].New York：Routlegde，1993.

[247] Jaggars S.，Bailey T. *Effectiveness of Fully Online Courses for College Students: Response to a Department of Education Meta-Analysis*[R]. Columbia University：Community College Research Center Columbia University，2010.

[248] Johnson L，Adams Becker S，Cummins M，Estrada V，Freeman A，Hall C. *NMC Horizon Report: 2016 Higher Education Edition*[R]. Austin，Texas：The New Media Consortium，2016.

[249] Kang M，IM T. *Factors of learner–instructor interaction which predict perceived learning outcomes in online learning environment* [J]. *Journal of computer assisted learning*，2013，29（3）：292-301.

[250] Kenneth R. *Koedinger, Julie L. Booth, David Klahr.Instructional Complexity and the Science to Constrain It* [J].Science，2013（11）：935-937.

[251] Kozan K，Richardson J. *Interrelationships Between And Among Social, Teaching, And Cognitive Presence*[J].The Internet and Higher Education，2014，（21）：68-73.

[252] Lauren C，Alvarez-Xochiu A. O，Edwards C. *Learning in web 2.0 environments:surface learning and chaos or deep learning and self-regulation?*[J].Quarterly review of distance education，2011，12（1）：1-21.

[253] Malmqvist J. *A comparison of the CDIO and EUR-ACE quality assurance systems*[C].Proceedings of the 5th International CDIO Conference，Singapore. 2009：9-22.

[254] Marion D，Laursen B，Kiuru N，et al. *Maternal affection moderates friend influence on schoolwork engagement*[J]. *Developmental Psychology*，2014，50（3）：766.

[255] Martin F，Bolliger D. U. *Engagement matters: Student perceptions on the importance of engagement strategies in the online learning environment*[J]. Online Learning，2018，22（1）：205-222.

[256] Marton F，Saljo R. *On Qualitative Differences in Learning: I-Outcome and Process*[J]. British Journal of Educational Psychology，1976（1）：4-11.

[257] Means B，Toyama Y，Murphy R. F，et al. *The Effectiveness of Online and Blended Learning: A Meta-Analysis of the Empirical Literature*[J]. *Teachers College Record*，2005（3）：134-162.

[258] Minnaert A，Janssen P J. *The additive effect of regulatory activities on top of intelligence in relation to academic performance in higher education*[J]. *Learning and Instruction*，1999，9（1）：

77-91.

[259] Moore M. G. *Editorial:Three types of interaction*[J]. *American Journal of Distance Education*, 1989,（2）：1-7.

[260] Nigg J. T, Willcutt E. C, Doyle A. E, et al. *Causal Heterogeneity in Attention-Deficit/Hyperactivity Disorder: Do We Need Neuropsychologically Impaired Subtypes?*[J].Biological Psychiatry, 2005, 57（11）：1224-1230.

[261] Park, S., & Yun, H.（2018）. *The influence of motivational regulation strategies on online students'behavioral, emotional, and cognitive engagement*[J]. *American Journal of Distance Education*, 32（1）, 43–56.

[262] Pekrun R. *The Control-Value Theory of Achievement Emotions: Assumptions, Corollaries, and Implications for Educational Research and Practice*[J]. *Educational Psychology Review*, 2006, 18（4）：315-341.

[263] Pekrun R, Goetz T, Titz W, Perry R. P. *Academic emotions in students'selfregulated learning and achievement: A program of qualitative and quantitative research.*[J].Educational Psychologist, 2002, 37（2）：91-105.

[264] Pennings H. J. M, Van T. J, Wubbels T, et al. *Real-time Teacher-student Interactions: A Dynamic Systems Approach*[J]. *Teaching & Teacher Education*, 2014, 37（1）：183-193.

[265] Pennings H. J. M, Van T. J, Wubbels T, et al. *Real-time Teacher-student Interactions: A Dynamic Systems Approach*[J].*Teaching & Teacher Education*, 2014, 37（1）：183-193.

[266] Phan T, Mcneil S. G, Robin B. R. *Students' patterns of engagement and course performance in a Massive Open Online Course*[J].Computers & Education, 2016（95）：36-44.

[267] Pintrich P. R, Smith D. A. F, Garcia T, et al. *Reliability and Predictive Validity of the Motivated Strategies for Learning Questionnaire (MSLQ)*[J]. Educational & Psychological Measurement, 1993, 53（3）：801-813.

[268] Ramsden, P. & Entwistle, Noel.*Effects of Academic Departments on Students'Approaches to Studying*[J]. British Journal of Educational Psychology.1981, 51（3）：368-383.

[269] ROSE M. A. *Comparing productive online dialogue in two group styles: cooperative and collaborative*[J]. *American journal of distance education*, 2004, 18（2）：73-88.

[270] Roth&Weinstock, M.（2013）. *Teachers'epistemological beliefs as an antecedent of autonomy-supportive teaching*[J]. *Motivation & E-motion*, 37（3）, 402-412.

[271] Rowe M, Frantz J, Bozalek V. *The role of blended learning in the clinical education of healthcare students: A systematic review*[J]. *Medical Teacher*, 2012（4）：216-221.

[272] Ryan, R. M., & Deci, E. L. (2000). *Self-determination theory and the facilitation of intrinsic motivation, social development, and well-being.* The American psychologist, 55 (1), 68–78.

[273] Schaufeli W. B, Martinez I. M, Pinto A. M, et al. *Burnout and Engagement in University Students: A Cross-National Study*[J]. Journal of Cross-Cultural Psychology, 2002, 33 (5): 464-481.

[274] Schaufeli W. B, Salanova M, Gonzálezromá V, et al. *The Measurement of Engagement and Burnout: A Two Sample Confirmatory Factor Analytic Approach*[J]. *Journal of Happiness Studies*, 2002, 3 (1): 71-92.

[275] Schmid R. F, Bernard R. M, Borokhovski E, et al. *The Effects of Technology Use in Postsecondary Education: A Meta-Analysis of Classroom Applications*[J]. *Computers & Education*, 2014 (1): 271-291.

[276] She H. C , Chen Y. Z. *The impact of multimedia effect on science learning: Evidence from eye movements.*[J]. Computers & Education, 2009, 53 (4): 1297-1307.

[277] Siemens G. *Connectivism: A Learning Theory for the Digital Age*[J]. *International Journal of Instructional Technology & Distance Learning*, 2004 (11): 3-10.

[278] Sitzmann T, Kraiger K, Stewart D, et al. *The Comparative Effectiveness of Web-Based and Classroom Instruction: A Meta-Analysis*[J]. *Personnel Psychology*, 2006 (3): 623–664.

[279] Vygotsky L. S. *Mind in society: The development of higher psychological processes*[M]. Cambridge: Harvard University Press, 1978: 79-91.

[280] Wise A. E. *Choosing between professionalism and amateurism*[C].The Educational Forum. Taylor & Francis Group, 1994, 58 (2): 139-146.

[281] Wise A. F, Speer J, Marbouti F, Hsiao Y-T. *Broadening the notion of participation in online discussions: Examining patterns in learners'online listening behaviors*[J]. Instructional Science, 2014, 41 (2): 323-343.

[282] 주영 배, 현심 도, 선희 이, et al. *The Effects of Maternal Parenting Behavior, Relationships with Friends, and Relationships with Teachers on the Subjective Well-being of Children in Late Childhood*[J].*Korean Journal of Child Studies*, 2015, 36 (6): 59-83.